리플혁명과 약탈경제 그리고 대공황의 덫
슈퍼 체인지

슈퍼 체인지 리플혁명과 약탈경제 그리고 대공황의 덫

1판 1쇄 발행 2025년 12월 10일
1판 2쇄 발행 2025년 12월 31일

지은이 화이트독
펴낸곳 도서출판 비엠케이

편집 김미진
디자인 말리북
제작 올북컴퍼니

출판등록 2006년 5월 29일(제313-2006-000117호)
주소 121-841 서울시 마포구 성미산로10길 12 화이트빌 101
전화 (02) 323-4894 **팩스** (070) 4157-4893
이메일 arteahn@naver.com

ⓒ 2025 화이트독
저작권자의 사전동의 없이 이 책의 전재나 복제를 금합니다.

값은 뒤표지에 있습니다.
ISBN 979-11-89703-92-9 13320

리플혁명과 약탈경제 그리고 대공황의 덫

슈퍼 체인지

화이트독 지음

SUPER CHANGE

Bmk

서문

 2020년 출간된 『100년 만의 세계 경제 붕괴 위기와 리플혁명』을 시작으로 나의 '약탈경제 보고서'는 본격적인 여정을 시작했다. 첫 번째 책을 통해 약탈경제의 기초를 세운 뒤, 두 번째 단계에서는 유튜브 영상 시리즈인 〈리플혁명과 화폐개혁〉을 제작하여 약탈경제 시리즈의 확장을 시도했다. 이후 수년간 추가로 축적된 방대한 자료와 사례들을 기반으로, 그 연장선에서 세 번째 파트인 이 책을 집필하게 되었다.

 이번 저서는 단순한 경제서가 아니라, 경제를 중심으로 기후·환경·과학·인프라·정치·금융 등 다양한 영역이 촘촘히 연결된 '복합 신경망' 구조를 분석한 종합서에 가깝다. 대중의 통념을 넘어, 경제의 내면에 숨어 있는 복잡한 상호작용을 탐구함으로써 이 책이 일종의 '경제 종합 참고서' 역할을 할 수 있기를 기대한다.

 또한 이 책은 약탈경제의 민낯을 드러내는 동시에, 평소 대중이 접하기 어려웠던 글로벌 금융의 어두운 생태계를 조명한다. 나아가 다가올 산업사회의 수렴기를 예측하며, 금융과 과학의 교차점을 탐구하는 새로운 시도이기도 하다. 일반적인 경제서처럼 "돈을 쉽게 버는 법"을 다루지 않고, 반복적

SUPER CHANGE

으로 되풀이되는 약탈적 경제 시스템의 실체와 그 미래를 고찰했다.

　이 책은 "이렇게 하면 부자가 된다"는 식의 단기적 욕망을 자극하는 안내서가 아니다. 오히려 열심히 일군 재산을 지키기 위한 '방어적 각성'을 불러일으키는 경고서다. 지금처럼 '빚투'와 같은 대규모 부채 의존 현상이 만연한 시대에는, 돈을 버는 것보다 지키는 것이 더 중요하다. 개인뿐 아니라 기업과 국가까지 막대한 부채로 얽힌 현실은, 총수입이 이자를 감당하지 못하는 '좀비 경제'로 이어질 위험을 안고 있다.

　이 책은 이러한 문제의식을 바탕으로, 19세기부터 이어져 온 경제 약탈의 역사적 근거를 체계적으로 추적한다. 20세기 약탈경제의 기틀이 형성된 시점을 중심으로 핵심 증거를 수집하고, 21세기에 들어 더욱 공격적으로 진화한 약탈 시스템의 현재를 드러낸다. 나아가 국가와 개인의 경제 방어 전략, 그리고 산업수렴기라는 거대한 전환기에 대비할 수 있는 실질적 통찰을 제공함으로써, 변화의 시대를 살아가는 이들에게 현실적 지침이 되고자 한다.

화이트독

차 례

서문 ·· 004

CHAPTER 1
리플혁명 II
   1. 리플/XRP ·· 011
   2. 리플사의 역사 ·· 016
   3. 리플사의 국경 간 네트워크 독점 과정 ·· 030

CHAPTER 2
글로벌 금융 마피아
   1. 대환화폐 ·· 071
   2. 인플레이션과 통화 흡입 그리고 개인의 파산 ···································· 079
   3. 국가 부채로 인한 국가 부도 위기와 위기 형성의 주체 ···················· 087
   4. 공포의 무기, 달러 ·· 100
   5. 달러 흡수의 타이밍과 관세 전쟁 ·· 106

CHAPTER 3
'디지털 연방준비제도', 달러에서 리플사로 가치 이동
   1. 달러 탈피의 초석, 유동성 증가 ·· 123
   2. 유동성의 핵심인 달러의 '파이널 슈퍼 체인지' ·································· 138
   3. 달러의 정체 ·· 150

SUPER CHANGE

4. 미국 시대의 마감과 달러 가치 이전의 포석 ·········· 165
5. '디지털 연방준비제도'의 탄생 ·········· 177
6. 대공황 이후의 자산 요약 정리 ·········· 200

CHAPTER 4
대전환, 전 지구적 산업 수렴기와 모던 II

1. 모던 I의 마감과 모던 II의 전 지구적 산업 수렴기 ·········· 205
2. AI가 주도하는 시대: 인간의 비중 축소 ·········· 219
3. AI의 역습 ·········· 230
4. 경제 위축을 가속화할 수 있는 기후 변동(태양 활동) ·········· 243
5. 전기 문명의 재앙과 스타링크 그리고 암호화폐 ·········· 266
6. 암호화폐의 실사용기와 슈퍼 체인지 이후 ·········· 281

CHAPTER 5
동아시아 신규 목장의 미래 가능성 그리고 결론

1. 동아시아 경제 패권: 중국의 민주화와 한반도 통일 이후의
   경제 주도권 이전 ·········· 297
2. 결론 ·········· 312

참고문헌 ·········· 322

CHAPTER 1

리플혁명 II

1. 리플/XRP

[그림 1-1] 리플사 로고

대부분 아는 사실이지만 리플(Ripple)사에서 제작하고 배포한 암호화폐가 XRP이다. 그리고 이후 스테이블 코인 RLUSD를 출시했다. 리플사와 리플사의 발행 코인 XRP 그리고 RLUSD에 대한 간략한 핵심 히스토리는 다음과 같다. 이것들은 2013년 미국의 크리스 라슨(Chris Larsen)과 제드 매케일럽(Jed McCaleb)이 C++ 언어로 공동 개발한 것으로, 비트코인과 달리 채굴

하지 않고 제한적으로 발행한다. 비트코인 등 여타 코인들보다 빠른 속도로 전송할 수 있기 위해 리플 원장, 즉 XRP 원장(XRP Ledger)이라는 방식의 합의 구조로 움직인다.

더 쉽게 표현하자면 비트코인은 노드(Node)라는 채굴 작업자의 작업으로 검증되므로 수많은 노드의 검증을 거치느라 시간이 많이 걸리기에 화폐로서 전송 속도가 매우 느려진다는 문제가 있다. 리플사는 이 검증 시스템을 축소하고 대형 검증 기관을 간소화해 빠른 전송 시간을 확보하게 되었다. 이 시스템을 RPCA(Ripple Protocol Consensus Algorithm)라고 한다. 그냥 쉽게 이해하자면 "일을 빨리 처리하기 위하여 결제를 간소화했다." 정도로 보면 되겠다.

[그림 1-2] XRP 원장, RPCA

XRP 코인은 이 XRP 레저에서 사용되는 'RPCA 시스템'에 의해 송금이 이루어지고 있다. 리플의 지사는 샌프란시스코, 뉴욕, 런던, 시드니, 인도, 싱가포르, 룩셈부르크에 있고 수십 년에 걸친 기술, 금융 서비스 및 규정 준수 분야에서의 경험을 바탕으로 서비스를 제공하고 있다. 최근에는 블록체인 확장성을 위해 EVM 사이드체인이 추가되었다. 그리고 EVM과 XRPL을 연결하는 액셀라(Axelar)가 있다.

블록체인을 공부하다 보면 끝없이 새로운 개념과 기술이 등장하고, 알아야 할 내용이 복잡하게 가지처럼 뻗어나가는 것을 느끼게 된다. 그러나 너무 걱정할 필요는 없다. 이런 현상은 대부분 '기술 발전의 초창기'에 나타나는 자연스러운 과정이기 때문이다. 이런 기술적 세부 사항은 모두 이해하지 않아도 된다.

내가 대학에 입학했던 1989년에는 '컴퓨터 수업'이라는 것이 있었다. 지금 돌이켜보면 당시의 수업 내용 중 상당 부분은 시대가 바뀌면서 무의미해졌다. 새로운 기술이 처음 등장할 때는 복잡하고 어려운 용어와 개념이 넘쳐나지만, 시간이 조금만 흐르면 그것은 누구나 쉽게 다룰 수 있는 일상이 된다.

지금 블록체인을 깊이 이해하고 모든 코인의 구조와 생태계를 꿰뚫는 것이 마치 '선진형 인간'처럼 보일 수 있다. 하지만 머지않아 이 모든 것은 스마트폰의 버튼 하나로 해결되는 단순한 일상이 될 것이다. 결국 중요한 것은 기술을 얼마나 잘 '이해하느냐'가 아니라, 얼마나 '편리하게 활용하느냐'이다. 그러니 기술적 원리나 생소한 용어에 겁먹을 필요는 없다. 이 책 역시 기술 교과서가 아니다. 핵심은 **자본의 약탈 구조, 리플의 미래 경로,** 그리고 **거시적인 화폐 흐름**을 다루는 데 있다.

리플사의 핵심은 **대륙 간 실시간 송금 시스템**이다. 이는 리플의 모든 역사와 가치 중에서도 **가장 본질적이고 중요한** 부분이다. 내가 유튜브 영상 〈리플과 화폐개혁〉에서 다루었듯이, 리플이 기존의 **'스위프트(SWIFT)' 시스템을 대체할 수 있는 유일한 암호화폐**로 평가받는 이유도 바로 여기에 있다.

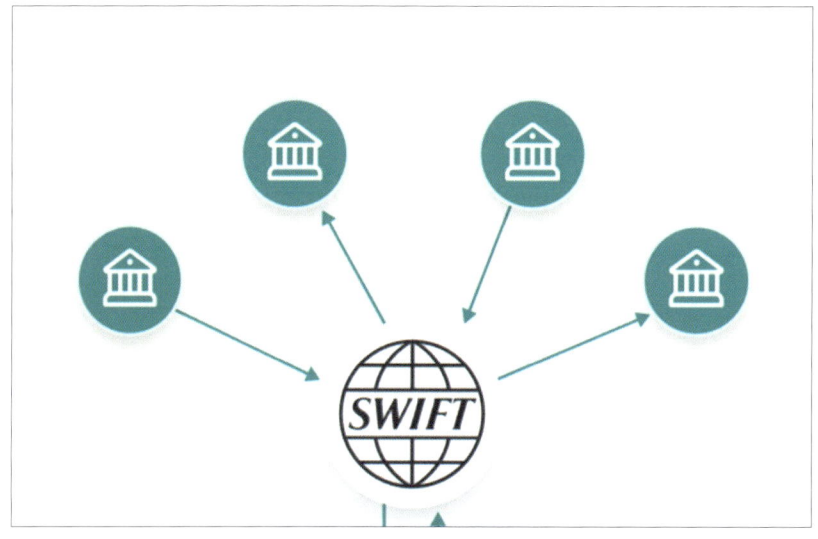

[그림 1-3] 스위프트(SWIFT)

스위프트[1]는 1973년, 국제 송금 과정에서 발생하는 복잡성과 비용 부담을 줄이기 위해 여러 주요 은행들이 협력하여 설립한 국제 은행 간 통신협회다. 이들은 전 세계 은행 간에 금융 메시지를 신속하고 정확하게 교환할 수 있는 통신 시스템을 구축함으로써, 국제 송금의 핵심 허브 역할을 수행해

---

[1] 국제 은행 간 통신협회(SWIFT, Society for Worldwide Interbank Financial Telecommunication)는 1973년 5월 3일에 벨기에에서 은행 간 금융 거래와 지불을 목적으로 설립되었다. https://www.swift.com

왔다.

그러나 반세기가 지난 지금, 이 시스템은 여전히 구식 구조에 머물러 있다. 여러 중개 은행을 거쳐야 하고 송금에 오랜 시간이 걸리는 등 불편함이 여전하다. 내가 유튜브 시리즈 〈리플과 화폐개혁 5편〉에서 언급했듯이, 이러한 비효율적인 구조는 머지않아 리플사의 **국제 실시간 송금 시스템**으로 대체될 가능성이 매우 높다.

현재 전 세계 금융 네트워크 가운데 실시간 송금 전송망을 완전히 구축하고 있는 곳은 리플사가 사실상 **유일하다.** 따라서 리플의 본질은 기술적 세부 사항이나 가격 변동이 아니라, 이 국제 송금 네트워크의 **혁신성**에 있다. 이것이 바로 리플의 시작이자 끝이며, 리플의 모든 가치를 설명하는 핵심이다.

2. 리플사의 역사

[그림 1-4] 결제, 자산 수탁, 스테이블 코인

리플사의 CEO 브래드 갈링하우스(Brad Garlinghouse)는 "리플은 고객 금융사에 해외 송금 솔루션인 'x커런트(Current)'와 'x래피드(Rapid)'를 제공하고 있으며, 이를 이용하면 국제 거래 비용이 감소하고 수 초 내 해외 송금이 이뤄진다"고 말했다.

또한 2018년 3월 14일, 서울 여의도 콘래드호텔에서 가진 첫 한국 기자 간담회에서 그는 "전 세계에서 이뤄지는 해외 송금액 규모는 155조 달러(약 16경 원) 이상인데, 금융기관의 해외 송금 인프라에서 약 6% 정도의 착오가 발생한다"며, 비유하면 "구글에서 100개를 검색하면 6개가 틀린 것인데 이는 수용하기 어려운 수준"이라고 지적했다. 현재와 같은 방식의 해외 송금 시스템은 시일이 오래 걸리며, 유동성의 낭비도 있다고 말했다. A라는 은행에서 해외 송금을 위해선 전 세계 은행의 계좌를 보유해야 하며, 이 계좌에 일정 금액 이상 돈을 예치해야 한다고 말했다.

[그림 1-5] 리플 CEO 브래드 갈링하우스

그는 이날 국내에서 간담회를 연 목적이 "리플과 관련한 여러 오해를 풀기 위해서"라고 했다. 회사로서의 리플과 디지털 에셋인 XRP가 다르고 다른 암호화폐(가상화폐) 프로젝트와 리플이 다르다는 점을 그는 수차례 강조했다.

리플이 제도권 금융 안에서 해결하려는 핵심 과제는 바로 **해외 송금의 비효율성**이다. 현재 대부분의 은행들은 해외 송금을 처리하기 위해 세계 각국의 은행에 '사전 예치금(Pre-funded Account)'을 두고 있다. 고객이 해외 송금을 요청하면, 해당 국가의 현지 계좌에 미리 예치해둔 자금을 활용해 정산하는 방식이다. 그러나 이 시스템은 막대한 예치 자금이 묶이게 하고, 은행 간 수수료를 과다하게 발생시키며, 송금 완료까지 3~5일이 걸리는 등 여러 면에서 비효율적이다. 브래드 갈링하우스는 "현재 은행들이 해외 송금 예치금으로 묶어둔 자금만 약 10조 원에 이른다"며, "5,000달러를 해외로 가장 빨리 보내는 방법은 직접 비행기를 타고 전달하는 것일 정도로 현 시스템은 낡고 실패율도 높다"고 지적했다.

리플은 이러한 문제를 해결하기 위해 두 가지 솔루션을 제시한다.

첫째, '리플넷(RippleNet)'을 통해 기존 법정화폐 시스템을 그대로 사용하면서도 지급결제 정보를 실시간으로 교환하고, 청산·결제를 즉시 처리할 수 있는 방식이다.

둘째, XRP를 직접 송금 수단으로 사용하는 방식으로, 이를 활용하면 은행이 해외 각지에 예치금을 보유하지 않아도 즉각적인 국가 간 송금이 가능하다.

이 두 솔루션은 결국, 기존 금융 시스템의 구조적 비효율을 제거하고 글로벌 송금의 시간·비용을 획기적으로 단축하려는 리플의 근본적 목표를 보여준다.

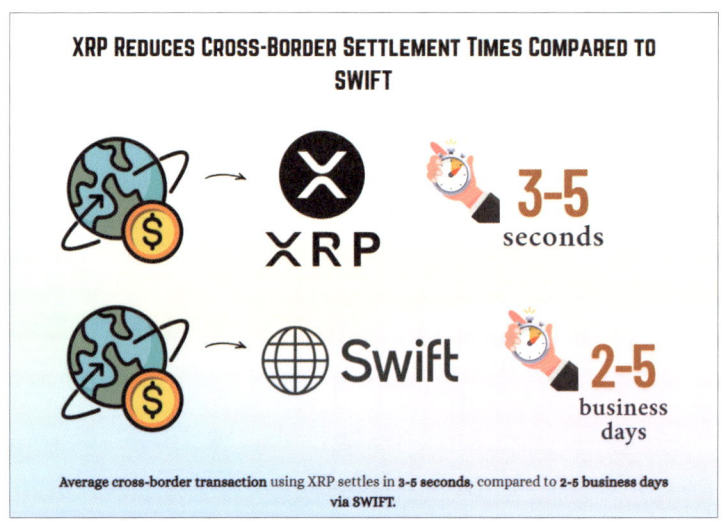

[그림 1-6] 리플사 결제 속도2

---

2   https://coinlaw.io/xrp-statistics/

리플사의 거래에는 3~5초가 걸리고 스위프트는 2~5영업일이 걸린다. 또한 XRP의 국경 간 거래 수수료는 평균 0.15%로, 은행(3~7%)보다 상당히 저렴하다.

2018년 howmuch.net은 시가 총액 기준 주요 암호화폐들의 거래 속도를 비자 및 페이팔(PayPal)과 비교했을 때 초당 거래 수를 나타내는 풍선의 크기를 기준으로, 가장 큰 것부터 작은 것까지 각 결제 네트워크의 순위를 매겼다. 풍선이 클수록 결제 네트워크가 초당 처리할 수 있는 거래량이 더 많아진다. 이를 통해 가장 인기 있는 암호화폐들이 기존의 결제 수단과 어떻게 비교되는지 명확하고 간결한 시각 자료를 통해 한 번에 확인할 수 있었다

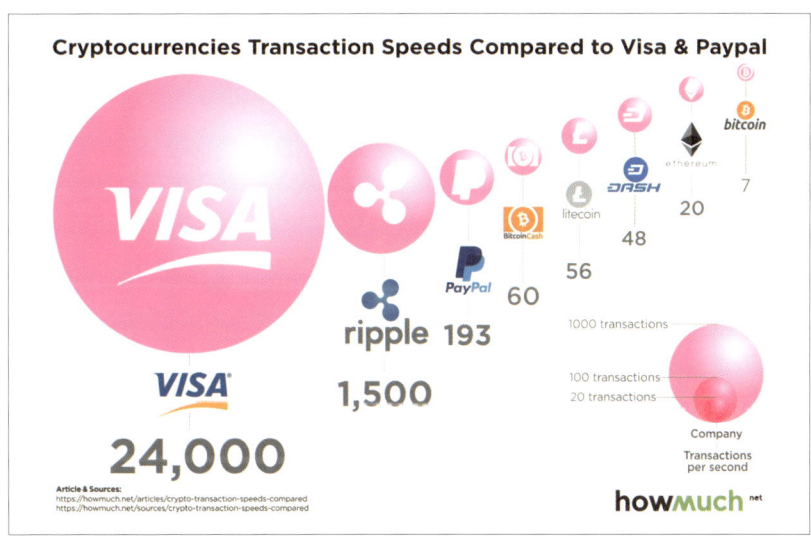

[그림 1-7] 주요 암호화폐와 비자, 페이팔의 거래 속도 비교 자료: howmuch

비자는 초당 24,000건의 거래를 처리하며 다른 모든 결제 네트워크 중 가장 빠른 거래 속도를 자랑한다. 리플이 2위를 차지하면서 페이팔을 무려

초당 1,307건으로 제친 것은 놀라운 일이었다. 이는 리플이 훨씬 더 큰 규모로 실행 가능한 결제 솔루션이 될 수 있음을 보여준다.

페이팔은 2017년 3분기에 2억 1,800만 명의 실사용자를 확보했다. 페이팔은 여전히 가장 인기 있고 잘 알려진 디지털 P2P 플랫폼 중 하나이지만, 리플의 거래 속도 우위는 더 빠를 뿐만 아니라 더 안전한 차세대 P2P 결제 플랫폼의 핵심이 될 수 있다는 것을 보여준다.

리플사의 결제 네트워크는 이미 **실제 사용 가능한 수준**에 이르렀다. 이제는 리플이 어떻게 국제 송금 인프라를 구축해왔는지, 그 역사를 살펴볼 차례다. 이 부분은 매우 중요하다. 왜냐하면 '스위프트'가 등장한 이후 그와 같은 규모의 국제 송금 네트워크를 새롭게 구축한 사례는 단 한 번도 없었기 때문이다. 리플의 등장은 사실상 금융 역사상 전례 없는 사건이라 할 수 있다.

이러한 현실을 보면, 기존 국제 금융 질서가 얼마나 **폐쇄적**이고 **독점적**인 구조를 유지해왔는지 다시금 실감할 수 있다. 마치 **국제 금융 카르텔**이 자신들의 이해관계를 지키기 위해 새로운 시스템의 등장을 의도적으로 막아온 듯한 인상을 지울 수 없다.

결론적으로 국제 송금의 역사는 단순히 두 단계로 구분할 수 있다.

- **스위프트(SWIFT)** — 기존의 느리고 비효율적인 국제 송금 체계
- **리플(Ripple)** — 혁신적인 실시간 글로벌 송금 네트워크

이 두 체계의 대비는 곧 **금융 패러다임의 전환**을 상징한다고 할 수 있다.

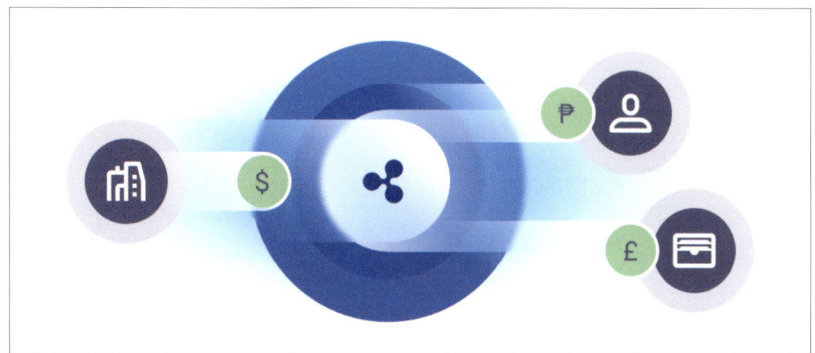

[그림 1-8] Ripple Payments Direct 2.0 Documentation

2004년, 미국 금융권에 갑자기 등장한 무명 스타트업이었던 리플은 처음부터 주목받기 어려운 존재였다. 그러나 그 출발과 성장의 궤적은 결코 평범하지 않았다. 이 점은 마치 오늘날 한국의 '**업비트**'나 '**빗썸**' 같은 가상자산 거래소들이 제도권의 허점 속에서 버젓이 금융 생태계를 점유한 것과도 닮아 있다. 국가 통화체계와 대립할 수 있는 '민간 환전소'가 "법이 없으니 불법이 아니다"라는 논리로 정체 불명의 화폐를 24시간 거래하게 된 현실은, **일종의 무법(無法) 상태를 합법처럼 포장한 금융 모순**이라 할 수 있다. 마치 기존 마약보다 100배 강력한 신종 약물이 등장했는데, "아직 법에 없으니 일단 먹어도 된다"는 식의 기이한 논리와 다를 바 없다.

리플사[3]의 기원은 2004년, 캐나다 출신 웹 개발자 라이언 푸거(Ryan Fugger)가 만든 리플페이(RipplePay)에서 시작한다. 그는 은행 간 결제를 효율적으로 연결할 수 있는 시스템을 구상하며, 이후 리플의 원형을 제시했다.

---

[3] Digital one 사이트 참조: https://digitaloneagency.com.au/the-origin-story-of-xrp/#:~:text=To%20get%20OpenCoin%20off%20the%20ground%2C%20the,settle%20transactions%20instantly%20and%20with%20minimal%20fees

2011년, 한때 세계 최대 규모의 비트코인 거래소였던 마운트 곡스(Mt. Gox)[4]를 설립한 제드 매케일럽이 여기에 합류한다. (나는 그의 마운트 곡스 해킹 사건에 **의도적 조작 가능성이 있었다**고 본다.) 매케일럽은 암호학자 데이비드 슈워츠, 분산 시스템 전문가 아서 브리토(Arthur Britto)를 영입하여 새로운 형태의 블록체인 프로토콜을 개발했다. 이것이 훗날 'XRP 원장(XRP Ledger)'으로 진화한다.

이 시점부터 리플은 단순한 기술 스타트업이 아니라, **글로벌 결제 시스템의 대체 구조**를 설계하는 프로젝트로 변모하기 시작했다.

[그림 1-9] 마운트 곡스 홈페이지

비트코인이 **작업 증명(PoW, Proof of Work)** 방식을 사용해 막대한 전력과 채굴 자원을 소모했던 것과 달리, 'XRP 원장'은 에너지 집약적인 채굴

---

4   마운트 곡스는 일본 도쿄 시부야에 본사를 둔 비트코인 거래소였다. 2010년에 출발해 2014년 초에는 전 세계 비트코인 거래의 70% 이상을 처리하고 있었다. 그러나 당시 수억 달러 상당의 비트코인 수십만 개가 분실, 도난당한 사실이 밝혀지면서 갑자기 운영을 중단했는데, 나는 회사 대표를 합리적으로 의심한다. 사이트 참조: https://www.investopedia.com/terms/m/mt-gox.asp

과정이 필요 없는 '합의 알고리즘(Consensus Algorithm)'을 채택했다. 이 시스템은 '신뢰할 수 있는 검증자 네트워크(Trusted Validator Network)'를 기반으로 작동하며, 소수의 검증 노드들이 원장의 상태를 빠르게 효율적으로 합의한다.

쉽게 말해, '채굴자(작업 반장)'가 수천 명씩 경쟁하며 검증하는 대신 **소수의 승인된 검증자**만으로 합의되므로, 거래 처리 속도가 극적으로 단축된 것이다. 이로 인해 XRP의 거래는 **단 몇 초 만에 완료**될 수 있다. 이는 비트코인이 블록을 생성하는 데 약 10분이 걸리는 것과 비교하면 **혁명적인 효율성**이라 할 수 있다.

그러나 내 시각에서 보면, 블록체인은 종종 **'현대 기술 문명'이라는 이름의 신성화된 장치**로 작용한다. 새로운 용어와 구조로 포장되어 마치 고대 히브리어 성경처럼 어렵게 느껴지며, 일부 전문가만 접근할 수 있는 영역으로 만들어 대중에게는 신비롭고 경외로운 기술처럼 비춰진다. 즉 본질적으로는 간단한 원리를 복잡하게 감춘 채, '난해함 자체를 권위로 삼는 시스템'이라는 것이다.

2012년 8월, 리플팀은 마침내 **XRP 원장**의 개발을 완료했다. 이때 **총 1,000억 개의 XRP**가 한번에 발행되었는데, 이는 나의 표현대로라면 "봉이 김선달의 은하계 버전"이라 할 만하다. 2025년 11월 현재 시세(개당 약 4,000원 기준)로 환산하면, 약 400조 원 규모의 자산이 일시에 창조된 셈이다. 나의 관점에서 이것은 단지 시작일 뿐이며, 그 규모와 영향력은 앞으로 훨씬 커질 것으로 보인다.

문제는 이러한 '공짜로 생성된 자산'이 미국을 비롯한 강대국들의 **제도권 금융 시스템 안에서 실거래**되고 있다는 점이다. 이는 단순한 기술 실험이 아니라, **국가 화폐 체계와 직접 충돌**할 수 있는 현상이다. 나는 이러한 구조 뒤에는 오랜 세월 국제 금융을 지배해온 **'환전 네트워크 기반의 금융 세력'**, 즉 **보이지 않는 글로벌 금융 카르텔**이 존재한다고 본다.

역사적으로 어떤 신생 스타트업이 만든 토큰이 세계 통화 질서에 편입된 사례는 없다. 그럼에도 미국이 이를 방관하고 있다는 것은, 결국 **미국 내부의 금융 권력층이 이미 이 구조를 통제하고 있을 가능성**을 시사한다. 세계 각국이 리플을 거래하고 환전하는 이유 역시, 이 보이지 않는 세력이 글로벌 금융 질서를 재편하고 있기 때문일 것이다.

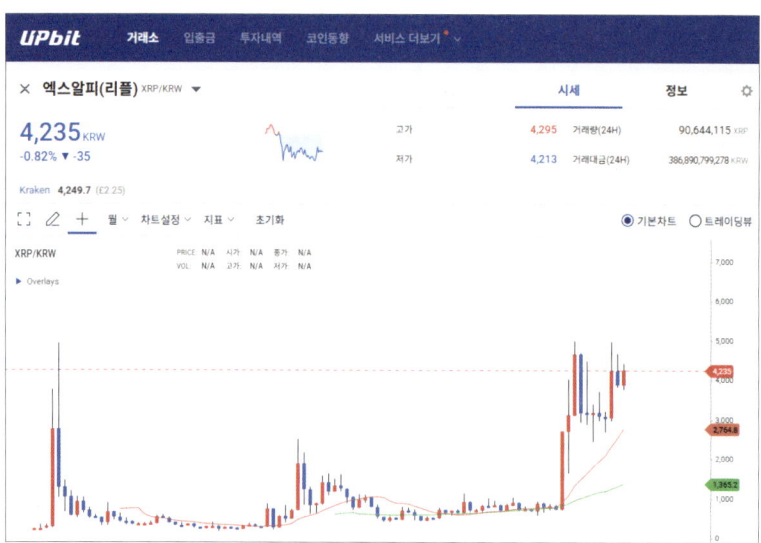

[그림 1-10] 업비트 거래소의 2025년 9월 19일 xrp의 현재 가격

다만 이들은 결코 **공개적으로 자신을 드러내지 않는다.** 그들은 언제나 연막과 혼란을 통해 **시선을 분산시키고**, 자신들의 목적을 조용히 달성해 간다. 나는 바로 그 점에서, 리플과 국제 금융 구조의 이면에 숨겨진 **거대한**

권력의 그림자를 본다.

비트코인 역시 그랬다. 개발자는 정체 불명의 인물 사토시 나카모토(Satoshi Nakamoto)[5]로 설정되어 있었고, 채굴장은 멀리 **중국**에 두었다. 마치 금처럼 한정된 자산이라는 이미지를 의도적으로 심어주려는 연출처럼 보였다. 세계 최대 규모의 암호화폐 거래소였던 '마운트 곡스'는 일본에 자리 잡았고, 그렇게 전 세계에서 모인 암호화폐가 결국 2017년 한국 시장으로 흘러들어와 '김치 프리미엄'[6]이라 불린 약 **60%의 가격 차이**를 만들며 폭등세를 연출했다. 그들은 이 시점에 맞춰 한국 내에서 대규모 매도를 통해 수익을 실현했다.

이 모든 과정은 마치 **정체를 알 수 없는 손에 의해 정교하게 설계된 순환 구조**처럼 보였다. 현실과 환상이 교차하는 **'금융 신기루'** 같은 현상이었다. 나는 이것을 **'우회전술'**[7]이라고 부르겠다.

[그림 1-11] 사토시 나카모토 동상
(사진: NYSE)

리플사의 역사로 다시 돌아가보자.

리플의 전개 과정 중에 종종 등장하는 '금융 마피아'라는 표현은 단순한 수사적 장치가 아니다. 그만큼 금융의 역사에는 구조적 모순이 깊게 자리

---

5   비트코인 제작자. https://www.investopedia.com/terms/s/satoshi-nakamoto.asp
6   당시 한국에만 엄청난 프리미엄이 붙어 있어 한국을 상징하는 '김치'와 프리미엄의 합성어인 '김치 프리미엄'이라는 신조어가 탄생했다. https://corporatefinanceinstitute.com/resources/cryptocurrency/kimchi-premium/
7   마치 미국인들이 좋아하는 '쇼맨십 레슬링' 또는 그리스 '콜로세움'과 유사하다. 이 우회전술은 뒤에서 다시 다루겠다.

잡고 있으며, 이를 이해하지 않고는 리플의 탄생과 확산을 온전히 해석하기 어렵기 때문이다.

리플 팀은 '공짜 돈'을 만들어내고 기술적 토대를 완성한 뒤, 이를 실제 시장에 내놓고 운용할 **조직적 기반**이 필요했다. 이때 등장한 인물이 바로 크리스 라슨이다. 그는 금융 기술 분야에서 풍부한 창업 경험을 가진 인물로, 온라인 대출 기업 **E-LOAN**, 그리고 P2P 대출 플랫폼 **프로스퍼**(Prosper)를 설립한 바 있다.

2012년, 크리스 라슨이 프로젝트에 합류하면서 리플은 본격적인 기업 형태를 갖추기 시작했다. 같은 해 **9월**, 라슨이 CEO, 제드 매케일럽이 CTO, 데이비드 슈워츠(David Schwartz)가 수석 암호학자로 참여하며 오픈코인(OpenCoin Inc.)이 설립되었다.

이듬해 **2013년 4월**, 오픈코인은 실리콘밸리의 주요 벤처 투자사 여섯 곳으로부터 **비공개 시드 라운드 투자**를 유치한다.

- 구글 벤처스(Google Ventures)
- 앤드리슨 호로위츠(Andreessen Horowitz)
- IDG 캐피털 파트너스(IDG Capital Partners)
- FF Angel LLC
- 라이트스피드 벤처 파트너스(Lightspeed Venture Partners)
- 비트코인 오퍼튜니티 펀드(Bitcoin Opportunity Fund)

이로써 리플은 단순한 기술 스타트업 단계를 넘어, **글로벌 금융 네트워크 구축을 목표로 한 본격적인 기업화의 길**로 들어섰다.

[그림 1-12] 오픈코인 투자사들의 홈페이지

그리고 2013년 9월 26일 회사명을 오픈코인에서 리플 랩스(Ripple Labs Inc.)로 변경했다. CEO는 크리스 라슨이 맡았다. 이 과정에서 제드 매케일럽은 리플을 떠나서 XRP와 유사하지만 다른 사명을 가진 암호화폐 프로젝트 스텔라(XLM)를 설립했다.

리플 랩스는 2014년까지 다음 주요 금융기관들과 파트너십을 구축했다.

- 피도르 은행(Fidor Bank, 독일)
- 크로스 리버 은행(Cross River Bank, 미국)
- CBW 은행(CBW Bank, 미국)

여기서 우리가 주목해야 할 중요한 사실이 하나 있다. 바로 리플의 최고 기술책임자(CTO) 데이비드 슈워츠가 **비트코인(BTC)의 초기 엔지니어 출신**이라는 점이다.

2024년 5월 20일, 〈더 크립토베이직(The Crypto Basic)〉 보도에 따르면 브래드 갈링하우스는 한 팟캐스트 인터뷰에서 "리플렛저(XRPL) 개발자 중 일부는 비트코인 초기 엔지니어 출신"이라고 언급했다. 이 발언 이후, 슈워츠가 바로 '사토시 나카모토'일 수도 있다는 추측이 커졌다.

흥미로운 점은, 슈워츠가 참여한 리플(XRP) 개발이 사토시 나카모토가 마지막 메시지를 남긴 지 **한 달 뒤**에 시작되었다는 사실이다. 또한 비트코인 초기 개발자 중 한 명인 위에지에(wEeZiE)는 "사토시가 2011년 4월 23일, 다른 프로젝트로 옮길 계획이라는 이메일을 보냈다"고 밝힌 바 있다.

이후 암호화폐 커뮤니티에서는 슈워츠가 사토시일 가능성을 제기하며, 사이트 디지털 원(Digital One)에서는 그 근거를 다음과 같이 정리했다.[8]

- 그는 탁월한 기술적 역량을 가지고 있다.
- 2008년 이전부터 블록체인과 유사한 기술을 연구하고 있었다.
- 사토시가 사라진 직후 등장했다.
- 확장성과 효율성을 갖춘 새로운 비전으로 그 흐름을 이어갔다.

이 사실들을 언급하는 이유는 '사토시가 누구인가'를 단정하기 위함이 아니다. 핵심은 암호화폐 세계의 주요 인물들이 서로 긴밀하게 얽혀 있다는

---

8   Digital One Agency(2025.05.31), Is David Schwartz the creator of Bitcoin? A deep dive into one of crypto's biggest theories. https://digitaloneagency.com.au/is-david-schwartz-the-creator-of-bitcoin-a-deep-dive-into-one-of-cryptos-biggest-theories/

점이다.

즉 오늘날 리플의 기술을 이끌고 있는 슈워츠가 이미 **비트코인 초기 개발자 중 한 사람**이었다는 사실만 봐도, 이 생태계가 결코 분리된 개별 프로젝트들의 집합이 아님을 알 수 있다. 오히려 암호화폐 전체가 "하나의 거대한 줄기(stem)"처럼 연결되어 있으며, **보이지 않는 조직적 연속성** 속에서 움직이고 있음을 시사한다.

이것은 단순한 우연의 일치가 아니라, 암호화폐라는 거대한 구조가 **하나의 중심 축을 따라 유기적으로 진화해왔다는 강력한 증거**라 할 수 있다.

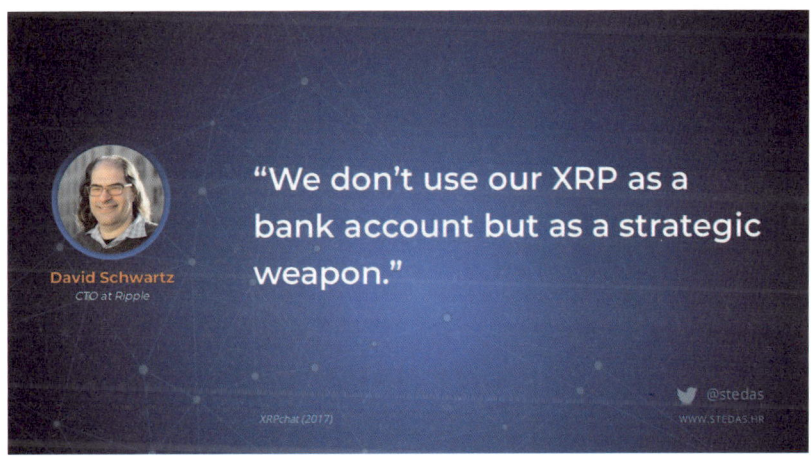

[그림 1-13] 데이비드 슈워츠의 SNS, "우리는 XRP를 은행 계좌가 아닌 전략적 무기로 사용한다."

3. 리플사의 국경 간 네트워크 독점 과정

1) 은행과의 네트워크 시작, 피도르 은행의 최초 네트워크 합류

2014년 5월, '피도르 은행(Fidor Bank AG)'은 **리플** 결제 프로토콜을 도입한 최초의 전통 금융기관이 되었다. 리플사는 당시 보도자료에서 "피도르 은행은 리플 네트워크를 구현함으로써 다른 기관과의 은행 간 결제는 물론, 지점 간 내부 결제까지 실시간으로 처리할 수 있게 될 것"이라고 밝혔다. 피도르는 '개방형 결제 프로토콜(Open Payment Protocol)'을 공식 채택한 최초의 은행이자, 실시간 결제를 위해 리플을 사용하는 **공인 금융기관 중 첫 사례**로 기록되었다.[9]

이로써 리플은 **'공짜로 생성된 디지털 자산'**을 기반으로 국제 금융 네트워크를 운영하는 **유일한 기업**이 되었다. 나의 시각에서 보면, 이러한 구조는 단순한 기술 혁신을 넘어 거대한 배후 세력이 존재하는 일종의 **글로벌 사금융 카르텔**처럼 보인다.

---

[9] Ripple Labs(2014.05.06), Ripple Labs Announces Fidor Bank AG as First Bank to Use the Ripple Protocol. Ripple. https://ripple.com/ripple-press/ripple-labs-announces-fidor-bank-ag-as-first-bank-to-use-the-ripple-protocol/

이 현상의 핵심에는 **"공인된 발행 주체가 존재하지 않는다"**는 점이 있다. 화폐의 역사는 본래 매우 폐쇄적인 시스템이다. 상식적으로 어떤 국가에서든, 외국의 스타트업이 '공짜 돈'을 들고 들어와 환전소를 열고 자국 통화와 24시간 교환하는 상황은 있을 수 없다. 그런 일이 벌어진다면 그 나라는 단순한 금융 혼란을 넘어 **법적 제재와 정치적 파장**을 피할 수 없을 것이다.

그런데 리플은 이러한 '상식의 벽'을 뚫고 세계 각국의 금융 시스템 속으로 자연스럽게 스며들었다. 이는 단순히 기술력이나 기업의 힘만으로는 불가능한 일이다. 결국 나는 이러한 '비정상적인 정상화' 현상들, 즉 누가 봐도 신기한 일들이 아무렇지 않게 진행되는 과정을 모아보면, 그 이면에 **조직적이고 강력한 국제 금융 세력**이 존재하고 있음을 암시한다고 본다.

2) CBDC와 리플사의 네트워크 연결성 그리고 BIS

그중에서도 국제결제은행(BIS, Bank for International Settlements)[10]은 가장 주목해야 할 집단이다. 흥미로운 점은 전 세계 어느 나라도 BIS 규약을 '법적으로 준수해야 한다'는 조항에 공식 서명한 적이 없으며, 그 효력이 강제적인 것도 아니라는 사실이다.

그럼에도 불구하고 BIS가 발표하는 '바젤 Ⅰ, 바젤 Ⅱ, 바젤 Ⅲ'과 같은 금융 규제 기준이 내려오면, 각국의 중앙은행과 시중 은행들은 이를 마치 '법률처럼 절대적으로 준수'한다. 실제로 그 결정은 국가의 금융 시스템 전반에 즉각적인 영향을 미치며, 국가 차원에서도 거부할 수 없는 '비공식적

---

[10] 1930년에 설립된 이 기관은 가장 오래된 국제 금융기관이다. 이 기관의 초기 목적은 제1차 세계대전의 전쟁 배상금 지급을 감독하는 것이었다.

강제력'을 갖는다. 그러나 그 권한을 "누가 승인했고, 어떤 절차로 이러한 구속력이 생겨났는가" 하는 점은 여전히 미스터리로 남아 있다.

이 문제를 더 깊이 파고들면, 그 배후에는 단순한 금융 규제 이상의 '숨겨진 국제 권력 구조'가 보인다. 내 유튜브 채널 '화이트독'의 영상 〈2차 세계대전의 배후 BIS〉[11]에서는 이 숨겨진 BIS의 실체를 집중적으로 다루고 있다. 해당 영상과 재생목록 〈BIS의 음모〉 편에서는 BIS가 "어떻게 제2차 세계대전을 준비했는지", 그리고 "전쟁 중 약탈된 금이 뉴욕의 금융 세력에게 어떻게 이전되었는지", 나아가 "왜 유럽에서 수많은 유대인이 희생되었는지"에 대한 충격적인 역사적 맥락을 상세히 분석하고 있다.

결국 BIS는 단순한 국제 금융조정 기관이 아니라, "세계 금융 질서의 '보이지 않는 주체', 혹은 '역사적 전쟁과 약탈의 흐름을 지휘한 **거대한 그림자 조직**'으로 볼 수 있다"는 것이 나의 관점이다.

[그림 1-14] BIS 본부

---

11 유튜브 채널 '화이트독', 〈BIS의 음모〉. https://youtu.be/b6LRQXKFvPg?si=T6b-bu18ISQYSYtj

이 밖에도 BIS는 누구의 요청도 없이 스스로 나서서 각국의 중앙은행 디지털 화폐(CBDC)[12] 발행 방향까지 간섭하고 있다.[13]

한국금융연구원이 발행한 『BIS의 2023년 CBDC 설문조사』에 따르면, "한국은행은 BIS 및 7개국 중앙은행과 함께 기관용 CBDC를 활용한 국경 간 지급결제 실험인 '아고라 프로젝트(Project Agora)'를 추진 중이며, 앞으로도 CBDC 관련 글로벌 논의와 실험에 적극 참여하여 향후 CBDC 도입에 대비해나갈 필요가 있다"[14]라고 명시되어 있다.

즉 법적 권한이나 조약상의 강제성도 없이 BIS는 이미 각국의 통화정책과 디지털 화폐 실험에 실질적인 영향력을 행사하고 있는 셈이다. 내 시각에서 보면 이는 단순한 금융 협력의 차원을 넘어, BIS가 "세계 통화 질서를 조율하는 '비공식 통제 기관'"으로 기능하고 있음을 보여주는 대표적 사례다.

3) BIS, CBDC 프로젝트

[그림 1-15] 내용은 BIS가 주도적으로 CBDC를 관장하는 주체라는 것을 알 수 있다. 관련 프로젝트 내용은 다음과 같다.[15]

12　Shobhit Seth(2025), Understanding Central Bank Digital Currencies(CBDCs): A Comprehensive Guide. Investopedia. https://www.investopedia.com/terms/c/central-bank-digital-currency-cbdc.asp

13　이러한 기사는 많다. 그중 한지훈(2025.08.25), "BIS 'CBDC 발행 동기는 중앙은행 화폐 역할 보존'"을 소개한다. 연합뉴스. https://www.yna.co.kr/view/AKR20250825046700002?input=copy

14　이명활(2024.07.20), "BIS의 2023년 CBDC 설문조사 주요 내용 및 시사점"(한국금융연구원, 금융 브리프 포커스, 33권 16호), 3쪽.

15　BIS Team(2015), BIS Innovation Hub work on central bank digital currency. BIS. https://www.bis.org/about/bisih/topics/cbdc.htm

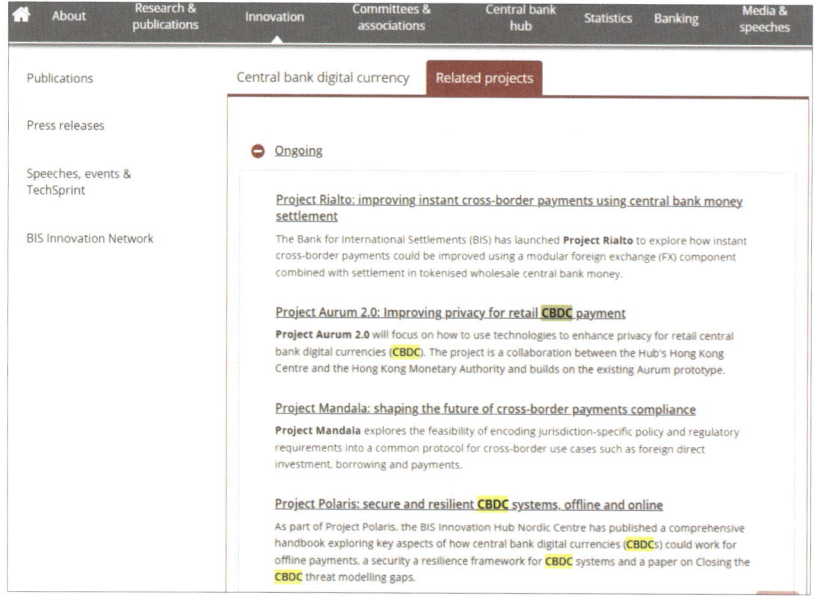

[그림 1-15] 중앙은행 디지털 화폐 혁신 허브 작업

[그림 1-16] BIS, CBDC

① 프로젝트 리알토(Project Rialto)[16]: 중앙은행 자금 결제를 활용한 즉각적인 국경 간 지불 개선

국제결제은행(BIS)은 모듈형 외환(FX) 구성 요소와 토큰화된 도매급 중앙은행 통화 결제를 결합하여 즉각적인 국경 간 지불을 어떻게 개선할 수 있는지 알아보기 위해 리알토 프로젝트를 시작했다.

② 아우룸(Aurum)[17] 2.0 프로젝트: 소매 CBDC 결제를 위한 개인 정보 보호 개선

아우룸 2.0 프로젝트는 중앙은행 디지털 화폐(CBDC)의 개인정보 보호 강화를 위한 기술 활용 방안에 중점을 둘 것이다. 이 프로젝트는 허브 홍콩 센터와 홍콩 금융관리국(Hong Kong Monetary Authority)의 협력으로 진행되며, 기존 Aurum 프로토타입을 기반으로 한다.

③ 프로젝트 만다라(Mandala)[18]: 국경 간 지불 규정 준수의 미래 형성

만다라 프로젝트는 외국인 직접 투자, 차입, 지불과 같은 국경 간 사용 사례에 대한 공통 프로토콜로, 관할권별 정책 및 규제 요구 사항을 인코딩하는 가능성을 탐구한다.

---

16 리알토는 이탈리아 베네치아에 있는 다리 이름이다. 아마도 베네치아의 운하를 가르며 서로 다른 지역을 연결하는 상징물인 이 다리를 이름으로 쓴 것으로 보아 국경 간 결제 인프라를 '연결(bridge)'하는 역할을 상징한다고 본다. 해당 프로젝트: https://www.bis.org/about/bisih/topics/cbdc/rialto.htm

17 Aurum은 라틴어로 금(gold)을 뜻한다. 본인들이 만드는 프로젝트가 금과 같은 변치 않는 신뢰성을 가진다는 뜻으로 해석된다. 해당 프로젝트: https://www.bis.org/about/bisih/topics/cbdc/aurum2_0.htm

18 불교·힌두교 전통에서 만다라(Mandala)는 우주의 질서, 조화, 균형을 상징하는 도형(주로 원형 패턴)이다. 현대적으로는 복잡한 요소들이 하나의 조화로운 시스템 안에서 연결된다는 의미로도 많이 사용된다. 해당 프로젝트: https://www.bis.org/about/bisih/topics/cbdc/mandala.htm

④ **프로젝트 폴라리스(Polaris)[19]: 안전하고 복원력 있는 CBDC 시스템(오프라인 및 온라인)**

BIS 혁신 허브 노르딕 센터는 프로젝트 폴라리스의 일환으로 중앙은행 디지털 화폐(CBDC)가 오프라인 지불에 어떻게 활용될 수 있는지 주요 측면을 살펴보는 포괄적인 핸드북, CBDC 시스템의 보안 및 복원력 프레임워크, CBDC 위협 모델링 격차 해소에 대한 논문을 출판했다.

이 내용들은 너무도 명확하게, 국가별로 추진해야 할 과제인 CBDC가 사실상 **BIS(국제결제은행)의 주도 아래** 움직이고 있음을 보여준다.

이러한 사실을 굳이 'XRP 네트워크'의 맥락 속에 덧붙여 언급하는 이유는, 'XRP 국제 송금 시스템', 'CBDC', '스테이블 코인', '신용카드 결제망'이 모두 하나의 뿌리에서 이어진 '감자 줄기 네트워크'처럼 긴밀하게 연결되어 있기 때문이다.

즉 표면적으로는 서로 다른 시스템과 기술처럼 보이지만, 실제로는 동일한 금융 인프라의 가지들이며, 글로벌 결제 흐름을 **하나의 거대한 네트워크로 통합하려는 움직임** 속에서 서로 맞물려 돌아가고 있다는 것이다.

---

19 폴라리스는 북극성(North Star)을 뜻한다. 북극성은 하늘에서 항상 북쪽을 가리키기 때문에, 옛날부터 항해자들의 길잡이 별, 방향을 알려주는 지표로 여겼다. 상징적으로는 안정성, 기준점, 길잡이 역할을 의미한다. 해당 프로젝트: https://www.bis.org/about/bisih/topics/cbdc/polaris.htm

4) 신용카드로의 확장, 비자의 자회사 어스포트사와의 결제 확장[20]

[그림 1-17] 2019년 비자와 어스포트 인수

2014년 리플사의 가장 핵심적인 역사는 그해 12월 어스포트(Earthport)[21]와 맺은 파트너십이었다. 피넥스트라(FINEXTRA) 뉴스는 "리플 랩스는 실시간 결제 프로토콜을 어스포트 결제 허브에 연결하여 오픈 소스 거래 기술을 시장에 출시할 새로운 채널을 열 예정이다"라고 말했다.[22] 놀라움을 감출 수가 없다. 물론 너무나도 자주 접하는 사실이긴 하다. 금융 분야, 특히 블록체인과 암호화폐 분야는 대부분 합종연횡을 통해 감자 줄기 연합을 하고 있다는 것.

---

20 어스포트는 원래 국제 결제 전문 회사였지만, 2019년 비자에 인수된 이후, 그 기술은 비자 다이렉트(Visa Direct)를 통해 국제 자금의 효율적 실시간 지출, 시장 지급, 청구서 결제 등을 지원하는 데 활용되고 있다. 즉 현재 어스포트 자체보다는 비자의 기술 인프라의 일부로 국제 결제 서비스에 기여하고 있다. 사이트 참조: https://www.finextra.com/news/fullstory.aspx?newsitemid=26779

21 어스포트는 2019년 비자에 매각되어 명칭이 '비자 다이렉트(Visa Direct)'로 변경되었다.

22 FINEXTRA(2014.12.04), Ripple to plug into. Earthport payment network. https://www.finextra.com/news/fullstory.aspx?newsitemid=26779

이제 리플사는 이른바 '봉이 김선달' 공짜 돈 프로젝트 이후 주요 금융기관인 피도르 은행과 네트워크를 연결하고 난 후 곧이어 어스포트사와 파트너십을 맺었는데, **이 어스포트사는 2019년에 비자(VISA)가 인수한다**.[23] 요약하면 이렇다.

> 미국의 한 신생 스타트업이 구글 등 대형 기술 기업으로부터
> 투자를 받아 2012년 화폐 전송 기술을 선보인 직후
> 불과 2년 만에 거대 결제 네트워크의 문을 열었다.
> 이 회사는 무려 400조 원(2025년 9월 기준 가치)에 이르는
> '무료 화폐'를 발행했으며, 2019년에는 글로벌 결제 거인인
> 비자의 자회사와 공식 파트너십을 체결했다.
> 표면적으로는 성공신화로 포장되었지만, 실상은
> 이미 짜여진 카드 게임에 가깝다. 대중만
> 그 룰을 모른 채 구경하고 있을 뿐이다.

그러나 이 사건은 단지 서막에 불과하다. 어스포트는 이미 당시 세계 상위 5대 은행 중 2곳, 미국 상위 20대 은행 중 4곳과 국경 간 결제 계약을 맺고 있었으며, 이 네트워크는 60개국 이상을 연결하고 있었다.[24] 그 의미

---

23 2019년 5월 8일 비자의 어스포트 인수. https://usa.visa.com/about-visa/newsroom/press-releases.releaseld.16366.html
24 Shobhit Seth(2025), Understanding Central Bank Digital Currencies(CBDCs): A Comprehensive Guide. Investopedia. https://www.investopedia.com/terms/c/central-bank-digital-currency-cbdc.asp

는 단순하다. 리플사는 단 한 번의 네트워크 결합으로 곧바로 전 세계 주요 은행망에 접속할 수 있는 발판을 확보한 것이다. 그리고 그로부터 5년 후, 2019년에 비자가 이 네트워크에 합류했다. 이를 '아메리칸 김선달 프로젝트'라 부를 만하지 않은가? 시작과 동시에 이미 전 세계 금융의 관문을 거머쥔 셈이기 때문이다.

비자는 이후 어스포트를 중심으로 한 시스템만을 운용하고, 리플의 네트워크는 사용하지 않는 듯 보이지만, 이는 표면적인 현상일 뿐이다. 리플의 국제 송금 프로토콜은 여전히 유일하며, 이미 어스포트와 리플의 네트워크 코드는 구조적으로 호환되도록 설계되어 있다. 즉 실사용 단계로의 전환만 남아 있을 뿐, 근본적인 연결은 끊어진 적이 없다.

현재 국경 간 결제를 다루는 주요 암호화폐 프로젝트는 스텔라(XLM), 셀로(CELO), 알고랜드(ALGO), 아반티 뱅크 토큰(Avanti Bank Tokens), 엠브리지(mBridge), 프로젝트 주라(Project Jura), 프로젝트 리알토(Project Rialto), 엑스디씨(XDC(XinFin)) 등이 있다. 하지만 이들 중 실질적인 네트워크 완성도와 유동성을 동시에 갖춘 기업은 리플뿐이다.

특히 스텔라는 리플의 형제격 프로젝트로, 역할 분담이 명확하다. 리플이 대형 은행 및 기관 고객(Santander, SBI, Standard Chartered 등)을 중심으로 한 B2B 네트워크를 담당한다면, 스텔라는 핀테크 스타트업과 스테이블 코인 결제 프로젝트(PayPal PYUSD, Cowrie 등)를 중심으로 한 소형 은행 및 개인 간 결제(P2P)에 집중하고 있다. 일종의 음양(陰陽) 관계처럼 하나의 거대한 송금 생태계를 구성하고 있는 것이다.[25]

---

[25] 화이트독, 「100년 만의 세계 경제 붕괴와 리플혁명」, 흔들의자, 2020, 34~36쪽.

한편 XDC(XinFin)는 무역금융 및 기업 간 결제 전용망으로 영역을 분리했으며, 그 외 프로젝트들은 대부분 중앙은행 디지털 화폐 관련 실험 단계에 머물러 있거나 글로벌 네트워크 합류 추진이 미약하다.

2020년 어스포트는 비자에 인수된 후 **비자 다이렉트**라는 명칭으로 바꾸고 실시간 간편 해외 송금 서비스를 시작했다.[26]

[그림 1-18] 비자 다이렉트

시간이 지나면 **리플사의 프로토콜**에 비자 다이렉트가 연결되고 KB은행으로 연결되어 **우리 국민의 실시간에도 리플이 관여**할 것이다. 리플사의 **프로토콜이 국제 송금 네트워크의 가장 거대한 블록체인 라인이자 국제 표준이** 되어가고 있기 때문이다.

---

26 Visa(2020.04.07), "Visa, 실시간 간편 해외 송금 서비스 'Visa Direct' 국내 공식 출시". https://www.visakorea.com/about-visa/newsroom/press-releases/nr-kr-200407.html

5) W3C의 Web Payment Interest Group에 참여

[그림 1-19] W3C

2015년 리플사는 "리플 랩스는 W3C의 Web Payment Interest Group에 참여한다"고 발표하며, 이를 통해 "'가치 웹(Value Web)'을 위한 글로벌 표준 마련에 기여하겠다"고 밝혔다. 그 목적은 "웹 기반의 결제 시스템이 상호 운용 가능하도록 개선하는 데"[27] 있으며, "이로써 리플 네트워크는 글로벌 표준 및 상호 운용성과 가치 교환 인터넷 기반을 구축하여 오늘날 웹에서 정보가 이동하는 것처럼 전 세계 사람들이 돈을 쉽게 이동할 수 있도록 기반을 마련했다. 리플 랩스는 금융 시스템을 상호 연결하여 모든 통화로 실시간 안전하게 자금을 이체할 수 있게 하는 인터넷 **프로토콜**[28]을 개발했다"고 밝혔다. (리플사 홈페이지, 2015.02.13)

---

27   리플사 사이트 참조: https://ripple.com/ripple-press/ripple-labs-joins-w3c-web-payment-interest-group-to-help-set-standards-for-the-value-web/?utm_source=chatgpt.com
28   프로토콜은 간단히 요약하면, 컴퓨터나 전자 기기 간의 원활한 통신을 위해 데이터를 주고받는 방식을 정의하는 약속된 규범이나 규칙 체계를 의미한다. 더 쉽게 자세히 표현한 영상 참고(유튜브 채널 '통통코딩TungTungCoding', "프로토콜이란 무엇일까? 개념, 기능, 구성 요소, 활용" 2024. https://www.youtube.com/watch?v=iGyaw8zX-5TA).

6) 거대 국제 송금 회사 웨스턴 유니언과 네트워크 실험 착수

프로토콜 개발 후 리플사는 2015년 4월 29일 리플 창업자 겸 CEO 크리스 라슨의 트윗을 인용하여, "'리플사와 웨스턴 유니언(West Union)이 실시간 결제를 위한 인프라 제공에 필요한 파일럿(pilot: 시험 버전)을 진행하고 있다'고 발표했다"[29]라고 전했다.

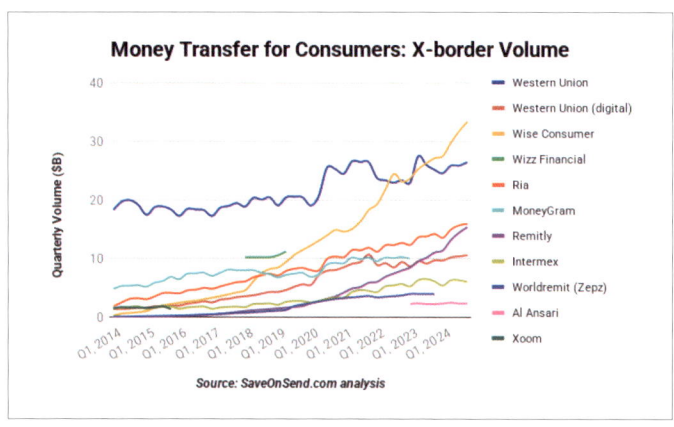

[그림 1-20] Money-Transfer for Consumers: X-border Volume Q4 2024-1[30]

웨스턴 유니언 홈페이지에 따르면, 웨스턴 유니언은 국제 송금 분야의 거대 기업으로 "2011년, 세계적인 경제 위기 속에서도 하루 평균 100만 건의 거래를 처리했고, 2008년 이후 가장 높은 매출 성장률을 기록하며 55억 달러를 달성했다. 세계은행에 따르면, 개발도상국으로의 송금액은 연평균

---

29 Pete Rizzo(2015.04.29), Western Union 'Exploring' Pilot Program With Ripple Labs. Coindesk. https://www.coindesk.com/markets/2015/04/29/western-union-exploring-pilot-program-with-ripple-labs?utm_source=chatgpt.com

30 Save On Send Team(Save On Send, 2025.03.23), Western Union: the end of permanent leadership in cross-border consumer money transfers. https://www.saveonsend.com/western-union-money-transfer/

7~8%씩 증가하여 2014년에는 4,670억 달러에 이를 것으로 예상된다. 웨스턴 유니언은 현금-현금 및 계좌-현금 송금 분야의 선두 기업으로, 전 세계 시장 점유율 17%를 차지하고 있다." (2025년 현재 웨스트 유니언 홈페이지)[31]

앞의 표에서 보듯, 웨스턴 유니언은 근래 다소 주춤한 모습을 보이고 있지만, 2021년까지는 국제 송금 규모에서 세계 1위를 지켜온 기업이다. 그런데 리플사는 바로 이 글로벌 송금 1위 기업과 2015년에 협업을 시작했다. 더욱 놀라운 것은, W3C(World Wide Web Consortium)에 처음 접촉한 지 불과 4개월 만에, 이미 지구상에서 가장 큰 국제 송금 네트워크를 가진 기업과 공동 시험을 진행하고 있었다는 점이다.

이 대목에서 주목해야 할 것은 리플사가 내세운 '프로토콜'이라는 개념이다. 단순히 기술 용어로서의 프로토콜이 아니라, 리플사가 전 세계 주요 금융 네트워크에 직접 관여하며 송금의 규칙과 표준을 제정해 나가는 일종의 '금융 언어'로 기능한다는 점이다.

조금 더 단순히 말하면, 프로토콜이란 데이터를 주고받을 때 따르는 '약속'이자 '규칙'이다. 즉 리플은 단순한 결제 기업이 아니라 **글로벌 송금 질서의 언어 체계를 설계하는 존재**로 자리 잡고 있는 것이다.

결론적으로 말해, 리플사는 **인류 화폐사에서 한 번도 등장하지 않았던 새로운 존재**라 할 수 있다. 단순한 송금 기업이 아니라, 디지털 국제 송금·국제 화폐·국제 금융제도의 **규칙과 약속을 스스로 정립해 가는 주체**로 자리 잡은 것이다. 다시 말해, 리플은 **글로벌 결제 체계의 새로운 '표준**

---

[31] 웨스턴 유니언 사이트 참조: https://www.westernunion.com/vn/en/become-agent.html

(Global Standard)'을 만드는 기업이다.

앞으로 전 세계의 기업과 국가들은 리플이 구축한 이 국제 송금 장치를 사용할 수밖에 없다. 그것이 가장 효율적이기 때문이 아니라, 이미 그들의 **코드와 프로토콜이 금융 인프라의 근본 구조로 편입**되었기 때문이다. 이제 대안은 존재하지 않는다.

그리고 잊지 말아야 할 점은 하나다. **'그들'은 언제나 독점을 사랑한다.**

> 내가 받은 충격은 실로 크다. 리플사는 마치
> 국제 금융 마피아 연합의 행동대장이라 불러도 무방할 만큼
> 거대한 영향력을 행사하고 있다. 이렇게까지 강렬하고
> 직설적인 표현을 사용하는 이유는 앞서 충분히 설명한 바와 같다.
> 전 세계를 연결하는 독점적 송금 프로토콜을 설계하고,
> 이를 통해 금융 네트워크의 흐름 자체를 통제하는 기업.
> 그런 존재는 지금까지 인류 역사에서 단 하나,
> 리플뿐이기 때문이다.

웨스턴 유니언사와의 네트워크 사업은 이후 다음과 같이 진행되었다. 2016년 "리플사와 웨스턴 유니언사가 기술 전반에 대한 조사를 한다".[32] 그

---

[32] Laura Shin(2016.04.28), Western Union, Foxconn's and Prudential's Venture Arms Back Blockchain Firm Digital Currency Group Forbes. https://www.forbes.com/sites/laurashin/2016/04/28/western-union-foxconns-and-prudentials-venture-arms-back-blockchain-firm-digital-currency-group/?utm_source=chatgpt.com

리고 2018년 "웨스턴 유니언은 xRapid(현 On-Demand Liquidity, ODL)를 사용한 파일럿(시험 버전) 구현에 대해 긍정적인 입장을 보였으며, 이를 통해 XRP 기반 결제 흐름 테스트를 진행 중임을 밝혔다".[33] 이런 식으로 2023년까지 '한다, 안 한다' 설왕설래를 거듭하다가 최근 "웨스턴 유니언은 2025년 8월 10일, 인터내셔널 머니 익스프레스(Intermex)의 완전 인수를 발표했다. 인수 가격은 미화 5억 달러(USD)로, 인터멕스의 마지막 주가 대비 70% 이상의 프리미엄이 붙은 금액이다.

[그림 1-21] 인터멕스와 비자

인수는 일반적인 승인 절차를 거쳐 2026년 중반까지 완료될 예정이다"[34]라고 밝혔다. 그런데 재미있는 것은 인터멕스가 이미 "2020년에 리플과 파트너십을 체결하여, 리플의 On-Demand Liquidity(ODL) 서비스를 활용한

---

33 Rachel McIntosh(2018.02.19), The Rumors Are True: Western Union Experiments With Ripple's 'xRapid'. Finance Magnates. https://www.financemagnates.com/cryptocurrency/news/rumors-true-western-union-experiments-ripples-xrapid/?utm_source=chatgpt.com

34 Crypto Chicka(2025.08.13), Western Union acquires Ripple partner Intermex – a billion-dollar bridge into the XRP Ledger? Binance Square. https://www.binance.com/en/square/post/28264714495546

국제 송금 솔루션을 도입했다는 것이다".[35] 이것은 이미 앞에서 결합한 **'감자 줄기 네트워크'**[36]이자 **'우회전술'**이었던 것이다.

2016년 2월 11일, 미국 연방준비제도(Fed)의 공식 유튜브 채널에 리플사의 결제 시스템이 등장했다. 영상에서는 리플을 이렇게 정의한다.

"리플 시스템은 금융기관이 고객을 위해 실시간으로 국경 간 거래를 수행할 수 있도록 지원하는 인프라 기술이다. 리플의 분산형 도구와 글로벌 네트워크는 이전보다 낮은 결제 비용으로 더 빠른 속도, 높은 확실성, 그리고 넓은 도달 범위를 제공한다."

이어 영상은 **리플 시스템의 효과성 기준**을 다음과 같이 명시한다.[37]

- 국경 간 기능
- 다양한 사용 사례에 대한 적용 가능성
- 경쟁 활성화
- 부가가치 서비스 촉진
- 신속한 승인과 청산
- 수취인에 대한 빠른 자금 도달
- 은행 및 비은행 간 결제 지원

---

[35] Paddy Baker(2023.05.09), Intermex Partners With Ripple for XRP-Based Remittance Corridor. Coin Desk. https://www.coindesk.com/business/2020/02/05/intermex-partners-with-ripple-for-xrp-based-remittance-corridor?utm_source=chatgpt.com

[36] 그들은 대부분 하나의 줄기로 이어져 있다. '감자 줄기 네트워크'는 암호화폐에서 매우 중요한 형태이다. 그들은 합종연횡하며 야바위 돌리기처럼 속임수로 우회전술을 펼치지만 결국 모두 한 몸통에서 움직이고 있음을 알게 된다. 그들은 하나이다.

[37] Fed Payments Improvement(2016.02.11), Ripple-Real Time Cross Border Transactions. www.youtube.com/@FedpaymentsimprovementOrg

- 결제 상태의 실시간 가시성
- 결제 확정성

즉 리플의 기술이 이미 미국의 지급결제 시스템 개선 논의에 직접 언급될 만큼 공식적인 위치에 올라섰던 것이다.

연방준비제도는 미국 금융의 심장부이자 세계 통화 시스템의 중심축이다. 따라서 그들의 공식 채널에 리플의 시스템이 소개되었다는 사실은 단순한 기술 홍보가 아니다. 그것은 **리플이 이미 금융 인프라의 발원지에 손을 뻗고 있다는 신호**이자, 거대한 물줄기가 본류를 향해 흘러가는 과정처럼 느껴진다.

이 모든 흐름을 따라가다 보면 어쩐지 이런 생각이 든다. '**리플의 수원(水源)은 결국 연방준비제도의 대주주들이 아닐까.**'

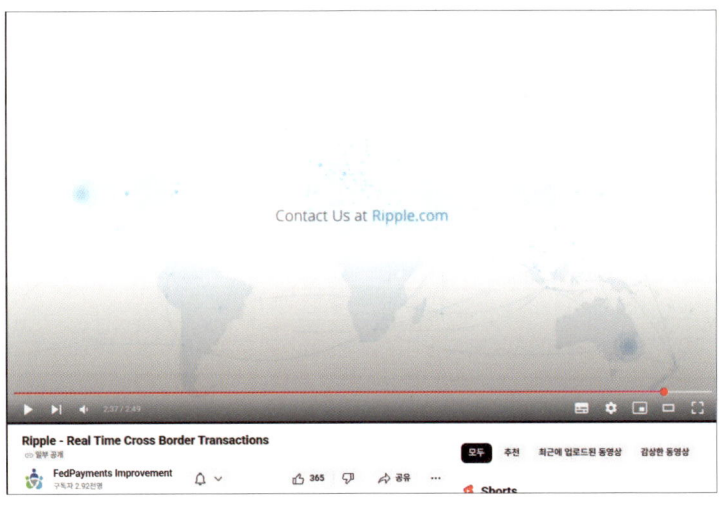

[그림 1-22] 연방준비제도(Fed)의 리플 시스템 소개 영상

그리고 2016년 6월 웨스턴 유니언과 설왕설래하던 리플사는 머니그램(MoneyGram)과 리플의 간접 협업으로 어스포트와 제휴한다.

머니그램은 [그림 1-20]에서 보듯 2016년 제휴 당시 업계 규모 2위의 업체였다. 결국 국제 송금업체 1위와 2위 모두 간접적으로 제휴를 했다.[38]

7) R3[39]

2016년 10월 "R3와 컨소시엄 회원 은행 12곳이 리플의 분산형 금융 기술과 디지털 자산을 통해 유동성을 확장하고 은행 간, 국경 간 지불 비용과 비효율성을 줄일 수 있는 잠재력을 시험했다. 이 시험은 리플 네트워크를 통해 은행들이 XRP를 사용하여 법정화폐 시장을 조성하고, 여러 개의 현지 은행 계좌가 없이도 인증된 결제를 완료할 수 있음을 보여주었다. 참여 은행들은 일련의 거래를 통해 리플 솔루션과 XRP가 어떻게 비용 절감과 수익 창출 기회를 동시에 제공할 수 있는지 살펴보았다."[40]

---

[38] MoneyGram(2016.06.08), MoneyGram Expands Money Transfer Service to Bank Accounts in Romania with Earthport Agreement. https://www.prnewswire.com/news-releases/moneygram-expands-money-transfer-service-to-bank-accounts-in-romania-with-earthport-agreement-300281917.html?utm_source=chatgpt.com
[39] 대형 금융기관 맞춤형 블록체인 솔루션을 제공하고, 규제 준수와 프라이버시를 강조하는 무역 금융 거래 플랫폼이다. 사이트 참조: https://r3.com/
[40] Team Ripple(2016.10.20), R3 Trials Interbank Cross-Border Payments With Ripple's Digital Asset XRP. Rpple. https://ripple.com/ripple-press/r3-trials-interbank-cross-border-payments-ripples-digital-asset-xrp/

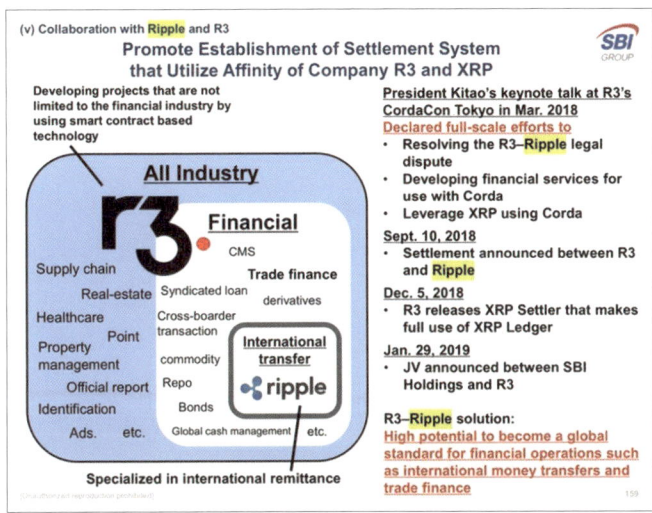

[그림 1-23] R3와 리플[41]

    실험에 참여하는 R3 회원 은행으로는 바클레이즈, BMO 파이낸셜 그룹, CIBC, 인테사 상파울로(Intesa Sanpaolo), 매쿼리 그룹, 호주국립은행(NAB), 나티시스(Natixis), 노르디아(Nordea), 캐나다왕립은행(RBC), 산탄데르(Santander), 스코티아뱅크(Scotiabank), 웨스트팩 뱅킹 코퍼레이션(Westpac Banking Corporation)이 있으며 이 실험은 R3 연구소와 연구 센터의 리플 네트워크를 통해 수행되었는데, [그림 1-23]을 보면 R3사와 리플사의 긴밀한 관계가 잘 드러나 있다. 이 그림의 우측 하단에 보면 **"R3-Ripple 솔루션은 국제 송금과 무역금융 등 금융 업무에서 전 세계적 표준으로 자리 잡을 가능성이 높다"**라고 표현하고 있다.[42] 이것이 그들의 전략이다.

---

41   SBI Holdings Team(2019.04.26), FY2018 Financial Results. P. 148.
42   "R3-Ripple solution: High potential to become a global standard for financial operations such as internation l money transfers and trade finance."

그러나 이렇게 CBDC, 비자, 웨스턴 유니언, R3 등은 실제 네트워킹은 하지 않고 있다가 시간이 지나면서 하나씩 네트워크를 현실화하고 있다. R3는 Corda 네트워크에서 오픈소스 범용 결제 애플리케이션을 출시한다고 발표했다.

2018년 R3는 Corda Settler dApp을 통해 기존 통화와 디지털 통화를 포함한 '전 세계 모든 결제 시스템'을 통한 결제가 가능해질 것이라고 밝혔다. 관련 보도에서 "리플과 관련된 암호화폐인 XRP가 지원되는 첫 번째 디지털 통화다"라고 네트워크 통합을 밝혔다.[43]

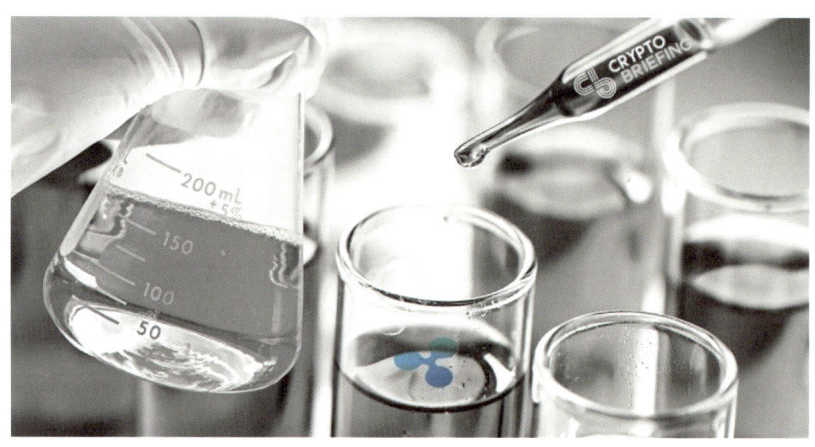

[그림 1-24] 웨스턴 유니언의 리플 기술 실험

그리고 웨스턴 유니언은 리플의 기술을 실험한 것을 인정했다.

2019년 2월 12일자 〈크립토 브리핑(Crypto Briefing)〉 기사에 따르면, "리플 랩스와 웨스턴 유니언의 협력은 꽤 오래전부터 알려져 있었다. 웨스턴 유니언

---

[43] Nicky Morris(2018.12.05), R3 reveals Corda payments app, integrates with XRP. https://www.ledger-insights.com/r3-corda-ripple-xrp-payments/?utm_source=chatgpt.com

은 2017년 말에 리플의 블록체인 테스트를 시작했으며, 2016년에는 벤처 캐피털 회사 DCG(Digital Currency Group)에 투자했다. 그리고 DCG는 리플에도 투자했다."

이어서 기사는 이렇게 전한다.
"웨스턴 유니언은 현재 리플이 특정 범위, 특히 미국 달러와 멕시코 페소 구간에서 실제 결제에 활용될 수 있는지를 시험 중이다."

즉 웨스턴 유니언은 단순히 리플의 기술을 실험하는 파트너가 아니라, 이미 투자 구조를 통해 리플 내부에 우회적으로 참여하고 있던 셈이다. 표면적으로는 별개의 두 회사처럼 보이지만, 자본의 흐름과 기술 협력의 궤적을 따라가면 결론은 하나로 수렴한다.

그들은 원래 하나였다.

8) 각국의 중앙은행들과 리플

2024년 6월, 리플사의 CEO 브래드 갈링하우스는 "중앙은행 디지털 화폐(CBDC) 개발을 위해 전 세계 10개국 정부와 파트너십을 체결했다"고 공식 발표했다.[44] 이 한마디로 리플은 사실상 **글로벌 결제 네트워크의 '그랜드슬램'을 달성한 셈**이다.

이제 전 세계의 중앙은행들은 점차 리플이 구축한 프로토콜에 접속하

---

44 Bitcoinist(2024.06.17), Ripple CEO Discloses 10 CBDC Partnerships: Who Are They? https://www.mitrade.com/insights/news/live-news/article-3-214932-20240617

지 않을 수 없게 될 것이다. 단순한 선택이 아니라, **국제 결제 인프라에 참여하기 위한 필연적 경로**가 되어가고 있기 때문이다.

이때를 기점으로 리플의 행보는 완전히 다른 차원으로 진입했다. 이후 리플이 보여주는 영향력은 말 그대로 "전 세계 화폐 체계를 휩쓸고 지나가는 거대한 조류"와 같다고 해도 과언이 아니다.

그리고 이제, 그 사실을 부정할 사람은 거의 없다.

9) 중앙은행 이후 IMF 통화 준비금

[그림 1-25] IMF와 리플

2025년 7월 24일 리플이 IMF 핀테크 자문 그룹에 합류했다. 〈글로벌이코노믹〉에 따르면 "블록체인 기반 결제 솔루션 기업 리플이 국제통화기금(IMF)의 핀테크 고위 자문 그룹(High-Level Advisory Group)에 합류하며 글로벌 금융 시스템 내 영향력을 한층 강화하고 있다"고 암호화폐 전문 매체 〈이더뉴스〉의 23일(현지 시각) 보도를 재인용했다. 이는 리플의 결제 기술 전문성을 IMF에게 공식 인정받았음을 의미한다.

리플의 내부 자료에 따르면, 리플은 IMF 핀테크 고위 자문 그룹 안에서 소규모 도서 국가들을 위한 정책 수립, 시스템 설계, 그리고 국경 간 송금 개선 방안을 위해 중요한 자문을 제공할 예정이다".[45]

앞으로 우리는 **달러가 리플사의 통화 체계로 대체되는 시대**를 상상해야 한다. 자세한 내용은 뒤에서 다루겠지만, 지금은 한 가지 사실에 주목할 필요가 있다. 현재 세계는 **통화 시스템 자체를 새롭게 정립하는 전환점**에 서 있으며, 그 과정에서 중앙은행과 IMF 역시 기존의 구조를 전면적으로 재설계해야만 한다는 점이다.

그리고 그 **새로운 질서의 중심에는 리플이 존재한다.** 이는 단순한 가정이 아니라 이미 진행 중인 흐름이다. 리플사의 공동 창립자이자 회장인 크리스 라센은 이미 2017년에 IMF 고위 자문 그룹에 개인으로 합류하여 국제 통화 논의의 중심 무대에 직접 참여했다.[46]

즉 리플은 더 이상 외부의 혁신 기업이 아니라, **국제 통화 시스템 내부에서 새로운 질서를 설계하는 주체**가 된 것이다.

---

[45] 이태준(2025.07.24), "리플, IMF 핀테크 자문 그룹 합류…글로벌 결제 영향력 확대." 글로벌 이코노믹. https://www.g-enews.com/article/Securities/2025/07/202507240744122623e250e8e188_1
[46] IMF Communications Department(2017.03.15), IMF Managing Director Welcomes.

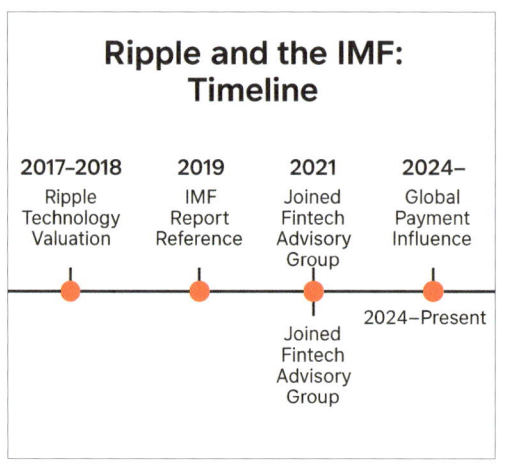

[그림 1-26] IMF와 리플

[그림 1-26]에서 볼 수 있듯이, 2017년에서 2018년 사이 IMF 내부 연구팀은 리플넷과 XRP 기반 결제 기술에 대한 검토를 진행했다. IMF는 직접적인 파일럿 프로젝트에는 참여하지 않았지만, 리플의 기술을 '국경 간 결제 혁신 사례' 중 하나로 분석했다.

IMF의 2018년 공식 웹사이트에는 다음과 같은 문구가 명시되어 있었다.

"Ripple: 조정된 프로세스를 통해 새로운 혜택이 가능해졌다…USD/XRP Ripple xRapid … Ripple은 IMF의 고액 자산가치 관리 위원회에서 활동하도록 선정되었다."

이 문서는 실제로 PDF 형태로 공개되었으며, IMF가 리플을 단순한 암호화폐 프로젝트가 아닌 **글로벌 금융 혁신의 주요 사례**로 인식했음을 보여

준다.⁴⁷

같은 해 6월 1일, IMF의 공식 영상에서는 **"비트코인, 이더리움, 리플…… 도대체 이게 뭐죠? 그리고 왜 관심을 가져야 할까요?"**⁴⁸라는 제목으로 디지털 자산의 의미와 금융적 함의를 다루었다. 이 영상은 IMF가 이미 디지털 화폐를 '무시할 수 없는 변수'로 인식하기 시작했음을 암시한다.

또한 같은 해 IMF가 주최하고 게시한 세션 중 '외부 연사 및 패널'이 참여한 회의에서는, IMF IT 전략·기술 혁신 부서장 에르베 투르프(Hervé Tourpe)가 분산원장기술(DLT)이 실제로 국경 간 결제를 어떻게 실현할 수 있는가를 주제로 발표를 진행했다.

이 자리에는 여러 패널이 참여했다. 그중 주요 두 사람은 다음과 같다.

- 라이언 자곤(Ryan Zagone) — 리플사의 규제 관계 총괄(Head of Regulatory Relations)
- 제레미 알레어(Jeremy Allaire) — 서클(Circle) CEO

2018년 이미 IMF는 리플을 "실험 대상이 아닌 협의 파트너"로 인식하기 시작했음을 알 수 있다. 리플은 이때부터 공식 국제금융 무대의 테이블에 앉아 있었다.

두 연사는 각각 다음과 같은 핵심 관점을 제시했다.

- 리플의 라이언 자곤은 "분산원장기술은 이미 금융기관들이 법정통

---

47   Sagar SARBHAI(2018.11.13), Ripple. IMF.
48   IMF사이트 참조: https://www.imf.org/en/videos/view?vid=5792540333001

화를 활용해 국경 간 결제를 훨씬 더 효율적으로 수행하도록 돕고 있다"는 점을 강조했다.
- 서클의 제레미 알레어는 "DLT가 전 세계적으로 개인 간(peer-to-peer) 결제를 실현할 수 있게 한다"는 점을 설명했다.[49]

이 IMF 토론의 맥락을 보면, 기존에 흔히 나누던 인식, 즉 **리플은 대형 금융기관 및 국가 간 결제용(도매형), 스텔라는 중소기업 및 개인 간 결제용(소매형)** 이라는 구분이 점점 의미를 잃어가고 있음을 알 수 있다.

왜냐하면 리플 네트워크 자체가 이미 **국제 표준(Global Standard)**으로 자리 잡으며, 대형과 소형, 기관과 개인의 경계를 **모두 포괄하는 단계**로 진입하고 있기 때문이다.

다시 말해, 리플은 더 이상 특정 범주의 결제 시스템이 아니라 **글로벌 결제 인프라의 중심축**이 되었다. 그리고 머지않아 우리는 스마트폰 속에서 XRP와 RLUSD를 단 하나의 버튼으로 사용하는 시대를 맞이하게 될 것이다.

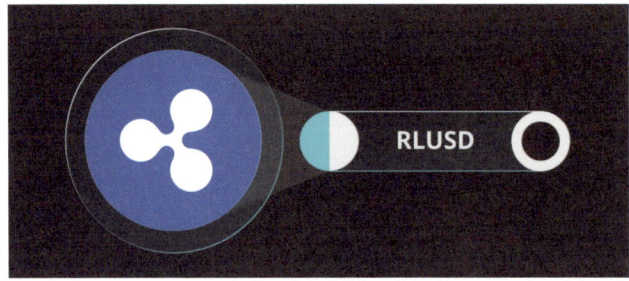

[그림 1-27] RLUSD

---

49 Herve Tourpe(2018.04.19), Distributed Ledger Technology(DLT), Cross Border Payments and Financial Inclusion. IMF, P4.

2019년 IMF에서는 기술원장을 다루는 문서에서 "중앙화 원장 시스템 vs 분산원장 시스템"[50]의 비교를 밝혔다. ([그림 1-23] R3와 Ripple' 참조)

분산원장 시스템

- 분산원장은 네트워크에 있는 다수의 컴퓨터 노드들이 합의(consensus)를 통해 공유하고 동기화하는 데이터베이스이다.
- 분산원장기술(DLT)은 이러한 분산원장 시스템의 사용을 가능하게 한다.
- 거래 기록(ledger)은 이 노드들 안에 보관되며, 누구나 확인할 수 있다.
- P2P(개인 간) 거래는 은행 같은 중개자 없이 이루어진다.
- 거래는 노드(채굴자)에 의해 검증되며, 이중 지불이나 위조를 방지한다.
- 블록체인은 분산원장의 한 형태이며, 비트코인의 기반 기술이다.

위 내용의 주석에 리플 원장에 대한 내용이 삽입되었다. "블록체인 기반 암호자산(BLCA)[51]은 분산원장기술에 기반한 탈중앙화된 통제 방식을 사용한다."

---

50 IMF Team(2019), Treatment of Crypto Assets in Macroeconomic Statistics. IMF, P. 6.
51 BLCA는 Blockchain-based Crypto Assets의 약자로, BLCA는 전통적 금융자산(예: 주식, 채권, 법정화폐)과 달리 중앙 발행기관이 없거나, 있더라도 분산원장을 기반으로 관리되는 디지털 토큰을 가리킨다. IMF 등의 문서에서는 BLCAs라는 복수형으로 쓰이며, 암호화폐(cryptocurrency)라는 용어보다 정책적으로 중립적이다.

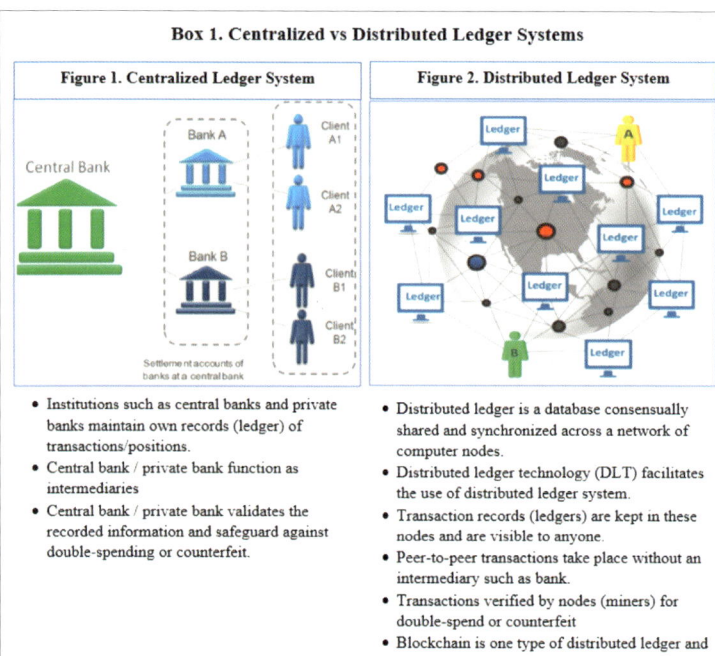

[그림 1-28] 중앙화 원장 시스템 vs 분산원장 시스템

비트코인과 이더리움은 높은 수준의 **탈중앙화(decentralization)**를 이루고 있다.

비트코인 네트워크에는 약 **12,000개의 노드**, 이더리움 네트워크에는 **26,000개 이상의 노드**가 존재하며, 이들이 거래를 직접 검증한다. 이들 프로토콜에는 중앙 통제 주체가 존재하지 않는다.

반면, IMF의 분석에 따르면 대부분의 **BLCA(Blockchain-based Ledger and Crypto Assets)**가 완전히 탈중앙화되어 있는 반면(예: 비트코인, 이더리움), **리플의 XRP와 같은 일부 핵심 자산은 '신뢰된 검증자 네트워크(trusted network of validators)'**를 사용하기 때문에 탈중앙화 정도가 제한

적이다.

즉 리플 네트워크는 일정 부분 리플사에 의해 통제된다는 것이다.[52]

이러한 IMF의 언급은 단순한 기술적 분석을 넘어, **리플이 '사실상 중앙집중적 구조'를 지닌 글로벌 결제 허브**임을 시사한다. 결국 IMF는 우리에게 "리플은 중앙화된 구조를 기반으로 한 통화 시스템"임을 간접적으로 인정하고 있는 셈이다. 앞으로 이 '무료 화폐'를 통제할 주체는 어쩌면 **글로벌 차원의 새로운 봉이 김선달**, 즉 금융 질서를 설계하는 **소수의 세력**이 될 지도 모른다.

더 나아가 2023년 IMF 문서에서는 이러한 흐름이 더욱 명확해진다. 그들은 다음과 같이 구체적으로 언급했다.

"세 가지 모델이 존재한다. Ripple's XRP와 같은 민간 정착 자산(private settlement assets) 및 마켓 플레이스, 스텔라 파운데이션(Stellar Foundation) 혹은 DeFi 네트워크와 같은 오픈 소스 시장(open-source markets)."[53]

이는 IMF가 처음으로 공식 문서 내에서 리플을 독립된 글로벌 정착 메커니즘을 공개적으로 분류한 사례이자, **세계 통화 구조의 재편**이 이미 '개방적 실험 단계'를 넘어 **실행 단계로 접어들었음**을 보여주는 신호라 할 수 있다.

2024년 8월 IMF가 리플사의 원장을 사용하여 '팔라우 국가 결제 시

---

[52] IMF Team(2019), Treatment of Crypto Assets in Macroeconomic Statistics. IMF.
[53] Tobias Adrian, Rodney Garratt, Dong He, and Tommaso Mancini-Griffoli(2023), Trust Bridges and Money Flows, A Digital Marketplace to, Improve Cross-Border Payments, IMF, P. 26.

스템 구축'을 한다는 보도가 있었다. 보도에 따르면, "남태평양 섬나라 팔라우는 리플의 XRP 레저(XRPL)를 활용한 새로운 디지털 결제 시스템을 구축하기 위해 리플과 파트너십을 맺었다. 이 시스템은 현금 사용을 줄이고 거래 수수료를 낮추며, 전통적인 은행에 접근할 수 없는 사람들에게 금융 서비스를 제공하기 위해 설계된 'PSC'라는 스테이블 코인 서비스를 도입할 예정이다". 본격적인 리플의 프로토콜 시대가 오고 있다는 기술적 확장의 단면을 보여준다.

[그림 1-29] SDR

이상에서 살펴본 IMF와 리플사의 협력 관계를 종합해보면, 리플 네트워크의 확장이 단순한 금융 기술의 발전이 아니라 **'국제 통화 구조의 진화'** 그 자체임을 실감하게 된다.

세계 3대 금융 기관 — **국제통화기금(IMF), 세계은행(WB), 세계무역기구(WTO)** — 중에서도 본문에서 IMF에 많은 비중을 둔 이유는 그 중요성 때문이다.

그 핵심에는 바로 **특별인출권(SDR, Special Drawing Rights)**[54]이 존재한다. SDR은 IMF가 발행하는 **국제 준비 자산이자 가상통화 단위**로, 전 세계 외환 유동성의 안정성을 좌우한다. 그러나 이를 운용하려면 막대한 유동성이 필요하며, 앞으로 이 유동성을 어떻게 관리하고 전송할 것인가 하는 문제가 국제 금융의 핵심 과제로 떠오르고 있다.

그렇기에 IMF가 새로운 결제 인프라를 모색하는 과정에서 리플의 네트워크와 통화 시스템이 **SDR 구조에 접목되는** 것은 자연스러운 수순이라 할 수 있다. 결국 가까운 미래의 SDR 운용망 속에는 **리플의 프로토콜 그리고 그 화폐(XRP)가 함께 작동하는 구조**가 자리하게 될 가능성이 높다. 즉 **리플은** 단순한 민간 결제 기업이 아니라, **국제통화의 신(新) 인프라로 진화 중**인 것이다.

2024년, 리플이 IMF와 협력하여 팔라우의 국가 결제 시스템 구축에 참여하고 있다는 보도가 나왔다.

〈블록미디어(BlockMedia)〉는 다음과 같이 전했다.

"리플이 IMF와 협력해 팔라우의 국가 결제 서비스 구축에 나섰다고 20일(현지 시간) 외신들이 보도했다. 이 시스템은 현금 사용을 줄이고 거래 수수료를 낮추며, 전통적인 은행 접근이 어려운 사람들에게 금융 서비스를 제공하기 위해 설계된 **'PSC(Palau Stablecoin)'** 서비스를 도입할 예정이다."

---

54 기획재정부(2020.11.03), SDR(특별인출권), '시사경제용어 사전' 참조. https://www.moef.go.kr/sisa/dictionary/detail?idx=220

보도에 따르면, 프로젝트의 최근 단계에서는 팔라우의 사회·경제적 특성을 반영하기 위해 **6개 주요 영역**에서 이해 관계자들의 요구를 평가하고, 파일럿 프로그램에서 얻은 피드백을 바탕으로 전국에 점진적으로 도입하겠다는 계획을 수립했다.

무엇보다 주목할 점은 IMF 기술 지원팀이 주요 이해 관계자로 공식 참여했다는 사실이다. 이는 IMF와 리플 간의 관계가 단순한 정책적 논의 수준을 넘어, **실질적 기술 협력 단계로 발전**했음을 보여주는 상징적 사례로 평가된다.[55]

실제로 이 프로젝트는 IMF의 공식 문서에도 명시되어 있으며, IMF가 리플의 블록체인 결제 인프라를 신흥국 결제 시스템 구축의 모범 사례로 인식하고 있음을 시사한다.

[그림 1-30] 팔라우 CBDC와 리플

IMF는 다음과 같이 게재했다.

---

55 박재형(2024.08.21), "리플, IMF와 협력해 팔라우 국가 결제 시스템 구축." 블록미디어. https://www.blockmedia.co.kr/archives/659712

"팔라우는 미국에 기반을 둔 암호화폐 기업 리플과 파트너십을 통해 국가 스테이블 코인 발행 계획을 검토하고 있다."[56]

이제 두 기관은 문서와 기술 검토를 넘어 실제로 중앙은행의 블록체인화에 기술적으로 네트워크를 형성하고 있음을 알 수 있다.

10) 리플사의 현재

2023년 11월 기준, 리플사의 공식 홈페이지에 따르면, 리플은 현재 **6대륙, 55개국 이상, 70개 이상의 시장**에서 결제 서비스를 제공하고 있다.[57] 또한 **리플넷**[58]은 **120개 이상의 법정통화 쌍(fiat pairs)**을 지원하며, **전 세계 55개국 이상의 금융 네트워크**와 연결되어 있다.

이후 2025년 6월 5일, 국제 금융계에는 상징적인 소식이 전해졌다.

"리플의 XRP가 스위프트의 ISO 20022 통합 승인을 받았다."[59]

이는 곧, 리플이 국제 결제 **표준 체계의 일부로 공식 편입**되었다는 의미이며, 달러·유로·엔 등 주요 법정통화가 공유하는 국제 메시징 프로토콜 속에 **XRP가 새로운 금융 언어로 등록**된 사건이었다.

불과 10년 전, 이름조차 생소한 미국의 한 스타트업이었던 리플은

---

56 IMF Team(2024), Rise of Digital Money. IMF, P. 13.
57 Team Ripple(2023.11.08), Ripple Transforms Payments Experience to Unlock Enterprise Crypto Adoption. Ripple. https://ripple.com/ripple-press/ripple-transforms-payments-experience-to-unlock-enterprise-crypto-adoption/?utm_source=chatgpt.com
58 2023년 11월 RippleNet을 Ripple Payments로 리브랜딩함.
59 Coin World(2025.06.05), XRP News Today: Ripple's XRP Approved for ISO 20022 Integration with SWIFT. Ainvest. https://www.ainvest.com/news/xrp-news-today-ripple-xrp-approved-iso-20022-integration-swift-2506/?utm_source=chatgpt.com

2014년 독일의 피도르 은행과 협업해 첫 실험적 송금 프로젝트를 시작했다. 그리고 단 한 세대 만에, SWIFT와 IMF를 모두 거쳐 국제 표준의 정점에 선 **금융 네트워크의 제왕**으로 성장했다.

[그림 1-31] 리플사의 글로벌 확장 요약

그러나 이 책에서 가장 핵심적으로 다룰 주제이자, 뒤에서 더 자세히 밝힐 내용이 있다. 많은 이가 리플의 행보를 단순히 '스위프트의 대체'로만 인식하지만, 실상 **리플의 진정한 목표는 '달러의 대체'**에 훨씬 더 가깝다. 대중이 아직 이 거대한 전환의 본질을 알아채지 못하는 이유는 단 하나다. 바로 그들이 사용하는 **정교한 우회전술** 때문이다.

11) 정치 관료들의 합류

여기에는 굵직한 전 미국 경제 행정관료들의 합류가 있었다. 대표적 사례는 다음과 같다.

- 2015년 1월 진 스펄링,[60] 리플 랩스 이사로 취임[61]

- 2015년 3월 안자 마누엘,[62] 리플 랩스의 고문으로 취임[63]

- 2015년 5월 매튜 멜런,[64] 리플 랩스의 글로벌 대사로 취임[65]

60　Gene Sperling, 백악관 전 경제 고문.
61　Marketwired(2015.01.21), Former Chief White House Advisor Gene Sperling Joins Ripple Labs Board of Directors. Yahoo Finance. https://finance.yahoo.com/news/former-chief-white-house-advisor-172002189.html
62　Anja Manuel, 전 미국 국무 차관 특별고문.
63　Yessi Bello Perez(2015.03.18), Ripple Labs Appoints Former US State Department Official as Advisor. Coin Desk. https://www.coindesk.com/markets/2015/03/18/ripple-labs-appoints-former-us-state-department-official-as-advisor?utm_source=chatgpt.com
64　Matthew Mellon, 뉴욕 공화당 재정위원회 회장.
65　Richard Johnson(2015.05.15), Matthew Mellon and his wife split. Page six. https://pagesix.com/2015/05/15/matthew-mellon-and-his-wife-split/?utm_source=chatgpt.com

- 2015년 7월에 마이클 바,[66] 리플 랩스의 고문에 취임[67]

- 2015년 11월 제시 쳉,[68] 리플사의 부사장 법률 책임자(Deputy General Counsel)에 취임[69]

- 2016년 3월 패트리샤 피톰빌스,[70] 리플 EU의 판매 디렉터로 취임[71]

- 2016년 4월 마커스 트리처,[72] 리플사의 글로벌 전략 계정 총괄(Global Head of Strategic Accounts)에 취임[73]

66	Michael S. Barr, 전 미국 재무부 금융기관 담당 차관보.
67	Leon Pick(2015.07.30), Ripple Names Former US Treasury Official as Advisor. Finance magnates. http://disq.us/t/4t36g1w
68	Jessie Cheng, 전 FRB 법률 고문.
69	Ripple(2015.11.04), Welcome Deputy General Counsel Jess Cheng to Ripple!. X. https://x.com/Ripple/status/661609177433772032
70	Patricia Pittomvils, 전 SWIFT 임원.
71	Team Ripple(2016.03.21), Ripple Continues Global Growth With New London Office to Serve European Bank Demand. RIPPLE. https://ripple.com/ripple-press/ripple-continues-global-growth-new-london-office-serve-european-bank-demand/?utm_source=chatgpt.com
72	Marcus Treacher, 전 SWIFT 임원.
73	Pete Rizzo(2021.09.11), Ripple Hires SWIFT Board Member to Take Over Global Accounts. Coin Desk. https://www.coindesk.com/tech/2016/04/11/ripple-hires-swift-board-member-to-take-over-global-accounts

- 2017년 마르잔 델라티네,[74] 리플 유럽 법인의 유럽 영업이사(Sales Director Europe)에 취임[75]

- 2019년 크레이그 필립,[76] 리플 이사회(Board of Directors) 합류[77]

- 2021년 5월 로지 리오스,[78] 리플 이사회 멤버로 합류[79]

- 2022년 3월 마이클 워렌,[80] 리플 이사회에 합류[81]

---

74 Marjan Delatinne, 전 SWIFT 임원.
75 Jeff Patterson(2017.04.13), Ripple Poaches Marjan Delatinne from SWIFT to Spearhead its European Sales. Finance Magnates. https://www.financemagnates.com/executives/moves/ripple-poaches-marjan-delatinne-swift-spearhead-european-sales/?utm_source=chatgpt.com
76 Craig Phillips, 전 미 재무부 고위직, Secretary 보좌관(Counselor to the Secretary).
77 Daniel Phillips(2019.10.24), Former Treasury department counselor joins Ripple's board of directors. Decrypt. https://decrypt.co/10725/former-treasury-department-counselor-joins-ripples-board-of-directors
78 Rosie Rios=Rosa Gumataotao Rios, 전 미 재무관(Treasurer of the United States, 2009~2016).
79 Turner Wright(2021.05.05), Former US treasurer joins Ripple board. Cointelegraph. https://cointelegraph.com/news/former-us-treasurer-joins-ripple-board?utm_source=chatgpt.com
80 Michael Warren, 전 백악관 고문(Senior Advisor, 오바마 행정부.)
81 Stacey Ngo(2022.03.16), Ripple Appoints Michael Warren to Board of Directors. Businesswire. https://www.businesswire.com/news/home/20220316005356/en/Ripple-Appoints-Michael-Warren-to-Board-of-Directors?utm_source=chatgpt.com

- 2023년 9월 로렌 벨리브,[82] 리플 미국 공공정책 책임자 겸 글로벌 정책 공동 총괄(Ripple Head of U.S. Public Policy/Global Co-Head of Policy)로 합류[83]

- 2024년 12월 리플이 자체 미국 달러 기반 스테이블 코인(RLUSD) 출시와 함께 자문위원회(Advisory Council)를 구성하면서 다수의 전직 고위 관료가 합류함. 대표적으로, 라구람 라잔(Raghuram Rajan 전 인도 중앙은행(RBI) 총재), 쉴라 베어(Sheila Bair 전 미 연방예금보험공사(FDIC)) 의장, 케네스 몽고메리(Kenneth Montgomery 전 미 보스턴 연방준비은행(FRB of Boston) 부총재 & COO) 등등이 존재한다.

이렇게 주로 전직 주요 금융, 법률 관련 고위 공직자들을 포진시켰다. 글로벌 봉이 김선달 프로젝트의 또다른 한 축이 또 세워졌다.

그러나 이 책은 리플 혹은 암호화폐에 투자를 권유하는 책이 아니다. 어설픈 자신감에 큰 낭패를 볼 수 있으니 투자는 주의해야 한다.

---

[82] Lauren Belive, 전 백악관 입법업무국(Office of Legislative Affairs), 전 미 하원 위원회 정책 담당.
[83] Turner Wright(Cointelegraph, 2023.09.27), Former White House official will lead Ripple's policy and government arm. https://cointelegraph.com/news/former-white-house-official-ripple-policy-government?utm_source=chatgpt.com

CHAPTER 2
글로벌 금융 마피아

1. 대환화폐

1) 대환화폐

대신할 대(代), 교환할 환(煥). 유튜브 영상에서 대환화폐(Great Replacement Currency)에 대해 자세히 설명했으니 궁금하신 독자는 화이트독의 유튜브 영상 <아무도 가르쳐주지 않는 대환화폐의 음모>(2023)를 보기 바란다. 대환화폐란 전체 시장의 칩(카지노 칩과 같은)으로 작동하는 화폐 또는 시장의 전체 종목을 컨트롤하는 화폐를 말한다. 예시로는 금, 달러, 비트코인, 스테이블 코인 등이 있고 앞으로 리플이 한 축으로 추가될 수 있다.[84] 금은 인류 역사 이래 지금까지 가장 대표적인 대환화폐로 자리잡고 있다.

[그림 2-1] 대환화폐들

---

[84] 유튜브 채널 '화이트독', <아무도 가르쳐주지 않는 대환화폐의 음모>. https://www.youtube.com/watch?v=k-wj-QPKgGrM&t=12s

나는 유튜브 영상 **〈아무도 가르쳐주지 않는 대환화폐의 음모〉**에서 "주식이나 명목 화폐 등의 가치를 그들의 목적에 부합하도록 조정해 수익을 극대화할 수 있게 장치화한 화폐"를 대환화폐의 본질적 목적이라고 명시했다.

즉 대환화폐란 단순한 통화가 아니라 **수익의 극대화를 위해 설계된 구조적 도구**라는 것이다. 실제로 이러한 시스템은 명확히 **이윤 창출을 위한 장치**로 작동한다. 이를 가장 대표적으로 보여주는 사례가 바로 **달러(USD)**이다. 〈아무도 가르쳐주지 않는 대환화폐의 음모〉에서는 **달러**를 전형적인 글로벌 대환화폐의 모델로 지목한다. 나는 유튜브 영상에서 달러의 움직임을 다음과 같이 설명한다.

"주식시장이 고점에 도달하면 달러 가치를 의도적으로 하락시켜, 고평가된 주식을 명목화폐로 매도하고, 이후 저평가된 각국 통화를 값이 싸진 달러로 교체한다. 반대로 주식이 바닥일 때는 달러를 급등시켜 비싸진 달러로 각국의 저렴해진 주식을 대거 매수한다."

즉 **달러**는 단순한 결제 수단이 아니라, 세계 자산의 가치를 흡수하고 재조정하는 정교한 **'수익 장치형 화폐'**로 기능하고 있는 셈이다.

2) '슈퍼 체인지'와 '펌프&덤프'

그리고 대환화폐를 총체적으로 굴리는 이 과정을 **'펌프&덤프(Pump and Dump)'**라는 의미와 연결해볼 수 있는데 '펌프'는 증권의 가격을 인위적으로 끌어올리는 것이고 '덤프'는 매도해버리고 해치우는 것이다. 슈퍼 체인지는 펌프&덤프의 마지막 단계를 내 방식으로 표현한 단어이고, 이것은 세력에서 대중으로 마지막 큰 '손 바뀜'이 일어나서 이후 그 주식을 끌어가던 큰 동력이 사라지고 가격 하락으로 이어져 마침내 개미들이 큰 손실을 본다는 것이다.

이 책에서 **'슈퍼 체인지'**라는 개념은 단일한 의미로만 쓰이지 않는다. 본문 전반에 걸쳐 **단계적·다층적으로** 사용되며, 그 깊이에 따라 서로 다른 차원의 변화를 설명한다. 낮은 단계에서는 **하나의 주식 종목 안에서 세력이 인위적으로 가격을 끌어올렸다가 떨어뜨리는 현상**(펌프 앤 덤프)을 뜻하는 작은 변화로 쓰이기도 하고, 중간 단계에서는 **'대환화폐'의 순환고리 속에서 반복되는 구조적 이동**을 의미하기도 한다.

그리고 더 넓은 맥락에서는, 책의 제목처럼 '달러 → 암호화폐'로의 전이 혹은 '영국의 시대 → 미국의 시대'로의 권력 교체, 나아가 가장 거대한 스케일에서는 '모던 Ⅰ → 모던 Ⅱ'로의 문명 전환을 지칭한다.

즉 슈퍼 체인지는 **시장, 통화, 문명 단위의 변화를 포괄하는 다층적 개념**으로, 그 구체적 의미와 전개 과정은 뒤에서 단계별로 더욱 자세히 다룰 것이다.

[그림 2-2]에서 보다시피 환율과 주가의 흐름은 정확히 반대로 움직인다. 1, 2, 3 구역이 눈에 뜨게 포착된다. 주가가 바닥에 이르렀을 때(B), **환율을 인위적으로 끌어올려 비싸진 달러**(A)로 값이 떨어진 국내 주식을 대거 매수하는 구조가 형성된다. 이 과정은 대체로 **IMF 위기나 글로벌 금융 위기와** 같은 **극단적 국면**에서 가장 두드러지게 나타난다. 즉 헐값에 국내 주

식과 자산이 해외로 넘어가는 시기다.

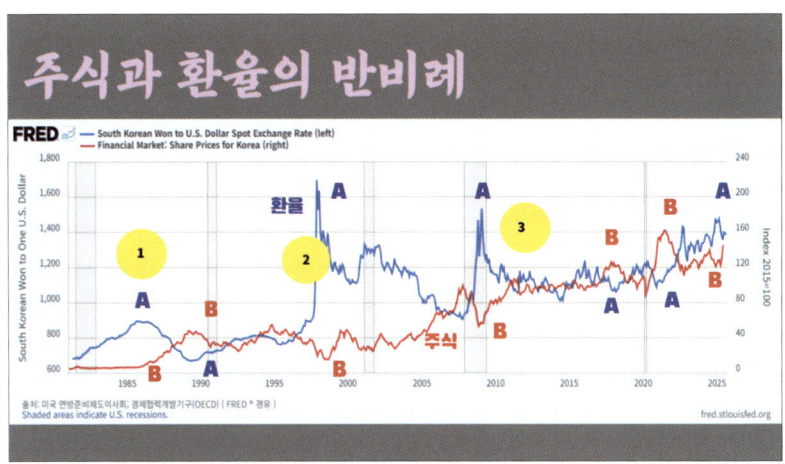

[그림 2-2] 주식과 환율의 반비례85

이 시기, 그들은 비싸진 달러를 이용해 **신흥국의 부동산과 핵심 기업들까지 흡수하는 구간**으로 들어선다. 이러한 움직임을 단순한 우연으로 보기는 어렵다. 각국의 법정화폐와 주식시장을 교차로 빨아들였다가 다시 내뱉는 듯한 이 정교한 순환 구조 속에는 어떤 **의도된 장치(mechanism)**가 존재한다고 볼 수 있다.

나는 이를 '**대환화폐**', 즉 **의도적으로 설계된 글로벌 수익·전환 시스템**이라고 명명한다.

[그림 2-2]의 흐름을 보면, A(환율의 움직임)와 B(주가의 흐름)가 마치 나

---

85 유튜브 채널 '화이트독', 〈아무도 가르쳐주지 않는 대환화폐의 음모〉 참조. 그래프 사이트 참조: https://fred.stlouisfed.org/series/DEXKOUS?utm_source=chatgpt.com# Sources: Board of Governors of the Federal Reserve System (US); Organization for Economic Co-operation and Development via FRED®

비의 두 날개처럼 **정확히 반대 방향으로 진동하며 맞물리는 패턴**을 확인할 수 있다. 이것이 바로 '대환화폐'가 작동하는 대표적 형태다.

[그림 2-3] 금과 주식의 관계86

[그림 2-3]은 금과 주식의 상관관계를 보여주는 그래프다. 이 가운데 금 가격이 유난히 격차를 보이는 시기는 두 구간으로 나뉜다. 첫 번째는 그래프의 맨 왼쪽, 바로 **국제 1, 2차 오일쇼크 시기(①)** 이며, 두 번째는 **IMF 외환위기 당시의 금 모으기 운동 시기(②)** 이다. 오일쇼크 구간에서는 금값이 급등한 뒤, 상단 슈퍼 체인지(세력의 수익 극대화 매도 구간)가 형성된다. 반면 IMF 시기에는 금값이 폭락하며, 하단 슈퍼 체인지(세력의 대규모 매집 구간)[87]가 나타난다. 이처럼 자산 간의 격차를 교묘히 이용해 시장을 '대환(大換)'시키는 흐름은 단순히 우연이라 보기 어렵다. 오히려 이는 **특정 세력이 사건과**

---

86 Tradingview 차트. 사이트 참조: https://kr.tradingview.com/chart/UqXyfv6r/
87 슈퍼 체인지: 자산의 가장 고점에서 세력들이 대중에게 넘기고 떠나는 시점 또는 바닥에서 대중의 물량을 흡수하는 거대한 세력의 움직임. 금 모으기 운동 시기(금의 바닥, 최저 시기)에 떠나간 엄청난 금의 이동이 하단 슈퍼 체인지의 예시이다.

위기를 매개로 인위적 자산 전환을 유도한 흔적일 가능성이 높다.

그리고 지금, **대환화폐들은 모두** 동시에 **정점**에 올라 있다. 역사상 이런 현상은 단 한 번도 없었다. 달러, 금, 주식, 비트코인 모두 사상 최고가를 갱신하며, 서로 위아래로 저글링하던 자산들이 일제히 하나의 산꼭대기에 모여 있는 것이다. 이것은 단순한 시장 상승이 아니다. 미국 금융사에서 처음 맞이하는 **초대형 '라스트 이벤트(Last Event)', 즉 마지막 슈퍼 체인지**[88] **의 전조이며**, 동시에 지구 경제사에 기록될 **최대 규모의 버블**을 예고하고 있다.

[그림 2-4] 저글링.[89] 자산 상승의 로테이션

각국의 법정화폐만 제외하고 모든 자산이 다 올라와 있다. 자산들이 오른다는 건 화폐보다 가치가 오른다는 뜻이다. 이것을 '인플레이션'이라고 표

---

88 슈퍼 체인지: 자산의 가장 고점에서 세력들이 대중에게 넘기고 떠나는 정점. 현재 모든 자산의 역대급 슈퍼 체인지 가능성이 엿보이고 있다.
89 저글링: 내가 자주 쓰는 표현으로, 한 가지 자산이 올라가면 나머지 자산을 떨어뜨려 자산 이동의 수익을 극대화하는 기술. 이 '저글링'에 대환화폐가 사용된다.

현한다. 보통 인플레이션은 돈의 가치가 떨어지는 시기라고 하지만, 실상은 돈의 가치가 떨어지기보다는 "반대로 자산들의 가치가 비싸진다"는 표현이 더 어울린다.

인플레이션(inflation)의 어원[90]은 라틴어 'inflare'이다. 영어 'inflate'(부풀리다, 팽창시키다)에서 파생했는데 현금이 불어났다는 뜻이다.

[그림 2-5] 인플레이션 어원

인플레이션은 결국 화폐의 팽창이다. 그러나 역설적으로 자산 버블기에는 오히려 현금이 부족해진다. 겉으로는 시중에 통화가 넘쳐나는 듯 보이지만, 극단적 버블 국면에서는 그 대부분이 **대출 잔액**으로 찍힐 뿐이다. 즉 통화의 팽창이 곧 부의 확산을 의미하지 않는다. 대중의 계좌에 남는 것은 현금이 아니라 **빚의 잔고**다. 따라서 '인플레이션'이라는 단어는 실제 경제의 진실을 드러내기보다, **버블을 정당화하고 심리를 자극하기 위한 장치적**

---

90 Oxford English Dictionary(OED) 사이트 참조: https://www.oed.com/dictionary/inflation_n?utm_source=chatgpt.com&tl=true

수사(修辭)로 활용될 때가 많다. 결국 인플레이션은 **버블을 부추기기 위해 설계된 가장 효과적인 재료**일 뿐이다.

"인플레이션이다."
↓
"돈이 시장에 팽창하고 있다."
↓
"돈 가치가 하락한다."
↓
"주식과 부동산을 사라!"

이러한 내재적 의미가 깔려 있다. 통화량은 급격히 늘어나지만, 실질적으로는 **대출 숫자**로만 기록될 뿐이다. 돈이 풀리는 것이 아니라, 빚이 늘어나는 것이다. 버블이 과열될수록 국민의 월급과 매월 유입되는 수입의 대부분은 **이자와 원금 상환에 소진**된다. 자산이 바닥일 때는 감히 빚을 내지 못하지만, 자산이 버블기에 들어서면 사람들은 오히려 **거대한 부채조차 '용기 있게' 감수**한다. 그것은 이 거품이 계속될 것이라는 **막연한 희망과 믿음** 때문이다.

2. 인플레이션과 통화 흡입 그리고 개인의 파산

1) 비대면과 온라인

한쪽에서는 돈을 무한정 발행하고, 다른 한쪽에서는 그것을 빨아들이는 기이한 현상이 벌어지고 있다. 버블이 가속화할수록 시장에서는 오히려 돈이 말라가는 역설적 상황이 함께 나타난다. 그 첫 번째 사례가 바로 코로나 팬데믹 시기였다. 코로나 이후 '비대면' 중심 사회로 급격히 전환되면서 글로벌 경제의 무게 중심은 **오프라인에서 온라인으로 완전히 이동**했다. 사람들은 거리에서 옷이나 액세서리, 생필품을 사지 않고, 모든 소비 활동이 온라인 마케팅과 전자 상거래로 흡수되었다. 그 결과 네이버, 카카오, 쿠팡 등 IT 거대 기업들이 폭발적으로 성장한 반면, 오프라인 시장은 급속히 붕괴했다.

〈머니투데이〉(2021) 기사 **"'빼앗긴 들에도 봄은 온다' 초토화된 패션업계, 2021년은 …"**에 따르면, "2020년 패션업계는 코로나19(COVID-19)로 초토화되었다. 초유의 전염병 창궐에 도시는 봉쇄되었고, 사람들은 고립되었다. 코로나19는 패션 산업을 그 어떤 불황보다도 치명적으로 타격했다." 실제로 그 시기에 돈은 돌고 있는 듯 보였지만 실질적으로는 특정 거대 플랫폼으로 집중 흡수되고 있었던 것이다.

[그림 2-6] 소매업의 종말

한 언론 기사를 보자.

> "**언택트 시대의 패션—'도시는 봉쇄되었다.'** 지난해(2020) 상반기 국내 패션업계 매출은 예년의 절반 수준에 그쳤다. 3개월이면 끝날 거란 예측은 빗나갔고 1년 이상, 아니 2년 정도는 이런 상태가 지속될 거란 전망이 패션업 종사자들을 절망케 했다. 전례 없는 '뉴노멀' 새로운 언택트(비대면) 시대의 시작이었다."[91]

이처럼 현재 오프라인 주요 상권은 초토화된 상황이다. 이미 지방 상권은 붕괴에 이르렀고 서울 주요 도시들도 소매업 불황이 심각한 상태이다.

이러한 상황은 여전히 진행 중이다. 2025년 6월 〈연합뉴스〉는 자영업

---

91 오정은(2021.01.02), "빼앗긴 들에도 봄은 온다." 머니투데이. https://news.mt.co.kr/mtview.php?no=2020123109275311048

자 10명 중 6명이 경영 악화라고 보도했다. 이 보도에서 '한국경제인협회 조사'의 응답자 30%가 최저 임금 수준도 못 번다는 통계를 내놨다.[92] 소매업의 종말은 자영업자 폐업으로 이어졌다. 2025년 7월 〈중앙일보〉는 "지난해 **폐업자 100만 명 첫 돌파** … 소매업·음식점이 절반이었다"라는 통계를 보도하며 다음과 같이 말했다.[93]

"빚을 갚지 못하는 자영업자도 속출하고 있다. 한국은행에 따르면 올해 1분기 말 기준 취약 자영업자 대출 연체율은 12.24%로 2013년 2분기 말(13.54%) 이후 최고치를 기록했다. 취약 자영업자는 다중 채무자이면서 저소득이거나 저 신용인 차주를 말한다."

이 시기 또 다른 문제는 소매업의 부진으로 인해 작은 빌딩부터 각종 상업 시설들이 가치 하락을 맞고 있다는 것이다.

> 여기서 핵심은 극심한 버블기에는 통화량이 실제로
> 시중에서 돌지 않는다는 점이다. 통계상으로는
> 통화량이 급증한 것처럼 보이지만, 그 대부분은 대출
> 형태로만 기록되는 '가상의 통화 팽창'일 뿐이다.
> 국가는 화폐를 열심히 찍어내지만, 대중에게 돌아오는

---

92 홍규빈(2025.06.26), "자영업자 10명 중 6명 경영 악화…최저임금 동결·인하해야." 연합뉴스. https://www.yna.co.kr/view/AKR20250625153600003
93 장원석(2025.07.06), "지난해 폐업자 100만 명 첫 돌파…소매업·음식점이 절반이었다." 중앙일보. https://www.joongang.co.kr/article/25349380

> **것은 현금이 아니라 아파트, 자동차, 학자금, 사업 자금
> 등으로 전환된 빚의 수치다. 결국 늘어나는 통화량은
> 소비나 생산으로 순환되지 않고, 부채로 전이된
> 숫자상의 유동성에 불과하다.**

쉽게 말해, 한쪽에서는 돈을 계속 찍어내고 다른 한쪽에서는 그 돈을 계속 흡수하는 세력이 존재한다는 것이다. 엄청난 양의 통화가 시중에 뿌려지는 것처럼 보이지만, 그 자금은 대중에게 순환되지 않는다. 실제로 2025년 8월 〈SBS〉 뉴스 보도에 따르면, 한국의 가계 빚은 역대 최대치를 기록했다. 같은 해 6월 말 기준 **가계신용 잔액은 1,952조 8천억 원**으로 집계되었으며, 1분기 말보다 **24조 6천억 원**이 늘었다. 이는 **2002년 4분기 이후 관련 통계가 발표된 이래 최대치**로, 이미 '상투 위의 상투'라 할 수 있는 수준이다. 이것이 바로 **인플레이션과 빚의 관계**다.[94]

이 구조는 비단 오늘만의 현상이 아니다. **1930년대 대공황, 1997년 동아시아 외환 위기, 2000년 닷컴버블, 2008년 글로벌 금융 위기** 등 근대 이후 반복되어온 모든 위기 속에서도 동일한 양상이 나타났다. 통화는 늘어나지만 그 부의 유통은 특정 집단에 집중되고, 대중은 빚이라는 이름으로 그 팽창의 무게를 떠안게 되는 것이다.

---

94 이호건(2025.08.19), "너도나도 '영끌' '빚투'…가계 빚 역대 최대." SBS 뉴스. https://news.sbs.co.kr/news/endPage.do?news_id=N1008222705

2) 왜곡된 인플레이션

이제는 '금융 위기'라는 단어조차 사람들에게 내성이 생긴 시대다. 통화량은 계속 늘어나는데도 국민들은 더 많은 빚을 지고 더 많은 파산을 겪고 있다. 경제가 순환되지 않으니 국가는 다시 빚을 내어 돈을 뿌리고, 정권을 잡은 정부는 표심을 얻기 위해 그 빚으로 가계를 지원하고, 복지를 확대하며, 기업을 지원한다. 이렇게 방만하게 발행된 자금 중 상당 부분은 앞서 언급했듯이 **부동산 대출과 '빚투(빚을 내서 투자하는 행위)'로 흡수**되었다. 그렇다면 이제 시선을 돌려, 그 돈을 흡입하는 **주체가 누구인가**를 살펴보아야 한다.

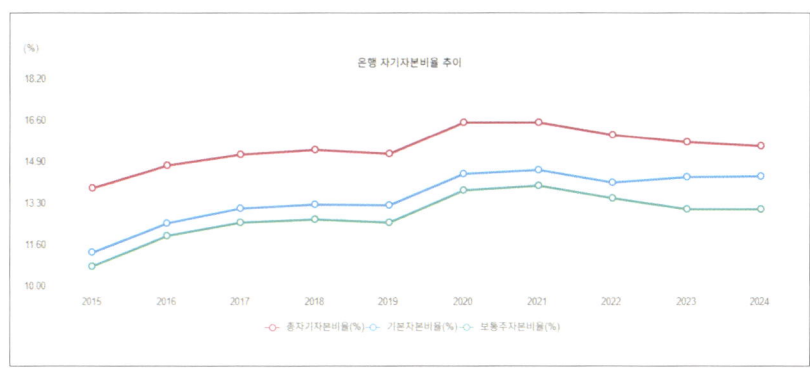

[그림 2-7] 은행 BIS 기준 자기자본비율[95]

정부 통계에 따르면 2024년 말 기준 국내 은행의 BIS 기준 자기자본비율은 13.07%로, 2023년 말(13.06%)보다 겨우 **0.01%포인트 상승**하는 데 그쳤다. 즉 나머지 대부분의 자금은 이미 **대출 속으로 녹아들어가 있는 셈**이

---

[95] 지표누리 참조: https://www.index.go.kr/unity/potal/main/EachDtlPageDetail.do?idx_cd=1087

다. 그렇다면 실제로 은행 계좌에 존재하지도 않는 돈을 숫자로 찍어내 대출 형태로 공급하는 주체는 누구인가? 한국의 기업들인가? 아니다.

2025년 8월 〈뉴스톱(Newstop)〉 보도 **"KB 77% ⋯ 4대 금융, 높은 '외국인 지분율' 우려"**에 따르면, KB금융의 외국인 지분율은 무려 77%에 달한다. 또한 **블랙록(BlackRock)**은 한국의 4대 금융지주사 모두에서 **5% 이상씩의 지분을 보유**하고 있다. 이는 곧 국내 은행들이 대출로 거둬들이는 막대한 수익의 상당 부분이 **국내로 환류되지 못하고 해외 투자자에게 배당 형태로 빠져나가고 있음을 의미**한다. 결국 우리가 빚을 통해 만들어낸 금융 수익의 대부분은 **외국 자본이 회수해가는 구조**로 고착화되어 있는 것이다.

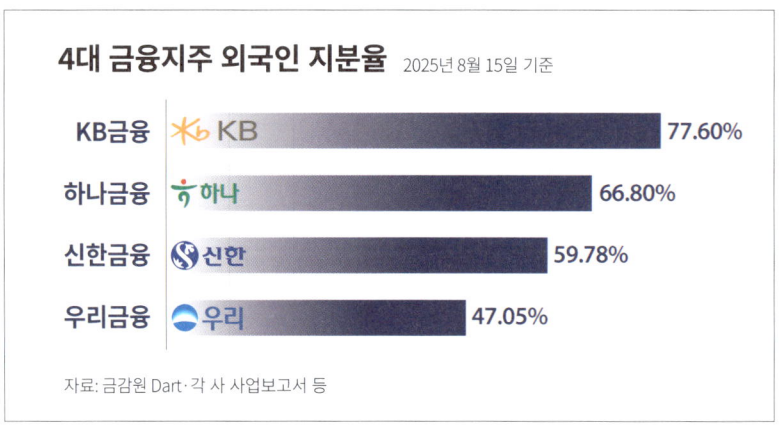

[그림 2-8] 국내 4대 금융지주 외국인 지분율

[그림 2-8]에서 보듯, 국내 4대 금융지주의 외국인 지분율은 평균 62.8%에 육박한다. 주가가 상승할 때는 외국인과 기관이 차익을 실현하고, 그 상승 국면에서 뒤늦게 매수에 나서는 것은 대부분 개미 투자자들이다. 결

국 주가가 하락할 때 발생하는 손실은 고스란히 국민의 몫으로 돌아간다. 따라서 통화량이 늘어난다고 해서 경제가 활력을 얻는 것은 아니다. 오히려 그 돈은 '물먹는 하마'처럼 흡수되는 구조적 구멍을 통해 외부로 빠져나간다. 그 결과 국가와 국민에게 남는 것은 빚뿐이며, 이것이 바로 **극버블기 인플레이션의 본질**이다.

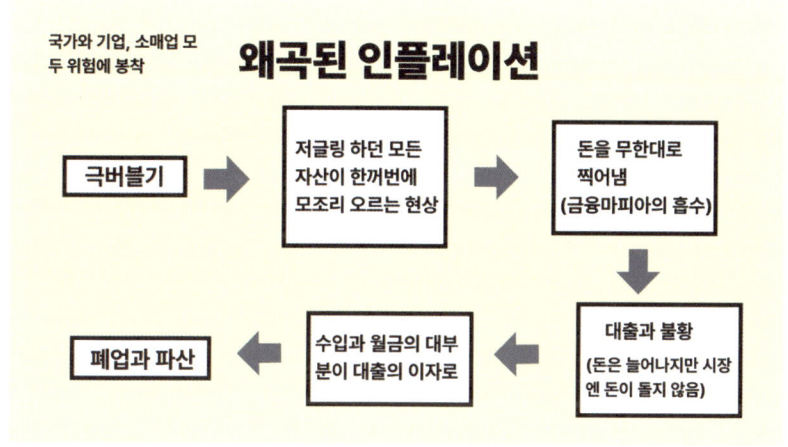

[그림 2-9] 왜곡된 인플레이션

핵심은 '돈의 가치 하락'을 외치는 데 있지 않다. 진짜 문제는 **대량으로 찍어낸 돈이 특정한 곳으로 흘러들어가고 있다는 사실**이다. 정부와 금융 엘리트(이하 '금융 마피아')는 대중에게 "현금을 보유하면 손해"라는 인식을 심어주고, 현금 보유의 공포를 확산시켜 사람들을 부동산·주식·코인·금·명품·고급차 등으로 몰아넣는다. 그 결과, 대중은 자산 가격 상승의 착시에 빠져 위험을 키우게 된다.

그러나 거듭 경고하듯이, **현금화하지 못한 자산은 실질적 수익을 의**

미하지 않는다. 말로는 자산가치가 올랐다고 하지만, 실제 현금으로 환수되지 못하면 그것은 숫자에 불과하다. 결국 대규모 통화 공급은 특정 주체의 자산 흡수와 외부 환수로 이어지고, 일반 국민에게 남는 것은 더 큰 빚과 파산 리스크뿐이다. 이 구조를 이해하지 못하면 '인플레이션 = 모두의 피해'라는 단순한 도식에 휘둘리게 될 뿐이다.

"이런 시기의 버블은 폭탄 돌리기와 같고 폰지 사기[96]와 같다." 그 **가치를 유지**하려면 누군가가 다시 **나의 폭탄**을 받아야 한다. 자산이 바닥일 때는 두려움 때문에 매수를 망설이던 사람들이 자산이 고점에 이르면 오히려 **'빚투'(빚을 내서 투자)**까지 감행하며 용기를 낸다. 가격이 낮을 때는 공포에 움츠러들고, 가격이 높을 때는 탐욕이 용기를 가장한다. 이것이 바로 **버블 심리의 역설**이며, 시장이 항상 같은 양상으로 움직이는 이유다.

---

96   폰지 사기(Ponzi scheme)란 실제 이윤을 창출하지 않고, 늦게 투자한 사람들의 돈으로 먼저 투자한 사람들에게 수익을 지급하는 방식의 투자 사기다. 즉 신규 투자금을 이용해 기존 투자자에게 수익을 주는 돌려 막기 구조로, 결국 신규 투자자의 유입이 끊기면 전체 시스템이 붕괴하게 된다.

3. 국가 부채로 인한 국가 부도 위기와 위기 형성의 주체

    국가도 마찬가지다. 국가도 위 [그림 2-9]과 같은 절차를 밟고 있다. 다음 경제 위기는 **국가 부채 위기**라고 할 만큼 많은 국가들이 부채에 신음하고 있다. 시장 살리기와 표심을 내다본 무분별한 복지 정책이 국가를 부도 위기로 내몰고 있다. 전 세계 국가들은 현재도 엄청난 부채 증가에 시달리고 있다. 2025년 5월 〈조선일보〉 기사[97]는 "우리나라의 국가 부채 비율이 올해 말 처음으로 노르웨이·뉴질랜드 등 기축통화를 쓰지 않는 **선진 11국의 평균을 넘어설 것**이라고 국제통화기금(IMF)이 전망했다. 2020년 이후 코로나 팬데믹 대응을 위한 재정 지출과 급속한 고령화에 따른 복지 지출이 급증했기 때문이다"라고 썼다. 이것은 'IMF 2025년 재정 점검 보고서'를 인용한 것으로, 자세한 내용은 다음과 같다.

    "올해 말 한국의 GDP(국내총생산) 대비 일반 정부 부채 비율을 54.5%로 전망했다. 일반 정부 부채는 한국 정부가 주로 사용하는 국가 채무(중앙·지방정부 부채)에 공무원연금공단 등 비영리 공공기관 부채를 합한 것으

---

[97] 정석우, 강우량(2025.05.12), "국가 부채 비율 54.5%…非기축통화국 평균 처음 넘을 듯." 조선일보. https://www.chosun.com/economy/economy_general/2025/05/12/J3BY3HQE4VGQROWR7J4ZBDN4RI/

로, 국가 간 재정 건전성을 비교할 때 사용된다. 정부 부채 비율이라고 하기도 한다. 이 비율은 IMF가 선진국으로 분류한 37국 가운데 노르웨이·뉴질랜드·덴마크·스웨덴·싱가포르·아이슬란드·안도라·이스라엘·체코·한국·홍콩 등 비(非)기축통화국인 11국 평균(54.3%)을 처음으로 넘어선다."

"미국, 일본, 유로존 등 달러·엔화·유로화를 사용하는 기축통화국들은 유사시 자국 통화를 발행해 '국가 부채'를 상환할 수 있다. 그러나 비(非)기축통화국은 사정이 다르다. 자국 화폐가 국제적으로 통용되지 않기 때문에 부채 비율을 엄격히 관리해야 하며, 부채가 늘어날수록 기축통화국보다 훨씬 큰 위험에 노출된다."

이는 최근 여러 경제 매체가 공통적으로 경고한 내용이다.

그럼에도 불구하고 세계 각국에서 **부채 증가에 대한 불감증**이 확산되고 있다. 이는 미국이라는 나라가 보여준 부채 팽창에 대한 '내성' 때문이다. "저렇게 큰 나라도 빚을 내도 괜찮구나"라는 안일한 인식이 퍼지며, 각국 정부와 국민들 모두가 **부채를 위험이 아닌 '일상'으로 받아들이는 착각**에 빠져 있는 것이다.

1) 프랑스

올해 9월 프랑스에서 가장 먼저 문제가 터졌다.

다음은 2025년 9월 〈연합뉴스〉 기사다.

[그림 2-10] 프랑스 시위

"프랑스 정부가 9개월 만에 또 총 사퇴하게 됐습니다. 긴축 정책을 추진하면서 야권과 갈등을 빚은 끝에 의회 불신임을 받았습니다. 마크롱 대통령에 대한 책임론이 커지고 있습니다.

지난해 약 276조 원의 재정 적자를 기록한 프랑스. 국내총생산 대비 국가 부채가 113%에 달해, 유로존에서 그리스와 이탈리아에 이어 세 번째로 부채 비율이 높습니다. 국제통화기금 개입 가능성까지 거론되자 정부는 국방비 외 모든 지출 동결과 공휴일 축소 등 긴축안을 제시했지만, 야권과 여론의 거센 반발에 부딪혔습니다. 이로써 프랑스는 최근 2년간 총리만 네 번째 교체하게 됐습니다. 직전 바르니에 정부도 긴축재정을 추진하다 3개월 만에 무너졌습니다. 야권은 대통령 탄핵 추진을 예고했습니다."[98]

프랑스의 긴축재정안이 연이어 불발되면서 프랑스는 매우 위험한 상황에 봉착했다. 그런데 이것이 프랑스만의 일이 아님은 누구나 알 수 있다. 세

---

98 강은나래(2025.09.09), "'빚더미' 프랑스…9개월 만에 또 내각 총사퇴." 연합뉴스. https://www.yna.co.kr/view/MYH20250909010100038

계 모든 나라 중 자국이 프랑스처럼 되지 않을 수 있다고 확신하는 나라는 없을 것이다.

2) 한국

한국도 마찬가지다. 위 〈조선일보〉 기사 "국가 부채 비율 54.5% … 非기축통화국 평균 처음 넘을 듯"을 다시 인용하겠다.

"우리나라의 국가 부채 비율이 빠른 속도로 악화되는 이유는 전 세계 대부분 국가처럼 코로나 위기 대응을 위한 재정 지출이 불어난 가운데 전 세계에서 유례를 찾기 힘든 빠른 속도의 고령화로 복지 지출이 급증했기 때문이라는 게 전문가들 지적이다. 2017년 문재인 정부가 출범한 이후 코로나 등 위기와 관계없이 확장적 재정 기조가 5년간 이어진 점도 나라 부채 비율을 빠른 속도로 악화시켰다는 지적이 나온다."

기사는 이어서 다음과 같이 썼다.

"강성진 고려대 교수는 '위기 상황에서 정부가 돈을 풀어 적자가 나는 건 자연스러운 현상이지만, 2019년 이전처럼 대외 위기가 없었는데도 나랏돈을 풀어 복지를 늘린 점이 부메랑으로 돌아온 것'이라고 했다. IMF의 올해 말 전망치 기준 **한국보다 부채 비율이 높은 나라는 싱가포르(174.9%) · 이스라엘(69.1%) · 뉴질랜드(55.3%) 등 3국뿐이다.**"

기사는 여기서 "한국보다 부채 비율이 높은 나라는 싱가포르, 이스라엘, 뉴질랜드 등 3국뿐이다"(비기축통화 선진국 중)라고 언급했는데, 한국의 문제는 부채 비율의 빠른 속도이다.

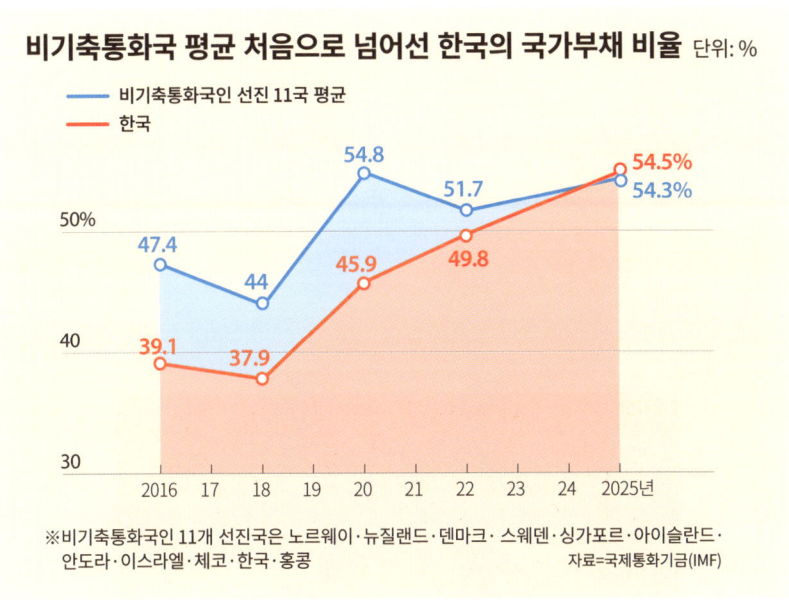

[그림 2-11] 한국의 국가부채 비율

3) 영국

2025년 9월 〈시티 엠(City am)〉의 기사[99]는 "새로운 보고서에 따르면, 영국은 지출을 억제하고 도시의 경쟁력을 강화하지 않으면 임박한 재정 위기

---

[99] Amber Murray and Mauricio Alencar(2025.09.15), "Britain faces 'looming' crisis without spending cut, says Mel Stride-backed report." Cityam. https://www.cityam.com/britain-faces-looming-crisis-without-spending-cut-says-mel-stride-backed-report/?utm_source=chatgpt.com

에 직면하게 될 것이다. … 야당 재무장관 멜 스트라이드는 '영국 경제에 대한 신뢰를 회복하고 국가 재정을 개선하기 위해서는 긴급 조치가 필요하다'고 말하며, 보수당이 보고서의 모든 권고안을 지지하는 것은 아니라고 덧붙였다"라고 보도했다.

이 기사는 이어서 "보고서의 저자인 제라드 라이언스 박사는 영국이 공공 지출을 통제하고 부채 대 GDP 비율을 줄여야 한다고 말하며, 1인당 GDP 성장률이 정체되었고 생산성 성장률은 2008년 이전 수준의 3분의 1로 폭락했다고 주장했다. … 리브스는 영국의 공공 재정에 400억 파운드의 흑자 구멍이 난 것에 직면해 있으며, 정부는 현재 11월 예산안을 앞두고 정책 논의에 몰두해 있습니다"라고 보도했다.

[그림 2-12] 위기에 처한 영국

"영국, 금융 위기 이후 '최대 악재' … '1976년 IMF 떠올라' 경고"

2025년 1월 〈한국경제〉는 "영국, 금융 위기 이후 '최대 악재' … '1976년 IMF 떠올라' 경고"라는 제목의 기사[100]를 실었다. 그 내용은 다음과 같다.

"영국 국채 시장이 글로벌 금융 위기 이후 최악의 위기를 맞았다. 벤치마크인 10년물 국채 가격이 15년 만에 최저치로 떨어졌고 30년 장기 국채 가격도 1998년 이래 가장 낮다. 노동당 내각의 예산안 충격과 물가 반등 우려, 미 국채 매도세 등이 복합적으로 작용한 결과라는 분석이 나온다.

… 지난해 10월 노동당 내각이 발표한 2024 회계연도(2024년4월~2025년 3월) 예산안은 국채 매도세의 원인 중 하나로 꼽힌다. 당시 레이첼 리브스 재무장관은 향후 5년간 공공지출을 연 700억파운드(약 125조 6,000억 원) 늘릴 계획이며 이를 위해 2024 회계연도에 2,970억 파운드, 향후 5년간 1,420억 파운드의 추가 국채를 발행한다고 밝혔다. **시장 예상보다 큰 국채 발행 규모는 채권 가격 하락을 유발했다.**

최근에는 채권 추가 발행 우려도 커지고 있다. 레이첼 재무장관은 예산안 발표 당시 99억 파운드 규모의 재정적 여유가 있다고 밝혔다. 그러나 채권 금리가 급등하고 400억 파운드 규모의 증세로 성장이 정체될 조짐을 보이면서 시장은 이러한 여유 자금이 소진될 가능성이 높다고 보고 있다. 대규모 채권 발행이 채권 금리를 급등시키고, **그 이자를 메우기 위해 추가 채권을 발행**해야 하는 악순환에 빠진 것이다."

---

[100] 이상은(2025.01.10), "영국, 금융 위기 이후 '최대 악재' … '1976년 IMF 떠올라' 경고." 한국경제. https://www.hankyung.com/article/202501107480i

이러한 보도의 배경은 현재 전 세계가 겪고 있는 방만한 국가 부채 증가에 있다. 현재 프랑스나 영국 등 전 세계 여러 국가가 부채 증가에 따른 심각한 고민에 봉착한 것은 대출 규모가 그 이자를 감당하기 힘들 정도로 커졌기 때문이다. 국가와 개인 모두 마찬가지다. 누구나 대출을 증가시키다 보면 **이자로 나가는 비용이 총 수입을 능가할 정도로 심각해지는 경우가 있다.** 프랑스가 지속적으로 재정 감축을 시도하는 이유다. 빚이 지속적으로 추가되면 감당하기 어려운 구간이 생기기 마련이다.

선진국 부채 경고등, 영국이 '탄광 속 카나리아'

다음은 2025년 9월 〈연합뉴스〉 기사 "선진국 부채 경고등, 영국이 '탄광 속 카나리아'"[101] 내용이다.

"최근 장기 국채 금리가 수십 년 만에 최고 수준으로 치솟은 영국의 상황이 선진국들의 부채 위기의 전조가 될 수 있다는 분석이 나왔다. 월스트리트저널(WSJ)은 '영국은 막대한 부채가 있는 세계의 탄광 속 카나리아인가'라는 제목의 7일자(현지 시간) 기사에서 '많은 선진국의 차입 비용이 급증하면서 위기 가능성에 대한 이야기가 나오고 있다'고 보도했다.

WSJ에 따르면 선진국들이 기록적인 규모의 부채를 안고 더 많은 차입 비용을 지불하는 상황에서 영국이 미국, 프랑스 등 국가 부채의 압박을 받는 **다른 국가들에 닥쳐올 문제를 예고하는 '탄광 속 카나리아'가 될 수 있다**는 게 경제학자들의 분석이다."

---

[101] 연합뉴스(2025.09.09), "선진국 부채 경고등…영국이 '탄광 속 카나리아'?" https://www.yna.co.kr/view/AKR20250909049800009

[그림 2-13] 글로벌 국가 부채 증가

IMF에 따르면 선진국들의 GDP 대비 정부 부채 비율은 2007년 이후 두 배로 증가해 약 80%에 달한다. IMF는 이자 비용 증가 등으로 인해 전 세계 공공 부채가 2030년까지 GDP의 100%에 육박할 수 있을 것으로 보고 있다.

WSJ은 "지난해 전 세계 정부 부채 순이자 지급액은 11.2% 늘어난 2조 7,200억 달러(약 3천 770조 원)에 달했다"고 보도했다. 이는 전 세계가 지금 엄청난 부채의 늪에 빠져 있음을 보여주는 사례로 해석된다.

4) 일본

2025년 9월 17일 코인데스크(Coindesk)의 작성자 옴카르 고드볼레(Omkar Godbole)는 일본의 부채 폭발에 대해 다음과 같이 경고성 언급을 했다.[102]

---

[102] Omkar Godbole(2025.09.17), Bitcoin Traders Should Pay Attention to Japan as Top Economist Warns of Debt Implosion. Coindesk. https://www.coindesk.com/markets/2025/09/17/bitcoin-traders-should-pay-attention-to-japan-as-top-economist-warns-of-debt- implosion?utm_source=chatgpt.com

"일본은 수년간 선진국 중 GDP 대비 공공부채 비율이 가장 높았으며, 꾸준히 200%를 상회했다. 그러나 코로나 19 이후 대규모 재정 지출이 두드러지는 시대에 접어들면서 투자자들의 높은 부채 수준에 대한 인내심은 약해졌다."

"높은 인플레이션으로 국채 금리가 상승하고 추가 재정 차입 비용이 증가했다. 이러한 복합적인 압력으로 인해 약 240%에 달하는 일본의 GDP 대비 부채 비율이 세간의 주목을 받게 되었고, 사실상 정부는 난처한 처지에 놓였다."

고드볼레는 자신의 기사에서 로빈 브룩스(Robin Brooks)의 글을 인용하며 다음과 같이 전했다.

"브룩스는 최근 서브스택(Substack)에서 이렇게 말했다. '결론은, 지나치게 높은 정부 부채가 일본을 심각한 곤경에 빠뜨리고 있다는 점이다. **일본이 저금리를 고수하면 엔화의 추가 절하 위험이 있으며, 이는 인플레이션이 통제 불능 상태로 치닫게 할 수 있다. 반대로 금리를 더 올려 채권 수익률을 허용해 엔화를 방어하려 한다면, 이는 일본의 부채 지속 가능성을 위태롭게 할 수 있다.**' 브룩스는 이어서 '이러한 난국은 사람들이 생각하는 것보다 부채 위기가 훨씬 더 가까이 다가왔다는 것을 의미한다'라고 덧붙였다."

그렇다. 일본도 부채의 늪에 갇혔다. 저금리로 가면 엔화의 가치가 떨어지고, 고금리로 갈수록 부채를 감당할 수 없다. 이것은 일본의 기업들도 위험에 빠뜨릴 수 있다. 세계의 여러 국가가 부채의 늪에 이미 빠져 있다.

5) 미국

브루킹스(Brookings)는 보고서 「미국 연방 부채 증가에 따른 위험과 비용 평가」[103]에 이렇게 썼다.

> "'미국 연방 부채 증가가 경제적 재앙으로 이어질 것'이라는 경고가 점점 더 빈번하게 들려오고 있다. 예를 들어, 전 관리예산국장 미치 대니얼스는 최근 다음과 같이 썼다. '이미 국가 GDP 전체를 초과하려는 부채 상황에서 … 이제 단지 소수의 부정론자만이 다가올 파국적 결산을 의심할 뿐이다 (Daniels 2024).'"

[그림 2-14] 미국 연방 부채

---

[103] Wendy Edelberg, Ben Harris, and Louise Sheiner(2025.02.12), Assessing the risks and costs of the rising US federal debt.

2024년 기준 미국의 국가 부채는 국내총생산(GDP)의 98%에 도달했으며, 이는 제2차 세계대전 직후였던 1946년의 최고치 106%에 거의 근접한 수준이다. 전문가들은 이 부채 비율이 앞으로도 꾸준히 상승해 2054년에는 GDP의 166%에 이를 것으로 전망하고 있다. 이러한 상황 속에서 시장 전반에는 "달러는 어차피 찍어내면 된다"는 식의 **무감각한 인식**이 깔려 있다. 즉 부채를 더 이상 부담이 아닌 **조정 가능한 숫자**로 보는 태도가 만연해진 것이다.

2023년 5월, 한국경제는 "초강대국 미국이 2~3년마다 '부도 위기'를 겪는 이유"라는 제목의 기사에서 다음과 같이 보도했다.[104]

"최근 미국이 디폴트(채무불이행)에 빠질 수 있다는 우려가 커지면서, 미국채의 신용부도스와프(CDS)[105] 프리미엄이 한국보다도 높은 수준으로 급등했다. 이후 백악관과 야당인 공화당이 부채 한도 상향 조정에 합의하면서 위기가 일단락되는 듯했지만, 미국은 거의 2~3년에 한 번씩 비슷한 사태를 반복하고 있다."

이처럼 **미국 국채의 CDS 프리미엄이 꾸준히 상승한다는 것은 곧 채무불이행(디폴트) 위험이 점점 커지고 있다는 신호**다. 초강대국의 외피를 두르고 있지만, 내부적으로는 신용 불안이 누적되고 있는 것이다.

---

[104] 유승호(2023.05.29), "초강대국 미국이 2~3년마다 '부도 위기' 겪는 이유." 한경. https://www.hankyung.com/article/2023052957931
[105] credit default swap, 기획재정부, 시사경제용어사전.

로이터(Reuters)는 2025년 5월 다음과 같이 보도했다.

"**미국 국채 익스포저(위험 노출)**에 대한 보험 비용이 지난 한 달 동안 눈에 띄게 상승했으며 여전히 높은 수준을 유지하고 있다. 이는 불안한 투자자들이 다가오는 미국 부채 한도 협상과 정치적 논쟁, 그리고 전반적인 정책 불확실성에 대비하고 있기 때문이다. 미국 신용부도스왑(CDS) 스프레드, 즉 국가 디폴트 위험을 시장 기반으로 측정하는 지표는 최근 몇 주 사이 2023년 부채 한도 위기 이후 최고 수준으로 확대되었다. 바클레이즈(Barclays)는 이번 주 메모에서 시장 규모와 거래량 역시 최근 증가했다며, 일반적으로 틈새 상품으로 여겨지던 CDS가 투자자들 사이에서 더욱 주목받고 있음을 지적했다."

지금까지 수많은 사람들이 "미국이 망한다"는 주장을 내세웠다가 역사 속으로 사라졌다. 그만큼 미국은 비이성적인 경제 사이클을 반복하면서도 여전히 버텨온 특이한 국가다. 이제 대부분의 사람들은 미국의 비정상적인 구조를 인지하고 있지만, 정작 이 나라가 '망할 것'이라고 믿는 사람은 거의 없다. 아무리 많은 달러를 찍어내고 부채가 하늘을 찔러도, 여전히 미국은 눈 하나 깜짝하지 않고 세계의 지주 역할을 이어가고 있다. 미국의 문제에 대한 더 구체적인 내용은 뒤에서 다시 다루겠다.

4. 공포의 무기, 달러

1) 달러 무한발행의 비밀

달러 무한발행의 비밀

달러가 기축통화가 된 이유와 동일!
달러의 정체는 도박장 칩이다
많은 자산을 담기 위해서는
많은 양의 달러가 필요하다
그것을 유동성이란 말로 치환한다

[그림 2-15] 달러 무한발행의 비밀

달러 무한발행의 비밀에 대해서는 나의 유튜브 채널 영상 〈달러 무한발행의 비밀〉(2021)[106]편을 참조하기 바란다. 이 영상에서 "달러는 더 많은 가치 상승을 할 공산이 크다. 아무리 많은 현금이 발행되어도 그것은 대부분 악마의 수중에 들어가기 때문"이라는 내용이 있는데 이것에 대해 더 알아보자.

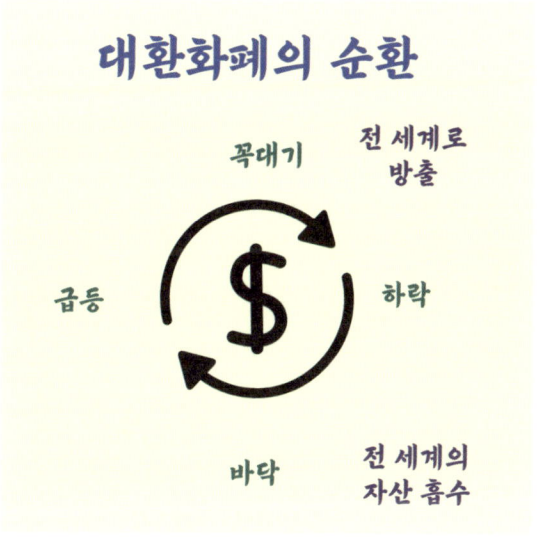

[그림 2-16] 대환화폐의 순환

대환화폐의 순환은 거대한 상승과 붕괴를 반복하면서 자산을 흡수하거나 내뱉는 기능을 한다. 이것은 마치 사람이 숨을 쉬는 것과 같이 멈추지 않고 크게 반복한다. 이 현상을 [그림 2-17]에서 살펴보자.

---

106 유튜브 채널 '화이트독', 〈달러 무한발행의 비밀〉. https://www.youtube.com/watch?v=SdA8vJt3t6A

[그림 2-17] 금융 위기의 연대기

[그림 2-17]의 사례를 역사적으로 보자면, 다음과 같이 구분할 수 있다.

- 중남미 외채 위기: 1980년대 초, **멕시코·브라질·아르헨티나** 등에서 대외차입 불능 사태
- 동아시아 외환 위기: 1997~1998년, **한국·태국·인도네시아** 등 동아시아 국가들의 자본 유출
- 러시아 모라토리엄 & LTCM 사태: 1998년, 국가부도(모라토리엄)를 선언 → 루블화 폭락, 러시아 국채 디폴트. 이로 인해 미국 헤지펀드 LTCM(Long Term Capital Management)이 막대한 손실을 입고 붕괴 직전까지 가며 전 세계 금융기관에 연쇄 충격을 줌. 이어 **신흥국뿐 아니라 미국/유럽 금융시장으로 위기 전이**
- 미국발 금융 위기: 2008년 서브프라임 모기지 → 글로벌 금융 위기, **신흥국 증시·자본시장 타격**
- 유럽 재정 위기: 2010~2012년, 2008년 금융 위기 이후 그리스, 포

르투갈, 스페인, 아일랜드 등에서 국가 재정 적자와 부채 위기 발생. 유로존(특히 독일·프랑스 은행권)으로 전이 → 유럽 은행 시스템 불안. 이로 인해 글로벌 위험 회피 심리(Risk-off) 확대 → **신흥국 통화/자산시장 급락**

- 중국 위안화 파동: 2015년 8월 위안화 절하 → **글로벌 신흥국 금융시장 불안, 자본 유출 가속화**
- 터키·아르헨티나 통화 위기: 2018년 전후, 미국 금리 인상 + 달러 강세 국면에서 터키 리라화 급락. 이어서 아르헨티나 페소화 폭락, 대규모 자본 유출 발생. **신흥국 전반으로 통화 약세 및 금융시장 변동성 확대**
- 코로나 19 팬데믹 금융 충격: 2020년 3월, 팬데믹 선언 직후 전 세계 증시 폭락(특히 신흥국 시장 자본 대거 유출). 안전자산 달러화 강세, 국제 유가 급락. 미국 연준과 각국 중앙은행의 전례 없는 유동성 공급으로 진정되었으나, **위기 확산 구조는 과거 사례와 유사**

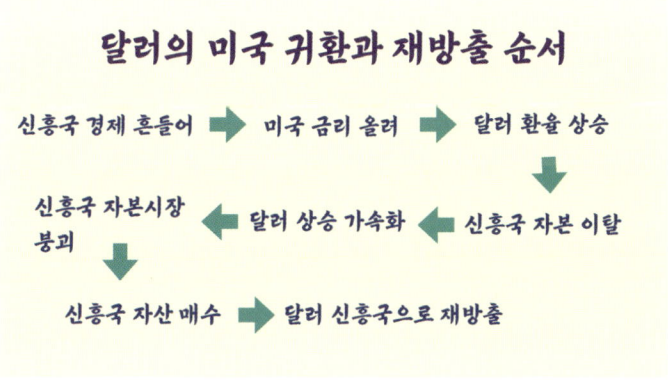

[그림 2-18] 달러, 악의 순환

위 신흥국 중심의 금융 위기 역사를 보면 모두 미국이 위기를 겪든 안 겪든 신흥국 중심의 달러 손실이 커지고 자산 유출이 확대된다는 것을 볼 수 있다. 이 약탈 과정을 화이트독 채널 영상 〈달러가 2천 원도 뚫을 수 있나?—달러의 미국 귀환〉(2022)[107]에서 다시 한번 강조했는데, 이것을 불황과 버블의 순서로 나열하면 다음과 같다.

2) 달러의 순환 단계[108]

① 경제 불황
② 돈을 마구 찍어서 불황 메우기
③ 이 과정에서 대출을 풀고 금리를 낮춰서 대중을 유인
④ 경제불황을 잊고 빚으로 투자와 사업 등을 추진
⑤ 투자된 자산의 버블이 터지고 사업이 중단되고 실직 사태가 벌어지는 현상
⑥ 물가를 올리고 미국에서 달러의 환율을 높이기 시작
⑦ 투자 중단과 현금 흐름 압박
⑧ 미국에서 금리를 올리면 신흥국에 있던 투자처에서 미국으로 달러의 귀환이 일어남. 쓰레기 달러를 뿌렸다가 비싸질 땐 미국으로 들어감.
⑨ 비싸진 달러로 바닥에 누워 있는 글로벌 자산을 줍기 시작[109]

---

107 유튜브 채널 '화이트독', 〈달러가 2천 원도 뚫을 수 있나?—달러의 미국 귀환〉. https://www.youtube.com/watch?v=PzcCVj_7_ME&t=3s
108 모든 경제 위기 이면에는 이러한 시스템이 작동한다.
109 이 책의 핵심인 '기축통화의 암호화폐화로 가는 과정'으로 볼 수 있다. CH.3에서 다루겠다.

> 이 달러의 순환 과정을
> 여러 번 반복해서 다양한 형태로 설명해주는 이유는
> 현재 금융 시장에서 지구 역사에
> 한 번도 없었던 모든 대환화폐 및 자산들의 버블이
> 거대하게 일어나기 때문이다.
> 대환화폐가 일제히
> 산꼭대기로 돌진하는 사례는 지구에 없었다.
> 현재 위 '달러의 순환 단계' 중
> ④번 순서 '경제 불황을 잊고
> 빚으로 투자와 사업 등을 추진'하는 현상이
> 전 세계적으로 진행되고 있다.

이것은 다분히 의도적이고 그 의도의 주체가 있다. 그리고 매번 똑같이 반복한다. 특히 산업 발전을 전개하던 신흥국들은 '그들'의 제물이었고 달러의 노예였다.

5. 달러 흡수의 타이밍과 관세 전쟁

    2025년 11월 '연합인포맥스'는 "금번 합의는 미국에 의해 승인된 한국의 1,500억 불 규모 조선 분야 투자('승인 투자')를 포함한다. 또한 금번 합의는 양국 대표가 서명할 예정인 전략적 투자에 관한 양해각서(MOU) 체결에 따른 한국의 2,000억 불 규모 추가 투자를 포함한다. 미국은 2025년 4월 2일자 행정명령 제14257호 및 그 개정에 따른 상호관세 목적으로 한국산 상품에 대해 한미 FTA나 미국의 최혜국(MFN) 관세율 중 적용 가능한 세율 또는 15% 중 더 높은 세율을 적용한다"와 같은 2025년 11월 한미 무역·안보 최종 합의 팩트시트를 보도했다.

    보도의 주요 내용은 이렇다. 한국은 2030년까지 미국산 군사장비를 250억 달러(약 35조 원) 구매하고, 주한미군 관련 지출 330억 달러(약 40조 원) 장기 증액하며, 미국산 자동차 연 5만 대 수입 한도를 폐지하고, 디지털 규제를 완화 조치를 한다 등이다.[110]

---

[110] 연합인포맥스(2025.11.14), "한미, 대미 투자한도 못박고 환시 영향 최소화 확약 … 환율 불안 완화 기대." https://news.einfomax.co.kr/news/articleView.html?idxno=4383938

[그림 2-19] 트럼프, 관세 발표

    신용평가 기관 피치 레이팅스의 미국 경제 리서치 책임자인 올루 소놀라(Olu Sonola)는 〈비지니스 인사이더(Business insider)〉의 보도를 통해 "미국 관세로 인해 '많은 국가가 경기 침체에 빠질 가능성이 높다'고 경고했다"[111]고 밝혔다.

    이번 관세 조치는 전 세계를 경기 절벽으로 밀어 넣을 가능성이 크다. 경제학자 소놀라의 분석대로 앞으로 관세는 각국이 맞닥뜨릴 새로운 시련이 될 것이다. 이 사태는 앞서 언급한 [그림 2-18] "달러, 악의 순환 '달러의 미국 귀환과 재방출 순서'"에서 설명한 **'신흥국 자본 이탈' 단계**에 해당한다. 이제 달러는 다시 고공행진을 시작해 급속도로 미국으로 빨려 들어갈 가

---

111 Huileng Tan(2025.04.03), Many countries will likely end up in a recession' thanks to US tariffs, warns Fitch's top US economist. Africa Businessinsider. https://africa.businessinsider.com/news/many-countries-will-likely-end-up-in-a-recession-thanks-to-us-tariffs-warns-fitchs/w11fsft?utm_source=chatgpt.com

능성이 높으며, 그 이전 단계에서는 **타국의 달러를 회수하는 수순**이 이미 진행 중이다.

2025년 11월 14일 관세 협상은 예상대로 한미동맹을 빙자한 과도한 조공을 미국에 제공하는 것으로 막을 내렸다. 미국의 관세 정책은 점점 더 **무차별적이고 공격적인 외교 수단**으로 변하고 있으며, **15% 수준의 관세만으로도 엄청난 무역수지 효과**를 거둘 수 있는 구조가 형성되고 있다. 결국 이번 사태는 단순한 무역 분쟁이 아니라, **달러 회귀와 신흥국 자본 회수 전략이 결합된 거대한 '경제적 리셋'의 한 장면**이라 할 수 있다.

〈표1〉 2021년~2024년 상반기 8개 업종별 글로벌 대표기업 경영실적 추이

업종	평균 매출액증가율(전년동기대비)				평균 영업이익률			
	'21.상	'22.상	'23.상	'24.상	'21.상	'22.상	'23.상	'24.상
반도체[1]	28.2%	16.7%	△15.3%	81.3%	24.5%	18.0%	△4.1%	23.0%
철강	33.1%	35.1%	△6.2%	△6.9%	12.9%	14.9%	8.5%	5.8%
자동차	28.6%	11.6%	19.6%	10.1%	7.3%	6.7%	7.9%	8.7%
유통	20.7%	19.7%	8.4%	7.5%	2.1%	1.9%	2.9%	3.6%
제약·바이오	13.9%	27.5%	7.7%	19.5%	27.9%	22.6%	15.8%	19.0%
정유	25.2%	70.4%	△8.8%	3.8%	7.2%	12.8%	6.4%	6.8%
통신	3.4%	△2.4%	1.4%	1.6%	15.4%	15.2%	15.2%	15.0%
인터넷서비스[1]	32.4%	19.1%	10.3%	13.5%	26.4%	21.1%	18.6%	23.5%

주: 8개 업종 가운데 반도체, 인터넷서비스는 우리나라와 미국 기업만 대표기업에 포함, 기업 리스트(7p) 참고
자료: 각국가별 전자공시시스템 정기공시 보고서 및 각사 IR 보고서

[그림 2-20] 글로벌 대표 기업 경영 실적 추이[112]

---

[112] 김보경(2024.09.22), 경총 "상반기 한미일 주요기업 매출 성장률, 한국이 가장 높아". 연합뉴스. https://www.yna.co.kr/view/AKR20240922026900003?input=copy

[그림 2-20]을 보면, 글로벌 대표 기업의 평균 영업 이익률이 15% 이하인 곳도 많다. 이 평균 영업 이익률보다 높은 관세를 맞는다는 것이다. 관세 15%만 해도 리스크가 엄청나다는 것이다. 그런데 이재명 정부가 15% 협상 타결이라는 결과를 가지고 돌아왔을 때 협상 타결에만 주목하여 15%가 얼마나 엄청난 수치인가를 체감하지 못하는 국민들이 많았다.

이번 15% 관세 협상이 위험한 이유는, 미국이 필요하면 한국 제품에 최대 15% 관세를 부과할 수 있는 권한을 확보한 데 있다. 이는 역사적으로도 전례가 없는 조치이며, FTA의 기본 원칙을 정면으로 거스르는 것으로 한국이 그동안 의존해온 FTA 보호막이 무너지기 시작했다는 신호다. FTA 시대에 사라졌던 '관세'라는 무기가 부활한 셈이며, 자동차·철강·배터리·반도체처럼 마진이 5~10%에 불과한 한국 주력 산업은 15% 관세만으로도 즉시 적자 전환과 해외 생산 강제, 시장 붕괴가 불가피하다. 미국이 25%로 협박하다 15%로 책정하니 해결된 것처럼 보이지만, 실상은 한국이 미국의 경제적 종속으로 내몰릴 위험이 커지고 있다. 더구나 미국은 중국 반도체 제재 동참, 무기 구매 확대, 빅테크 규제 완화, 농식품 개방, 탄소정책 조정 등 추가 압박을 예고하고 있어 이를 모두 수용하면 한국 경제는 심각한 타격을 피하기 어렵다.

결국 이는 단순한 외환 이슈가 아니라, **한국의 대외 유동성 한계와 글로벌 금융 질서 내 종속 구조**가 동시에 드러난 사례라 할 수 있다.

[그림 2-21] 한미 관세 협상

　미국은 최근 **5,500억 달러 규모의 펀드 조성을 약속한 일본의 사례**를 거론하며 한국에 유사한 참여를 압박했던 것으로 전해졌다. 지난 4일(현지 시간) 미국과 업무협약(MOU)을 체결한 일본은 **5,500억 달러를 전액 현금으로 조달하는 방안**에 합의했다.[113]

　2025년 11월 14일 '더칼럼니스트' 이경렬의 기사 "한미 정상회담 팩트시트는 과연 선방이었나"는 이번 협상이 국익에 부합하지 못하고 미국 요구에 과도하게 편중된 '교묘히 숨겨진 불합리한 외교'라고 지적한다. 기사에 따르면, 죽어 있던 한미 FTA는 미국의 상호관세로 사실상 수명을 다한 듯 보였지만, 이번 팩트시트에서 더 강화된 형태로 부활했다. 자동차 수입쿼터 폐지, 배기량 규제 완화, 농축산·노동·환경·서비스 분야의 미국 요구가 대거 반

113　문지웅, 오수현(2025.09.12), "3500억弗은 韓외환보유액 84%…美요구 응하면 제2 외환 위기". 매일경제. https://www.mk.co.kr/news/economy/11418306

영된 것이다. 더 큰 문제는 FTA 효력이 사실상 정지될 경우 한국은 연평균 약 100억 달러, 약 14조 7,000억 원 규모의 무역수지 손실이 불가피하다는 점이다. 특히 자동차 분야는 기존 무관세에서 15% 관세가 적용되어 유럽·일본보다 불리해졌고, 현대차·기아 영업 이익이 크게 감소할 것으로 전망된다.

이 문제는 앞에서 본 '달러의 순환 단계'의 ④번 과정으로, 관세 추가를 넘어 막대한 무역 손실로 인해 반드시 한국과 글로벌 국가들의 달러가 고갈되고 경제가 무너질 것이다.

'달러의 귀환'[114]을 앞두고 신흥국이 달러의 노예라는 뜻에 대해 더 깊이 있게 다루고자 한다. 이미 앞에서 [그림 2-9] '왜곡된 인플레이션', [그림 2-16] '대환화폐의 순환', '[그림 2-18] '달러, 악의 순환' 그리고 **'달러의 순환 단계'(104쪽)** 등에서 보는 바와 같이, 달러는 매우 기이한 흡입과 방출을 하고 있다는 것을 알 수 있다.

김한수의 보고서 「글로벌 통화정책 차별화가 국내 자본 유출입에 미치는 영향 및 시사점」은 다음과 같이 쓰고 있다.

"주요 선진국 금리 등 대외 요인이 개별국의 자본 유출입을 결정하는 주요 요인이라는 다수의 증거들이 제시되고 있다. 특히 신흥국의 경우에는 대외 요인이 상대적으로 중요한 영향을 미치고 있다는 다수의 연구 결과가 제시되고 있으며, 이러한 연구 결과는 국제금융시장 상황에 영향을 미치는 주요 선진국의 통화정책 변화가 국내 자본 유출입 변동에 크게 영향을 미치

---

114 '달러의 귀환'은 신흥국들의 보유 달러를 흡입하는 구간을 뜻한다.

고 있음을 보여주고 있다."[115]

또한 이승호의 논문 『미 금리 인상에 따른 신흥국 환율 영향 분석』[116]에서는 미국의 금리 인상과 신흥국의 자본 유출 및 통화 약세 가능성에 대한 연구를 볼 수 있다.

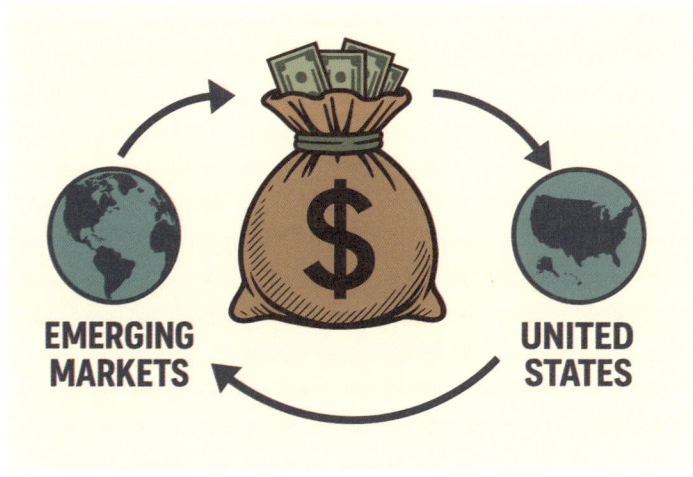

[그림 2-22] 달러의 순환

이 논문은 다음과 같이 분석했다.

"돌이켜보면 미국의 정책 금리 인상 시기를 전후로 신흥국에서 위기가 빈번히 발생했다. 1982~1983년경 미국의 금리 인상에 따른 국제 금리 상

---

115 김한수(2022.06.30), 「글로벌 통화정책 차별화가 국내 자본 유출입에 미치는 영향 및 시사점」. 자본시장연구원(KCM).
116 이승호(2016.11), 『미 금리 인상에 따른 신흥국 환율 영향 분석』. 국제금융연구 6(2), 69-87. https://www.dbpia.co.kr/journal/articleDetail?nodeId=NODE11384472

승으로 남미 국가들의 외채 상환 부담이 커지며 외채 위기가 발생했고, 1994년 멕시코 사태에 이어 1997년에는 우리나라를 포함한 아시아 국가들에 외환 위기가 닥쳤다. 특히 아시아 위기의 경우 표면적으로는 경제 펀더멘털 악화나 위기의 전염이 주요 원인으로 지목되었지만, 실제로는 1994년 이후 미국의 금리 인상으로 일본 엔화 가치가 급격히 하락하면서 아시아 국가들의 경상수지가 악화된 점도 중요한 배경이었다."

또한 "2008년 말 발생한 글로벌 금융 위기 역시 미국의 금리 인상과 무관하지 않다. 당시 금리 인상과 서브프라임 모기지 사태의 여파로 금융기관의 부실이 커졌고, 이것이 세계 금융 위기의 직접적인 발단이 되었다"고 서술하며, 미국의 통화정책 변화가 세계 경제 전반에 미치는 연쇄적 충격을 강조했다.

즉 이 논문은 **미국의 금리 인상과 신흥국 위기는 언제나 긴밀히 연결되어 있으며**, 반복적으로 나타나는 신흥국의 금융 불안이 결코 독립적인 현상이 아니라 **미국의 금리 사이클이라는 거대한 흐름** 속에서 구조적으로 발생한다는 점을 명확히 시사하고 있다.

2017년 오세윤의 연구 보고서 「최근 신흥국 자본 유출입의 특징과 전망」[117]은 "IIF의 분석에 의하면 금리 인상 등 미국이 긴축적인 통화정책을 실시하는 시기에 외국인 자본 유출 등 신흥국의 금융 불안이 우려(IIF, 2016.7)된다"고 썼다.

한 연구 결과에 따르면, 미국의 통화긴축 시기에는 신흥국에서 위기가

---

[117] 오세윤(2017.03), 「최근 신흥국 자본유출입의 특징과 전망」, 한국은행 해외경제 포커스.

발생하는 빈도가 **연평균 4.9회**로, 통화긴축이 아닐 때(연평균 1.9회)보다 **약 2.6배나 높다.** 특히 미국의 금리가 시장의 예상보다 빠른 속도로 인상될 경우, 신흥국에서 위기가 발생할 가능성은 더욱 급격히 커진다고 분석했다.

이처럼 데이터를 통해서도 드러나듯, **신흥국의 경제를 쥐고 흔드는 실질적 주체는 미국이며**, 그들이 사용하는 가장 강력한 무기는 바로 **달러**다. 달러의 금리와 유동성 흐름이 곧 세계 금융의 생명선을 조절하는 수단이 되어, 신흥국의 위기와 회복조차 미국의 손끝에서 결정되고 있는 셈이다.

> 결국 미국은 가만히 앉아서 달러와 금리를 조절하는
> 것만으로도 신흥국의 경제를 주기적으로 착취하는 구조를
> 만들어놓았다. 겉으로는 자유시장과 글로벌 협력을 말하지만,
> 실상은 금융을 통제하는 세력들이 미국을 움직이고,
> 미국은 그들의 도구인 달러와 금리를 통해
> 전 세계를 약탈하는 체계를 유지하고 있는 것이다.
> 다시 말해, 미국을 주무르는 것은 금융이며,
> 금융을 주무르는 자들이 곧 세계를 움직이는
> 실질적 권력이다.[118]

---

118 유튜브 채널 화이트독, 〈리플과 화폐개혁 시리즈〉 영상에 매우 상세하게 나와 있다.

그런데 이번 **"파이널 편 경제 위기"**[119]에서는 금리 상승 구간에 터뜨리지 않았다. 연준은 다시 금리를 내리기 시작했는데 다시 금리를 상승시킬지의 여부는 알 수 없지만 계속 하강한다 하더라도 파이널 경제 위기를 무마시킬 수는 없다.

> "망나니가 칼을 휘두르면
> 춤을 추는 시간이 필요하지만,
> 칼을 다시 집어넣는 경우는 없다."[120]

출구는 없다

다음은 〈조선일보〉 기사 내용이다.

"'한국과 일본이 거액의 투자금을 도널드 트럼프 미국 행정부에 주느니 관세를 내고 대미 투자금을 자국 기업 지원에 쓰는 것이 낫다'고 주장한 미 싱크탱크 경제정책연구센터(CEPR)의 딘 베이커 수석 이코노미스트는 15일 본지 인터뷰에서 '트럼프가 한국에 부과한 25% 관세는 확실히 한국 경제에 큰 타격을 주겠지만, 미국과의 협상으로 15% 관세를 내고 3,500억 달러(약 485조 원)를 동시에 내는 것보다는 타격이 덜할 것'이라고 말했다.

---

119 파이널 편 경제 위기: 이번 경제 위기는 모든 대환화폐의 매각과 더불어 글로벌 산업이 '산업 확장'에서 산업 수렴으로 갈 가능성이 높기 때문에 산업 수렴기로 가기 전 모든 자산을 끌어올려 처분할 가능성이 크고, 이미 그 조짐이 많이 나타나고 있다. 산업 수렴기 전 파이널 정리 구간으로 보고 있다.
120 흔히 '블랙데이'라고 부르는 경제 붕괴의 시작 이벤트를 망나니의 칼에 비유했다.

3,500억 달러는 현재 우리나라 총 외환 보유고의 약 84%에 달하는 금액이다."[121]

이 보도 내용을 보면 3,500억 달러를 내든 25% 관세를 내든 한국은 살아날 여지가 없어 보인다. **이것은 계획된 함정이다.**

미국도 함께 침몰한다

이것으로 끝이 아니다. 미국의 관세는 고스란히 미국 국민의 부담으로 돌아온다.

[그림 2-23] 미국 관세는 미국인의 부담

---

[121] 박국희(2025.09.16), "美 전문가 "韓, 관세 25%가 '15%+3,500억 달러'보다 나을 것". 조선일보. https://www.chosun.com/international/international_general/2025/09/16/BY4UKJ6TTNCDNEAS2MUMAK3HOU/

2025년 4월 1일 〈미국진보센터(Center for American Progress)〉의 라이언 멀홀랜드는 "트럼프의 관세는 미국 소비자, 근로자, 기업에 어떤 영향을 미칠까?"[122]라는 기사에서 트럼프 관세의 문제점을 전달했다.

전문가들은 "트럼프 전 대통령의 관세 정책 때문에 미국 가계가 연간 약 5,200달러의 손실을 입을 수 있지만, 그로 인해 일자리가 창출되거나 미국의 경제 경쟁력이 강화되거나 국제적 위상이 높아질 가능성은 매우 낮다"고 지적했다. 또한 "트럼프 행정부가 추진한 '상호(reciprocal) 관세'는 표면적으로는 다른 나라가 미국에 부과하는 만큼을 동일하게 부과하겠다는, 일종의 '눈에는 눈'식 무역 보복 전략이지만, 그 구조적 특성상 역진적 성격을 띠고 있어 실질적인 피해는 미국 소비자에게 돌아간다"고 비판했다.

즉 이러한 관세 정책은 외견상으로는 애국적 보호무역처럼 보이지만, **실제로는 저소득층과 중산층 가계, 그리고 수입 원자재에 의존하는 미국 내 제조업체들에 경제적 부담을 전가하는 결과**를 낳고 있다는 것이다.
결국 트럼프 행정부는 미국과 미국인을 위해서 이 짓을 하는 것이 아니라는 것이다. (행정부가 가장 부유한 후원자들에게 제공한 대규모 감세 비용을 상쇄하기 위해 상당한 재원을 마련하려는 시점에 나온 발언이다.)

이어 이 기사는 "백악관 보좌관 피터 나바로(Peter Navarro)는 최근 예를 들어, 행정부의 새로운 자동차 관세가 매년 1,000억 달러의 수익을 올릴 것이며, 다른 관세들은 매년 6,000억 달러의 수익을 창출할 것이라고 말했다.

---

[122] Ryan Mulholland(2025.04.01), What Will Trump's Tariffs Do for U.S. Consumers, Workers, and Businesses? Center for American Progress. https://www.americanprogress.org/article/what-will-trumps-tariffs-do-for-u-s-consumers-workers-and-businesses/?utm_source=chatgpt.com

이는 **행정부가 가장 부유한 후원자들에게 제공한 대규모 감세 비용을 상쇄하기 위해 상당한 재원을 마련하려는 시점에 나온 발언이다.** 나바로의 수치를 그대로 받아들일 경우, 〈미국진보센터〉는 트럼프의 관세가 미국 가구당 연평균 약 5,200달러의 비용을 초래할 수 있다고 추정한다"라고 썼다.

> **그렇다! 이것은 트럼프 정부의 세금 창출의 새로운
> 전략이며 '금융 마피아'의 또 다른 우회전술의 목적이다.**

또한 같은 기사에서 "트럼프 행정부는 이미 미국의 두 최대 교역국인 캐나다와 멕시코에서 수입되는 대부분의 상품에 25%의 관세를 부과했고, 중국산 수입품에는 20%의 관세를 부과했으며, 지난주에는 모든 수입 자동차와 자동차 부품에 대해 25%의 관세를 발표했다. 이러한 조치들과 이미 촉발된 보복 조치들을 종합하면, 미국 경제에 상당한 피해를 입힐 것이다. 이로 인해 일자리 전망이 악화되고, 전기·자동차·기타 일상 필수품 가격이 상승하며, 궁극적으로는 기업들이 글로벌 시장에서 경쟁하기가 더 어려워질 가능성이 크다"라고 언급했다.

> **그렇다. 미국도 망하는 전략이다.
> 뒤에서 다시 설명하겠지만 금융 마피아들은
> 미국도 팔아 넘기고 있는 것으로 추정된다.**

이 기사는 결론에서 "트럼프 행정부가 제안한 상호 관세는 트럼프 대통령과 의회 다수파가 입법을 통해 추진하고 있는 감세 비용을 결국 미국 중산층이 떠안게 만들 것이다. 이 조치는 투자 위축, 미국 내 일자리 감소, 미국 가계의 생활비 상승을 초래하고 있는 트럼프의 혼란스러운 무역전쟁에 기름을 붓는 격이다. 미국이 다가오는 수십 년을 규정할 기술과 제품을 생산하는 데 주도적인 역할을 하는 것은 중요하다. 그러나 트럼프의 무모한 무역전쟁은 그 길이 아니다"라고 밝혔다.

**이번 글로벌 경제 위기는
트럼프발 관세 위기가 그 한 축이 될 수 있다.**

CHAPTER 3
'디지털 연방준비제도', 달러에서 리플사로 가치 이동

1. 달러 탈피의 초석, 유동성 증가

1) 허물 벗을 준비를 하는 제왕 랍스터

[그림 3-1] 달러 탈피와 XRP: 달러의 체급 증가

결론부터 말하자면 리플(XRP)은 달러의 새로운 이름이 될 가능성이 높다. 앞서 언급한 바와 같이 그들은[123] 대환화폐로 저글링(회전)하며 자산의

---

[123] 그들: 추상적으로 금융 마피아를 칭하지만 워낙 광범위하고 거대한 움직임으로 인해 딱 꼬집어 지칭하기 애매한 경우, '그들'이라는 명칭을 쓰겠다.

상호 높낮이 편차를 이용하는 **'자산의 가치 이동'** 수법으로 그들의 자산 가치를 극대화한다. 이것 또한 대형 '슈퍼 체인지'이다.

여기서 그동안 나왔던 주요 키워드들을 한번 정리해보자.

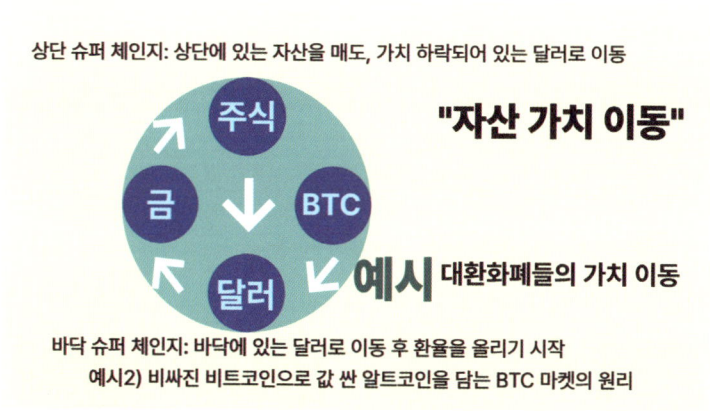

[그림 3-2] 자산 가치 이동의 예시

지금까지 내가 언급했던 주요 개념과 키워드들의 이해를 돕기 위해 [그림 3-2] '자산 가치 이동의 예시'를 제작했다. 시장에는 겉으로 드러나지 않는 **암묵적인 시즌**이 존재한다. 중국의 경제학자 쑹훙빙(宋鴻兵)은 자신의 저서 『화폐전쟁』에서 이러한 현상을 "양털 깎기"[124]라는 비유로 설명하며, 국제 투기자본이 대중의 자산을 어떻게 주기적으로 수탈하는지를 보여주었다.

대중은 자산 가격이 바닥에 있을 때는 두려움 때문에 매수하지 못하고, 반대로 가격이 급등해 세력이 매도하는 시점이 되면 그들의 물량을 고가에

---

[124] 쑹훙빙은 『화폐전쟁』에서 국제 금융 세력이 어떻게 신흥국과 약소국의 금융시장을 장악하고 위기를 만들어내는가를 설명하면서, 신흥국들의 경제 위기는 분명히 계획된 경제 약탈임을 보여준다. 양털 깎기란 양의 털이 다 자라면 잡아서 털을 벗긴다는 뜻이다.

떠안는다. 즉 바닥에서는 자산을 내어주고(바닥 슈퍼 체인지), 꼭대기에서는 되사들이는 구조가 반복되는 것이다.

이처럼 **자산의 계획적 가치 이동은 매우 체계적이면서도 은밀하게 진행되며**, 무엇보다 일반 대중을 동참시켜 스스로 그 흐름을 완성하게 만든다. 그리고 그 참여가 끝나는 순간, **대중은 언제나 가장 먼저 시장에서 버려지는 존재**가 된다.

2) 현재 '파이널 슈퍼 체인지'되고 있는 주식, 부동산 그리고 빚

현재 끝없이 고공 행진하고 있는 주식과 금 그리고 부동산 등이 파이널 슈퍼 체인지하는 중이다. 2025년 11월 현재에도 지속적인 가격 상승이 있는 투자처는, 단지 그들이 물건을 대중에게 모두 떠넘기지 않았을 뿐 풍선이 터지지 않고 계속 커지는 법은 없다. 나는 『100년 만의 세계 경제 붕괴와 리플 혁명』에서 초대형 경제 붕괴를 예상했었다. 2020~2021년 코로나 팬데믹 기간에 경제가 한 번 크게 꺾였는데, 부동산과 주가 등이 한 번 크게 조정을 거친 후 현재까지 다시 오르고 있다.

이 현상을 착각하면 주식과 부동산은 영원히 꺾이지 않는다는 생각에 사로잡힐 수 있다. 대중에게 이러한 환상을 심어주는 것도 '그들'이다. 한때는 중국의 환상에 사로잡혀 '마윈'[125]과 알리바바를 찬양하던 때가 있었다. 그리고 한국으로 넘어와 삼성전자를 필두로 바이오주, 테크주, 2차 전지주

---

[125] 중국 최초이자 최대의 온라인 전자 상거래 플랫폼 기업 알리바바 그룹의 창업자로 초대 회장 겸 CEO를 역임했다. 2013년 CEO에서 물러나 회장직만 맡고 있다가 2019년 경영 일선에서의 은퇴를 선언한 이후 현재는 알리바바 그룹의 초대 주석(명예회장)으로 직위를 옮겼다.

등으로 섹터를 바꿔가며 상단 슈퍼 체인지를 끝낸 종목들이 즐비하다.

그중에서 중국을 뜨겁게 달궜던 알리바바의 주가를 보자.

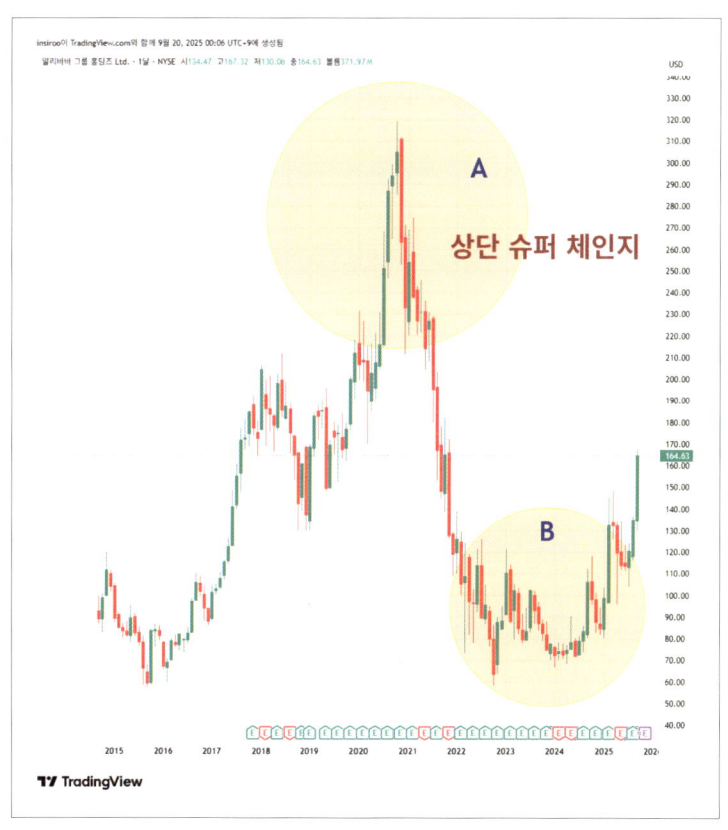

[그림 3-3] 알리바바 월봉 차트

위 알리바바 차트에서 A 구역은 마윈을 띄우고 찬양하는 기사와 영상 그리고 뉴스로 도배되던 시절이다. 이런 상단 슈퍼 체인지에서는 마윈과 알리바바 그리고 중국의 징동닷컴 등 많은 주식이 한국보다 먼저 앞장서서 잘 나가던 시절이었다. 위 [그림 3-3] '알리바바 월봉 차트'의 B에서 하단 슈퍼 체인지(바닥을 다지고 재상승)가 될지는 미지수다. 중국의 상태는 한국보다 먼저 상당히 심각한 상태가 되어버렸는데, 부동산이 가장 먼저 몰락하면서 중국의 경제난을 가중시키고 있다.

그리고 한국으로 넘어와서 **'동학개미'**[126]가 성행했고 이들이 삼성전자를 비롯한 여러 주도 주를 앞세워 하나씩 "곶감 빼먹기"[127]를 하고 있었다. 그 당시 동학개미들은 한국의 주식을 하나씩 찬양하고 있었고 그 대표적인 사례가 2차 전지 '에코프로'였다. 에코프로는 한국의 모든 단톡방에 등장할 정도로 유명했고 '테슬라'를 비롯한 전기차의 붐으로 몸값이 치솟은 분야이기도 했다. 에코프로의 상승이 거세질 무렵 거의 대부분 SNS를 장악하고 개미들을 미치게 만들었다. 에코프로를 찬양하는 사람들이 늘어갔다.

사람이 사람을 끌어들였고 에코프로는 종교로 변해갔다. **상단 체인지**에서 일어나는 현상은 **'환희와 찬양'이다.** 이 무렵부터 **부동산과 주식**에 대한 **'빚투'가 늘어났다.** 이후 에코프로는 보다시피 가격 하락의 늪에 빠져 있다. 금융 마피아는 용의주도하게 개미들에게 주식을 비싼 가격에 던져주고 사라졌다. 지금 그 종교를 믿는 개미는 대부분 사라졌다.

---

[126] 동학농민운동을 주식투자에 빗대, 코로나 기간 외국 세력에 맞서 한국을 지켰던 한국 주식 투자자들을 일컫는 유머러스한 표현이다.
[127] 내가 상단 슈퍼 체인지 시기에 잘 쓰는 비유로 "다 익은 곶감을 하나씩 빼먹는다"는 표현이다.

[그림 3-4] 에코프로 월봉 차트

    그 다음은 아시다시피 '서학개미'의 차례다. 국내 주식에서 힘들어진 많은 투자자는 하락 중에 손절하거나 새로운 투자자들이 합세해서 미국 주식으로 이동했다. 미국 주식은 아직 한창 '곶감 빼먹기' 중인 종목들이 남아 있다. 미국 주식의 상단 슈퍼 체인지가 하나 둘씩 이루어지면서 테슬라의 일론 머스크 등 미국의 기업 스타들을 찬양하기 시작했다. 너도나도 미국 주식 종교에 빠지기 시작했다. 그러는 사이 한국의 국민들은 빚이 늘어나기 시작했다.

**대중은 무관심 구역에서 진입하지 않고,
대부분 환희 구간에서 진입해 빠져나가지 못한다.**

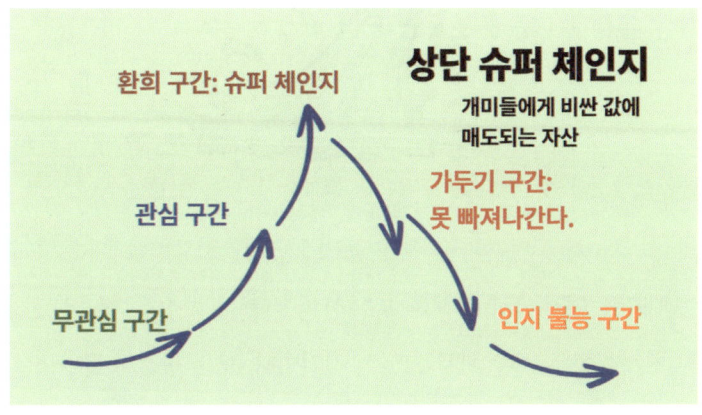

[그림 3-5] 상단 슈퍼 체인지의 일반적 사례: 악마의 유일한 자산은 '조작'이다.

최근에 〈서울경제〉는 "**1인당 주담대 1.5억** '사상 최대' 찍었다. … 치솟는 집값에 가계빚 적신호"라는 기사[128]를 보도했다. '박홍근 의원실 자료'를 인용하여 "가계 대출 1,888조, 4년새 99조 증가하고 주택 담보 대출은 총 950조로 168조 늘어났다"는 것이다. 모든 환상은 '찬양' 일색일 때 나타난다.

---

128 진동영(2025.09.18), "1인당 주담대 1.5억 '사상 최대' 찍었다.…치솟는 집값에 가계빚 적신호." 서울경제. https://m.sedaily.com/NewsView/2GXY8GB5GT

[그림 3-6] 유동성

　오랜 금융 역사에서 주식과 부동산의 버블이 치솟을 때 '유동성'이라는 빚투가 성행하는 것은 모두 그들의 작전이다. 모든 작전이 끝나면 수도꼭지는 잠그게 되고 유동성의 축제는 끝난다. '그들'은 배가 불러 있고 국민은 아사 직전으로 내몰릴 것이다.

　유동성이 늘어난다는 것은 시장에 돈이 많이 풀려서 돈의 가치가 낮아진다는 것인데, 황당하게도 시장에 도는 돈도 없을 뿐더러 대부분 '빚과 이자'로 전환되었다는 사실이다.

　〈서울경제〉(2025.9.17) 기사 "가계 대출 막힌 인뱅, 개인사업자로 눈 돌려"에는 "정부의 규제 강화로 가계 대출이 막힌 인터넷 전문 은행이 올 하반기 기업 대출을 확대하며 틈새 공략에 나선다"는 내용이 있다.

　한 언론 보도에 따르면 "업계의 한 관계자는 '정부의 가계 대출 규제가 장기화되면서 가계 주택 담보 대출을 공격적으로 늘리기 어려운 상황'이라며 '리스크가 있지만 기업 대출을 확대하는 방향으로 전략을 세우고 있다'고 전했다. 실제로 인터넷 은행 3사의 올 상반기 기업 대출 잔액은 5조 5,266억 원으로, 지난해보다 35% 증가하며 꾸준히 늘어나고 있다."

참으로 기가 막힌 일이다. 2008년 글로벌 금융 위기가 **과도한 대출과 부실채권에서 비롯된 위기**였다는 사실을 벌써 잊은 것일까? 그러나 이러한 '축제'는 결코 영원히 지속되지 않는다.

지금의 시장은 마치 긴 축제의 한가운데에 있는 듯하다. 위기를 경고하는 사람들은 비관론자로 몰려 비난받고, 위기를 걱정하던 사람들조차 결국 이 축제에 동참하고 있다. 이제 이 시장에서는 **'부정적'이라는 단어 자체가 존재하지 않는 분위기다. 낙관만이 허락되는 공간**, 그것이 버블의 가장 마지막 단계다.

이 시기에 가장 알맞은 비유로 과거 〈파이낸셜 타임스(FT)〉 기사[129]를 인용해보겠다. FT는 2007년 7월, 당시 씨티그룹의 CEO였던 '척 프린스(Chuck Prince)'를 도쿄에서 인터뷰하며 인수 붐(buyout boom)[130]에 대해 물었다. 다가올 파국을 생각한다면, 다음과 같은 그의 대답은 강렬할 정도로 무식했다.

---

[129] Robin Wigglesworth(2025.07.02), The 'we're still dancing' quote of our time. Financial Times. https://www.ft.com/content/7ed3ddc7-0229-40c6-87a6-d0946760a165?utm_source=chatgpt.com

[130] 인수금융(acquisition finance): 인수금융은 기업 인수합병(M&A) 시 필요한 자금을 은행, 증권사, 사모펀드 등 외부 금융기관으로부터 조달하는 방식이며, 인수 주체의 자기자본 부족분을 메워 기업 인수를 실현하는 데 사용한다. 차입형, 주식형, 혼합형 등 다양한 형태로 제공되며, 일반적으로 인수 대상 기업의 지분을 담보로 취득하는 방식이 활용된다.

> "음악이 멈출 때, 유동성 측면에서 상황은 복잡해질 것이다.
> 그러나 음악이 흐르고 있는 동안에는 반드시 일어나
> 춤을 춰야 한다. 우리는 아직 춤을 추고 있다." (계속 사라!)

보도에 따르면, 씨티그룹의 전 CEO **척 프린스**는 서브프라임 모기지 위기에 대한 우려를 일축하며 이렇게 말했다. "지금은 유동성 풀의 깊이가 과거보다 훨씬 커졌기 때문에, 혼란을 일으키려면 예전보다 **훨씬 더 큰 충격이 필요하다**." 그의 이 발언은 이후 역사상 가장 대표적인 **경제 정점의 발언**(top-of-the-market quote)으로 기록되었다.

이 유명한 일화는 지금까지도 위기의 정점에서 나온 '낙관의 언어'로 회자된다. 그러나 **춤이 한창일 때 음악을 멈추게 하는 일**은 언제나 어렵다. 사람들은 여전히 춤추고 있지만, **'그들'이 음악을 끄는 순간**, 그때부터 진짜 **악몽이 시작된다**.

이번 위기는 그 규모가 이전과 비교할 수 없을 만큼 크다. 국민과 국가 모두 막대한 '판돈'을 걸고 있으며, 이미 빚의 산이 쌓여 있다. 문제는 단순히 빚의 총량이 아니라 **그에 따른 이자의 부담**이다. 프랑스가 먼저 흔들리고 있는 것도 결국 **이자가 만들어내는 고통** 때문이다. 금리가 오르면서 소득 중 이자로 지출되는 비율이 급격히 높아지고, 결국 감당이 불가능해지는 것이다.

이 점을 잊지 말아야 한다. **유동성이 급격히 늘어나는 시기가 오면, 그 직후에는 반드시 투자 자산의 급락기가 뒤따른다**. 역사적으로 예외는

한 번도 없었다. 지금의 풍요는 거품이며, 이 거품이 꺼질 때의 충격은 언제나 예상보다 깊고 오래간다.

파이널 슈퍼 체인지의 의미는 **"작전이 종료되어, 그들이 모두 팔고 나면 상승은 끝"**이란 뜻이다.

대환화폐의 경우, **완전히 떠넘기기(목장 매도)** 가 이루어지기 전까지는 일정 기간 동안 그 자체가 하나의 순환 통화처럼 기능한다. 즉 '주거니 받거니'의 흐름 속에서 바닥까지 떨어졌다가 다시 매집되고, 이후 재상승하는 **순환 작동 메커니즘**을 보이는 것이다. [그림 2-16] '대환화폐의 순환'에서도 확인할 수 있듯, 이러한 순환이 지속되는 동안 해당 자산은 여전히 **사용되고 거래되는 살아 있는 화폐**로 존재한다.

그러나 **파이널 슈퍼 체인지** 단계에 진입하면 상황이 완전히 달라진다. 이 시점은 곧 **그 자산이 더 이상 사용되지 않고, 세력들이 모든 물량을 시장에 떠넘기고 떠나는 시기**를 의미한다. 이는 주식이든 코인이든 동일하게 적용되는 원리다. 따라서 투자에서 가장 중요한 것은 **'순환의 끝'을 인식하는 일**, 즉 파이널 슈퍼 체인지의 징후를 감지하고 그 시점에서 빠져나올 수 있는 통찰이다

3) 대출로 길들여진 재앙

미국이 발전시킨 가장 강력한 금융폭탄 시스템은 다름 아닌 **대출**이었다. 빚은 곧 유동성을 늘리는 장치다. 중앙은행이 발행한 통화가 **기초 통화(M1)**로 존재한다면, 은행이 그 통화를 담보로 **대출을 일으키는 순간**

M2(광의의 통화)가 폭발적으로 증가한다. 즉 **대출은** 단순한 신용 창출이 아니라 **통화 팽창의 핵심 메커니즘**이며, 미국의 금융 시스템은 바로 이 구조 위에 세워져 있다.[131]

〈포브스〉는 2017년 10월 "은행 대출이 실제로 어떻게 돈을 만들어내는가, 그리고 왜 '마법의 돈나무'는 공짜가 아닌가"[132]라는 기사에서 "시티 AM이 '주권화폐(sovereign money)'를 주장하는 단체인 포지티브 머니(Positive Money)의 의뢰를 받아 실시한 여론조사에 따르면, 영국 의원들의 84%가 은행이 대출할 때 돈을 창출한다는 사실을 알지 못한다. 이는 2014년에 영란은행(Bank of England)이 이와 관련해 명확한 입장을 공식적으로 발표했음에도 불구하고 나타난 결과다"라고 했다. 대부분의 인류가 대출의 숨은 의도를 알아차리지 못한다. 그리고 이 기사는 다음과 같은 매우 중요한 내용을 담고 있다.

"돈은 어떻게 만들어질까? 일부는 국가가 직접 창출하지만, 대부분은 **금융 위기라는 비상 상황 속에서 만들어진다.** 예를 들어, 최근의 금융 위기들은 정부가 경제에 직접 자금을 투입하는 **양적 완화 정책(QE)**의 시발점이 되어왔다. 현재 유통되는 돈의 약 **97%는 상업은행이 대출을 실행할 때 새롭게 창출**된다.

---

131 M1 = 현금 통화 + 요구불 예금(당좌예금, 보통예금 등 수시 입출식 예금), 즉시 결제 수단으로 사용할 수 있는 돈만 포함된다. M2 = 협의의 통화(M1)에 정기예금·정기적금·CD·머니마켓예금(MMF 제외) 등을 더한 것 + 대출.

132 Frances Coppola(2017.10.30), How Bank Lending Really Creates Money, And Why The Magic Money Tree Is Not Cost Free. Forbes. https://www.forbes.com/sites/francescoppola/2017/10/31/how-bank-lending-really-creates-money-and-why-the-magic-money-tree-is-not-cost-free/

그러나 이 대출의 흐름을 자세히 들여다보면, **27%는 다른 금융기관으로, 50%는 주택 담보 대출**(그중 대부분은 기존 주택을 담보로 한 대출)로 흘러가며, **8%는 고금리 신용**(당좌 대월 및 신용카드 등)에 사용된다. 실제 **비금융 기업**, 즉 실물경제의 생산 활동으로 이어지는 대출은 고작 **15%에 불과하다.**

결국, 오늘날의 화폐 창출은 생산적 목적보다는 금융 시스템 내부의 순환에 집중되어 있으며, **'빚이 곧 돈이 되는 구조'**가 근본적인 문제로 자리 잡고 있는 것이다."

[그림 3-7] 마법의 돈나무

이 마법이 작동하는 이유는 단순하다. **돈의 목적지와 부가 축적되는 곳이 따로 존재하기 때문**이다. 기사에서도 언급했듯, "유동성의 폭발은 대개 금융 위기 상황에서 발생한다"는 사실은 매우 중요한 의미를 지닌다. 유동성이 늘어난다는 것은 곧 **금융 폭탄이 커지고 있다는 신호**이기 때문이다.

사람들은 점차 대출에 무감각해지고, 사회 시스템은 빚을 당연한 자금 조달 수단으로 받아들인다. 부동산을 사고, 자동차를 구입하고, 학비를 충당하며 대출을 생활의 일부로 사용하는 데 아무런 거부감이 없다. 이것은 우연이 아니라, **오랜 세월 동안 '그들'이 대중을 길들여놓은 결과**다.

"일단 지르고 나중에 갚는다"는 소비 패턴은 버블의 절정기마다 상상을 초월하는 수준의 신용 창출을 낳는다. 결국 이렇게 인위적으로 팽창한 통화량의 격차는 언제나 **'그들의 주머니'를 채우는 결과**로 귀결된다.

있지도 않은 돈을 빌려주어 위기를 키운다

2016년 IMF 연구 논문 『은행의 본질(The Truth about Banks)』[133]에서는 **"은행은 대출을 통해 새로운 돈을 창출하는데, 이는 금융 위기의 주기를 촉발하고 확대할 수 있다"**라고 보고했다. 이 논문은 이어서 이렇게 말한다.

> "은행은 지난 100년간 **가장 심각한 두 차례의 경제 위기, 즉 1929년 대공황과 2008년 대침체를 촉발하고 장기화하는 데 결정적인 역할을 했다**. 두 경우 모두 은행 시스템에 대한 규제 미흡이 위기의 원인으로 지적되었다. 따라서 경제학자들은 이러한 충격적인 경험의 재발을 막기 위한 정책 처방을 마련해야 하는 과제에 직면했다."

---

133 Michael Kumhof and Zoltán Jakab(2016.03), The Truth about Banks. IMF.

첫째, 은행이 대출을 실행할 때마다 새로운 돈을 자유롭게 창출할 수 있는 구조에서는, **은행이 차용자의 상환 능력을 잘못 판단할 경우 금융의 호황과 불황을 스스로 증폭시키는 순환을 만들어낼 위험**이 커진다.

둘째, 이러한 구조는 **화폐 창출이 곧 부채 창출과 영구적으로 연결되는 시스템**을 의미한다. 결국 부채가 과도하게 누적되면 금융 위기를 촉발할 수 있다. 이는 단순한 가설이 아니라 **현대적 통계 분석으로 이미 입증된 사실**이다.

IMF의 이 논문을 보면, 이 문제는 이미 오래전부터 인식되어왔음에도 불구하고 정작 그 **'폭탄'을 제거하려는 노력은 이루어지지 않고 있음**을 알 수 있다. 결국 유동성 증가는 거대한 위험의 전조이며, 이는 단순한 경기 부양이 아니라 **체계적 리스크의 누적 과정**이다. 악마는 결코 유동성의 축소를 원치 않는다. 돈이 계속 돌고 빚이 계속 쌓여야만 이 구조가 유지되기 때문이다. 역사를 돌아보면 **타인의 빚으로 성공을 거둔 민족은 유대인뿐이었을 것**이다. 그들은 신용과 부채의 흐름을 지배함으로써 금융의 본질을 꿰뚫고, 세계 자본의 맥박을 손에 쥐고 있었다.

2. 유동성의 핵심인 달러의 '파이널 슈퍼 체인지'

1) '목장 매도'와 영국 시대의 마감

달러의 팽창 이면의 거대한 계획은 영국이 대영제국의 막을 내리고 세계 금융이 미국으로 탈피(목장의 이전)하는 것과 동일한 맥락으로 풀이된다. 유대인 금융 마피아들이 영국 시대의 막을 내리고 영국을 "내다팔고"[134] 미국으로 베이스 캠프를 변경한 것으로 보이는데, 이 유대인들의 이동 경로에 대해서는 화이트독의 영상 〈리플과 화폐개혁 시리즈〉 2부[135]에 자세히 나와 있다.

"'영국을 내다팔고'라는 표현은, 경제적 '양털 깎기'가 한창일 때 양(즉 대중과 자산)이 충분히 불어나면 목장을 프리미엄을 얹어 비싸게 팔고 떠나는 행위를 뜻한다. 다시 말해 완전히 착취한 뒤 고점에서 **'목장 매도'**[136]를 하

---

[134] 내다판다는 표현은 영국을 완전히 버리고 미국으로 이동하는 계획을 뜻한다.
[135] 유튜브 채널 '화이트독', 〈리플과 화폐개혁〉(2020), 2부. https://www.youtube.com/watch?v=q6soAeglox-4&t=2s
[136] 영국을 버리고 미국으로 떠나는 것을 나는 "목장 매도(프리미엄 통매각)"라 부른다. 이후 영국의 경제 지배력은 지금까지도 매우 약화되고 있다.

는 것이다. 그들은 실제로 그렇게 영국을 떠났다. 1873년의 공황으로 시작해 1893년의 공황으로 이어진 1873~1879년 대공황(Panic of 1873)을 기점으로, **영국의 번영의 시대는 막을 내렸다**.

'그들'은 마치 메뚜기 떼처럼 한 시대를 뜯어먹고 떠났으며, 그 다음 먹잇감은 미국이었다. 그러나 이러한 대공황의 충격은 결코 한 나라의 문제가 아니었다. 영국의 금융 질서가 무너지자 세계 전체가 그 여파 속으로 휘말려 들어갔고, 수많은 '목장'의 가치가 폭락했다. 그리고 그 저렴해진 목장들 — 곧 세계 곳곳의 자산과 기업들 — 은 대부분 다시 그들의 손으로 돌아갔다. 이것이 바로 금융 제국의 진정한 작동 방식이다."

[그림 3-8] 1873년 20년간의 대공황

2023년 2월 대니 루카스(Danny Lucas)의 보고서[137]에 따르면 "**19세기 최대 공황으로 여겨진** 1873년 공황은 **투기 시기로 인해 비엔나 증권거래소**

---

137 Danny Lucas(2025.09.20), Panic of 1873: The Largest Crisis of 19th Century. The Global Citizen. https://globalcitizen.world/panic-of-1973-the-largest-crisis-of-19th-century/?utm_source=chatgpt.com

에서 시작되었다. 이 공황은 영국이 아닌 유럽 대륙과 미국에서 시작되었다는 점에서 독특했다. 주식과 은행의 붕괴는 장기간의 경제 성장 둔화로 이어졌고, 많은 국가가 자유무역 정책에서 벗어나 보호무역주의로 회귀하게 되었다. 이 공황은 20년 이상 지속되었고, 자유 경쟁 자본주의와 독점 자본주의 사이의 휴지기(休止期)를 이루었다."

연대순으로 살펴보면, 이 위기는 **1870년대 초 오스트리아-헝가리 제국의 수립과 그에 따른 급격한 경제 발전** 이후, 빈(Wien)에서 시작되었다. **1872년 가을, 투기가 정점**에 달했고, **1873년 5월 1일 프란츠 요제프 황제가 빈에서 개최한 꽃박람회**를 계기로 주식시장이 급락했다. 특히 **철도 회사 주가가 폭락하면서 시장 전체가 붕괴의 도미노를 맞았다.**

이 기고문의 내용을 통해서도 명확히 드러난다. **20년 대공황의 출발점은 투기와 폭락이었다.** 인위적으로 부풀려진 자산 거품이 한순간에 터지며, 산업혁명기의 유럽 경제가 한동안 회복 불가능한 침체에 빠졌던 것이다.

그러나 한편으로 1873년 대공황의 원인이 비이성적 투기 광풍이 아닌, "더 위험하고 레버리지 높은, 전망 불확실한 기업에 투자가 집중되었기 때문"[138]이라는 주장도 있다.

2005년 스콧 믹슨(Scott Mixon)은 논문 『1873년의 공황: 다양한 자산군의 관점에서 본 위기(The Crisis of 1873: Perspectives from Multiple Asset Classes)』에서 "이 논문은 1873년 위기 직전의 자산 가격 형성을 분석한다. 주식, 옵션, 채권 시장이 모두 위험을 일관되게 모니터링했다는 증거를 제시하며, 투

---

138   Scott Mixon(2025.07.25), The Crisis of 1873: Perspectives from Multiple Asset Classes. The Journal of Economic History, Vol. 68, No. 3, pp. 722~757, September 2008.

자자들이 단순히 비이성적 투기 광풍에 휩쓸린 것이 아니라 실제로 투자 위험을 적극적으로 관찰하고 있었다는 점을 시사한다"고 밝혔다.

다시 말해 믹슨은 1873년 대공황이 흔히 알려진 것처럼 단순한 투기 열풍의 붕괴로 발생한 것이 아니라, **불확실한 기업 정보와 미국 철도회사들의 재무 악화에 대한 정보 비대칭성**이 위기의 핵심 요인이었다고 주장한다. 다시 말해, 이 위기는 탐욕의 결과라기보다 **정보의 불투명성과 금융 시스템의 신뢰 붕괴**에서 비롯된 구조적 사건이었다는 것이다.

이 논문에는 다음과 같은 내용도 있다. 1873년 9월, 남북전쟁 이후 일어난 미국의 철도 붐은 결국 금융시장의 위기로 정점을 맞이했다. 제이 쿡 & 컴퍼니(Jay Cooke & Co.)를 비롯한 주요 금융기관들이 **철도 관련 부실 대출과 신규 채권 발행 실패**로 잇달아 붕괴했다. 예금자들은 손실을 우려해 대거 현금 인출에 나섰고, 그 결과 **은행 공황(Banking Panic)**이 발생했다. 신뢰를 잃은 은행들의 수표는 결제가 거부되었고, 뉴욕을 비롯한 주요 도시의 은행들은 **예금 인출과 현금 태환을 중단**했다. 이에 은행 간 결제를 위해 **청산소 증서(Clearinghouse Certificate)**가 긴급 발행되었으며, 주식시장은 단일주일 만에 **25% 폭락**했다. 결국 뉴욕증권거래소는 사상 처음으로 **무기한 폐장**을 결정했고, 열흘이 지나서야 재개장할 수 있었다.

이 기록에서 보듯, 1873년 대공황의 촉발 요인은 단순한 투기나 일시적 불안이 아니라 **대규모 부실 대출과 신용 붕괴**, 즉 '**빚**'이었다. 어디서 어떤 형태로 위기가 발생하든, 그 근저에는 언제나 **과잉 부채라는 공통된 뇌관**이 존재한다. 빚이 한계를 넘어서면, 결국 어느 지점에서든 폭발은 일어난다.

스페인에서 시작한 '유대인' 금융 그룹의 역사는 이렇게 스페인, 네덜란드, 영국, 미국으로 이동했다. 이 이동 경로에서 유대인이 가는 곳마다 가장 부흥한 나라가 되었다.

> **역사적 배경**
>
> - **스페인 추방 (1492)**
>   가톨릭 통일령(Alhambra Decree)으로 유대인들이 강제 개종·추방을 당함.
>   많은 유대인(세파르드 유대인)이 포르투갈, 네덜란드(암스테르담), 오스만 제국, 북아프리카로 이주함.
>
> - **네덜란드 상업혁명**
>   암스테르담은 16~17세기에 상업·금융 중심지로 성장함.
>   유대인 상인·금융업자들은 국제무역, 해상보험, 채권·주식시장에 참여해 중요한 역할을 함.
>   1602년 세계 최초의 근대적 증권거래소(Amsterdam Stock Exchange) 설립 → 유대인 자본과 네덜란드 상인이 협력해 기여함.
>
> - **영국으로 이주**
>   올리버 크롬웰(1650년대) 시기 영국이 유대인 입국을 다시 허용함.
>   런던 금융가(후일 시티 오브 런던)의 발전 과정에서 유대인 금융가·상인 네트워크가 일부 기여함.
>   예: 로스차일드 가문은 18~19세기에 영국 금융에 크게 영향 미침.

스페인에서 부를 축적한 유대인들이 박해를 피해 네덜란드로 이주해서 근대 상업혁명의 기틀인 증권거래소를 설립하고 영국으로 이주하여 현대 금융의 모든 터전을 만들었다. 유대인들은 1873년 영국의 20년 장기 불황을 끝으로 전 세계의 경제가 무너진 후 미국을 중심으로 움직이기 시작했다.

2) 미국의 연방준비제도 설립과 미국 시대의 시작 — "오리 사냥(The Duck Hunt)"

1900년대 초를 기점으로 미국을 중심으로 한 금융과 경제 활동이 본격적으로 활발해지기 시작했다. 잘 알려져 있듯이, 미국의 중앙은행인 **연방준비제도(Federal Reserve, Fed)**는 정부 기관이 아니라 **민간 소유의 사립 금융기관**이다. 그 형성 과정을 살펴보기 위해서는 먼저 **JP 모건(J.P. Morgan)**의 역할을 이해할 필요가 있다.

ABA 뱅킹 저널의 기고문 "피어폰트 모건이 금본위제를 구한 방법"에는 "1893년 공황이 발생하자 미국 재무부의 금 보유량이 거의 바닥났다. 이에 모건은 로스차일드 가문의 미국 내 이익을 대표하던 **어거스트 벨몬트 주니어(August Belmont Jr.)**와 함께 채권을 발행해 유럽에서 금을 사들이겠다고 제안했다"고 기록되어 있다.[139]

이 대목은 곧 **JP 모건이 영국 로스차일드 가문과 긴밀히 연결되어 있었으며**, 미국 금융의 중심 인물로서 국제 금융 자본과 직접 맞닿아 있었다는 사실을 보여준다.[140] 즉 **연방준비제도의 태동은 이미 초기부터 국제 금융 세력의 손길 속에서 시작된 프로젝트**였던 셈이다.

이후 10년 동안 JP 모건은 미국 금융계에서 확고한 입지를 다졌고, 마침내 **'연방준비제도'라는, 소수가 설계한 중앙은행 체제**가 탄생했다. 한 나라의 통화정책을 좌우하는 중앙은행의 입법 초안이 불과 몇 명의 인물에 의해, 그것도 **JP 모건의 개인 별장에서 비밀리에 작성되었다**는 사실은 지금까지도 금융사에서 가장 상징적인 장면으로 남아 있다.

그 문건을 작성하기 위해 모인 이들은 단 여섯 명이었다. 넬슨 올드리치

---

139 John Steele Gordon(2020.03.13), How Pierpont Morgan Saved the Gold Standard.
140 나는 JP 모건을 로스차일드의 미국 대리인 급으로 보고 있다: 영국에서 미국으로 이동하는 '우회전술' 통로.

(Nelson Aldrich, 상원의원), A. 피아트 앤드류(A. Piatt Andrew, 당시 재무차관보), 프랭크 A. 밴더리프(Frank A. Vanderlip, 내셔널시티 은행 부총재), 헨리 데이비슨(Henry Davison, JP 모건 파트너), 벤저민 스트롱(뉴욕 은행가), 그리고 폴 워버그(Paul Warburg, 쿤 로엡 앤드 컴퍼니 파트너).

이들이 모여 만든 초안이 바로 훗날 미국 경제의 심장을 쥐게 될 **연방준비제도법(Federal Reserve Act)**으로 이어졌으며, 이후 미국의 금융 시스템은 실질적으로 **민간 금융 엘리트의 손에 의해 설계된 구조** 위에서 움직이게 되었다.[141]

[그림 3-9] JP 모건 소유의 조지아주 제킬 섬의 옛 클럽하우스

---

141 Scott Mixon(2025.07.25), The Crisis of 1873: Perspectives from Multiple Asset Classes. The Journal of Economic History, Vol. 68, No. 3, pp. 722~757, September 2008.

개리 리처드슨(Gary Richardson)과 제시 로메로(Jessie Romero)가 2015년 12월 4일에 쓴 "제킬 섬에서의 만남(The Meeting at Jekyll Island)"[142]은 다음과 같이 밝혔다.

"1910년 11월, 넬슨 올드리치, A. 피아트 앤드류, 헨리 데이비슨, 벤저민 스트롱, 프랭크 A. 밴더리프, 폴 워버그 이렇게 여섯 명의 인물이 조지아 해안의 제킬 섬 클럽하우스에 모여 국가 은행 시스템 개혁안을 작성했다. 이 회합과 그 목적은 철저히 비밀에 부쳐졌으며, 참가자들은 1930년대가 되어서야 이 회의가 있었다는 사실을 인정했다. 그러나 **제킬 섬에서 작성된 그 계획은 훗날 연방준비제도의 기초를 마련했다.**"

이 회의가 열린 제킬 섬은 본래 J.P. 모건의 소유였고, 당시 헨리 데이비슨은 JP 모건 앤드 컴퍼니의 핵심 파트너이자 대리인이었다. 또한 JP 모건 자신이 이미 제킬 아일랜드 클럽의 정회원이었음을 감안할 때, 그가 공식적으로 연방준비제도 초안 작성에 참여한 6인 명단에 포함되지 않았더라도, 이는 단순한 배제라기보다 모건의 직접 개입을 은폐하기 위한 일종의 '우회전술'로 해석될 여지가 있다. 따라서 나는 JP 모건이 연준 창설의 기초 문서 작성 과정에서 실질적으로 핵심 역할을 했을 가능성이 높다고 본다.

---

142 The Meeting at Jekyll Island(2015.12.04), The Meeting at Jekyll Island. Federal Reserve History. https://www.federalreservehistory.org/essays/jekyll-island-conference?utm_source=chatgpt.com

[그림 3-10] JP 모건

이어서 기고문은 이렇게 서술한다.

"JP 모건 소유의 고급 클럽 회원이 이들에게 클럽 시설을 이용할 수 있도록 주선했다. 1886년에 설립된 이 클럽은 모건, 마셜 필드, 그리고 윌리엄 키삼 밴더빌트 1세와 같은 엘리트들로 구성되어 있었으며, 그들의 저택만 한 '별장'들이 섬 곳곳에 자리 잡고 있었다. 1904년 먼세이 매거진(Munsey's Magazine)은 이 클럽을 '세계에서 가장 부유하고, 가장 배타적이며, 가장 접근하기 어려운' 클럽이라고 묘사했다."

이 글에 따르면, 그들은 약 열흘[143]간 작업했으며 마침내 "모건은 워버그에게 '1913년 1월 10일' 각서 사본을 윌슨 대통령에게 보냈다." 이러한 아이

---

143 1910년 11월 20일~1910년 11월 30일.

[그림 3-11] 제킬 섬 메인 클럽하우스

디어들이 모여 1913년 12월 의회가 통과시키고 대통령이 서명한 최종 연방 준비제도법의 토대가 형성되었다. 최종 법안의 기술적 세부 사항은 "올드리치 플랜과 매우 유사했다"라고 되어 있다. 이 극비 회의의 암호명은 **"오리 사냥(The Duck Hunt)"** 이었다.

또 다른 글도 있다. 2012년 5월 조앤 세르바스(Joan SerVaas)는 기사 "제킬 섬: 연방준비제도의 시작"[144]에서 밴더리프의 증언을 기술했다. "밴더리프는 그들이 '허드슨 강 뉴저지 연안 철도 터미널에 한 번에 한 명씩, 그리고 가능한 한 눈에 띄지 않게 도착했다'고 회상했다. 그곳에서는 올드리치 상원의원의 개인 차량이 남부행 열차 뒷부분에 연결되어 대기하고 있을 예정이었

144　Joan SerVaas(2012.05), Jekyll Island and the Secret Behind the Fed. Saturday Evening Post Society. https://www.saturdayeveningpost.com/2012/05/jekyll-island/

다. 비밀 유지가 너무나 중요했기에 다섯 명의 남자 사이에서도 성을 밝히는 것은 금기시되었다. 차량에 탑승한 유명 승객들의 신원을 열차 승무원들이 알 수 없도록 해 언론에 정보가 유출되는 것을 막았다."

"우리는 본토에서 배를 타고 제킬 섬으로 갔고, 일주일이나 열흘 동안 완전히 고립되어 외부와 전화나 전신으로 연락하지 못했다. 하인들조차 그들이 누구인지 전혀 몰랐다. 우리는 세상과 단절된 채 무인도에 갇힌 듯했다. … 아침, 낮, 밤을 가리지 않고 일했다. … 우리는 합의한 내용을 종이에 적어두는 계획을 고수했다."

이렇게 법안은 열흘 만에 날치기로 만들었다. 밴더리프는 이후 장관직을 맡았고, 그 자리에서 점차 구체화되어가던 계획의 세부 내용을 설명했다. 당시의 문제의식은 명확했다. **미국이 지난 75년 동안 중앙은행을 갖지 못했다는 사실**, 그리고 **중앙집권적 통화 권한의 부재가 금융 위기의 근본 원인이라는 믿음**이었다. 그러나 동시에 새로운 국립은행을 설립하는 것은 **과도한 권력 집중과 부패를 초래할 수 있는 위험한 선택**으로 여겨지고 있다.

그들은 숙의 끝에 여러 가지 질문을 던졌다. "중앙은행이 되려면 누가 소유해야 하는가? 은행이 소유해야 하는가, 정부가 해야 하는가, 아니면 공동 소유 형태가 되어야 하는가? 은행들만을 위한 서비스로 제한해야 할까? 공개 시장 조작은 어떤 방식으로 이뤄져야 할까?" 이런 논의 끝에 그들은 주말 동안 **의회에 제출할 법안 초안을 완성했다.**

밴더리프는 "우리는 남부로 떠날 때처럼 비밀리에 북부로 돌아왔다. 그리고 올드리치 상원의원이 우리가 초안한 법안을 상원에 제출할 예정이었다. 그 법안이 바로 훗날 '올드리치 계획(Aldrich Plan)'으로 알려졌다"고 회고했다.

이 문장은 단순한 회상이 아니라, **연방준비제도의 탄생이 철저히 비밀 회합에서 비롯되었음을 보여주는 생생한 증언**이기도 하다.

그들이 단 열흘 만에 비밀리에 만들어낸 법안과 문서가 오늘날까지도 **미국 정부가 중앙은행을 직접 소유하지 못하게 만든 결정적 힘의 원천**이다. 당시에는 정부가 중앙은행을 소유할 경우 발생할 **권력의 과도한 집중과 부패**를 우려했지만, 이제는 정반대로 **사적 금융 권력이 지나치게 비대해진 현실**이 문제로 대두되고 있다. 미국은 여전히 세계 주요 국가들 가운데 **유일하게 중앙은행을 정부가 소유하지 못한 기형적인 구조**를 유지하고 있다. 이는 단순한 제도의 특이점이 아니라, **국가 주권보다 금융 권력이 우위에 서 있는 체제의 상징**이라 할 수 있다.

3. 달러의 정체

1) 달러 양적 완화의 비밀

2025년 7월 31일 로이터 통신은 다음과 같은 기사를 썼다.

"IMF에 보고된 바에 따르면, 2025년 1분기에 세계 통화 보유액에서 미국 달러가 차지하는 비중은 57.7%로 소폭 낮아진 반면, 유로화 표시 보유액의 비중은 증가한 것으로 나타났다.

IMF가 수요일에 발표한 공식 외환 보유액의 통화 구성(COFER) 데이터에 따르면, 2024년 말 기준 달러로 보유한 세계 통화 보유액의 비중은 57.8%였고, 유로화의 비중은 19.8%에서 20.1%로 증가했다. 이는 2022년 말 이후 최고치다."[145]

트럼프 정부의 최근 사건들은 미국 달러가 세계 기축통화의 자리에 머

---

[145] Karin Strohecker, Grant Smith(Reuters, 2025.07.31), Dollar cedes ground to euro in global reserves, IMF data shows. https://www.reuters.com/business/dollar-cedes-ground-euro-global-reserves-imf-data-shows-2025-07-09/

물러 있는 것에 대한 논쟁을 불러일으켰다.

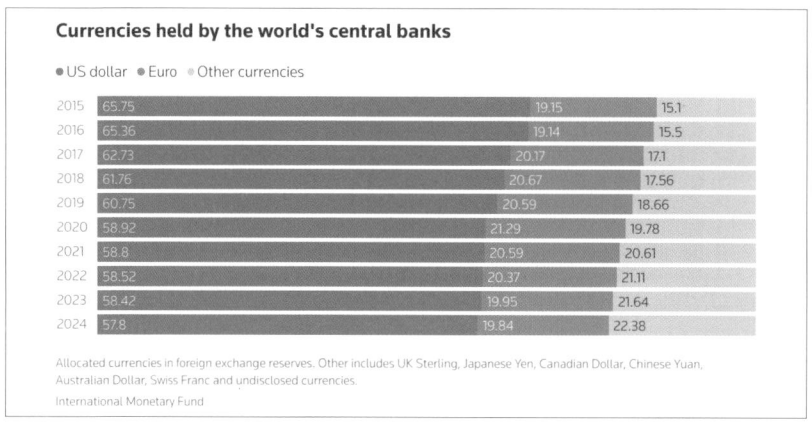

[그림 3-12] 공식 외환 보유액의 통화 구성

    2025년 1분기 기준 미국 달러의 세계 외환 보유고는 57.7%이다. 그리고 2025년 연방준비제도의 보고서[146]에 따르면 "SWIFT 상의 국제 결제(international payments) 중 달러의 점유율은 [그림 3-13]에서처럼 약 50%이며, 유로존 내부 결제도 포함하면 약 60% 수준"이다. 국제 결제에서 스위프트의 비중은 60% 정도이다.

---

146 Carol Bertaut, Bastian von Beschwitz, and Stephanie Curcuru(2025.07.18), The International Role of the U.S. Dollar – 2025 Edition. FEDS Notes. https://www.federalreserve.gov/econres/notes/feds-notes/the-international-role-of-the-u-s-dollar-2025-edition-20250718.html?utm_source=chatgpt.com

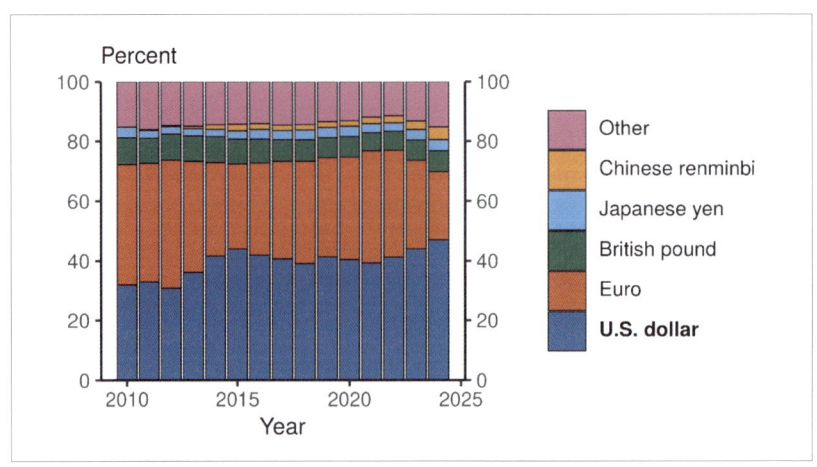

[그림 3-13] 국제 결제에서 스위프트의 비중

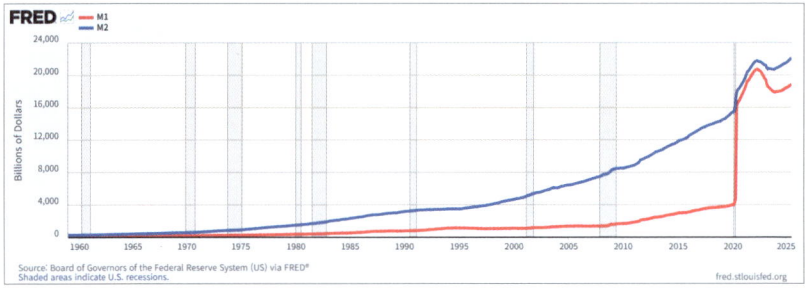

[그림 3-14] M1, M2

다음은 달러의 M1과 M2이다. 2025년 연방준비제도의 7월 발표에 따르면 M1, M2의 통화량은 다음과 같다.

- M1: 약 18,861.1조 달러(18,861.1billion USD). ($\approx$ 26,350조 원)
- M2: 약 22,115.4조 달러(22,115.4billion USD). ($\approx$ 30,900조 원)

2) 달러 채찍으로 신흥국 길들이기

과거 신흥국들의 외환 보유액 추이를 살펴보면, 미국의 **달러 패권적 통화정책**에 대한 불안과 위기 경험이 누적되면서 외환 보유액이 폭발적으로 증가해온 것을 확인할 수 있다. 이에 대해 올리비에 잔느(Olivier Jeanne)는 IMF 연구 논문 『신흥국의 외환 보유액: 과연 지나치게 많은 것인가?』에서 중요한 문제를 제기한다.

그는 논문에서 이렇게 묻는다. "신흥국들은 과도하게 많은 외환 보유액을 보유하고 있는가? 그렇다면 그 막대한 자금을 더 효율적으로 활용할 방법은 없는가?" 이를 규명하기 위해 그는 **자본 계정 위기 혹은 갑작스러운 자본 유출(sudden stop)**에 대응하기 위한 **복지(welfare) 기반의 최적 외환 보유 모형**을 제시했다. 그리고 이를 통해 최적 외환 보유 수준에 대한 공식을 도출하고, **그린스펀-가이도티 규칙(Greenspan-Guidotti rule: 단기 외채 전액 대비 외환 보유)**과 비교 분석했다.

그 결과, 신흥국 데이터를 모형에 적용해보면 **GDP의 약 10% 수준(역사적 평균치와 유사)**의 외환 보유는 합리적으로 설명 가능하다는 결론에 도달했다. 위기 예방 효과를 고려하더라도 어느 정도의 보유 확대는 정당화될 수 있지만, 실제 아시아 신흥국들의 외환 보유 확대는 이론적 보험 모형으로는 설명하기 어려울 만큼 과도한 수준이었다. 이를 합리화하려면 **위기 비용을 GDP의 60% 이상으로 가정해야** 하는데, 이는 현실적으로 불가능한 수치다.

결국 이 연구는 신흥국들이 위기 이후 과도하게 달러를 축적한 이유가 단순한 안전망 확보가 아니라, **미국 주도의 금융 질서 속에서 '달러 의존**

을 통한 생존'을 강요받았기 때문임을 간접적으로 시사하고 있다.[147]

그렇다면 신흥국들은 도대체 "왜 이렇게 과도한 외환 보유고를 지니고 있는가?" 같은 논문 p. 4~5에 보면 외환 보유액의 추이가 나온다.

외환 보유액 추이
- 1990년 이후 신흥국의 외환 보유는 GDP 대비 4배 이상 증가.
- 산업국은 GDP 대비 5% 미만 수준에서 안정.
- 증가분의 절반 이상은 아시아에서 발생. 특히 1997~1998년 외환 위기 이후 급격히 증가.
- 중국은 2005년 일본을 추월, 세계 최대 외환 보유국으로 부상.
- 서머스(Summers, 2006)가 말한 "자본 흐름의 역설(capital flows paradox)"의 한 축: → 신흥국에서 선진국, 특히 미국으로 자본이 역류(upstream)하고 있음.

이 논문의 핵심은 신흥국들이 외환 위기를 겪은 이후 **외환 보유액을 과도할 정도로 늘려왔다는 점**에 있다. 이는 몇 차례의 위기와 충격을 거치며 미국 달러 체제에 철저히 '길들여진 결과'라 할 수 있다. 채찍을 여러 번 맞은 뒤 순응하게 된 것이다.

실체가 없는 **미국발 보증 수표, 곧 달러**는 이미 [그림 3-14] 'M1·M2 통화량 추이'에서 보이듯 **폭발적인 증가세**를 이어가고 있다. 달러로 세계를 때리고, 다시 그 과정에서 달러를 거둬들이는 순환 구조 속에서 **달러의 총**

147　Olivier Jeanne(2007), International Reserves in Emerging Market Countries: Too Much of a Good Thing? IMF.

량은 줄지 않고 오히려 계속 불어나고 있는 것이다.

그동안 수많은 분석가와 경제학자들이 "달러 체제는 곧 붕괴할 것"이라는 전망을 내놓았지만, 현실은 그 반대였다. 달러는 그런 예측들을 비웃듯 몸집을 더욱 키워왔고, 세계 금융의 중심에서 **'위기를 먹고 자라는 화폐'**로 진화해왔다.

일부 분석가들은 달러의 가치가 점차 약화되고 있으니, **암호화폐의 부상**은 이를 타개하기 위한 대안적 시도가 아니냐고 해석한다. 그러나 나는 그보다 더 현실적이고 합리적인 결론에 이른다. 이는 단순히 새로운 통화 체계를 만들려는 시도가 아니라, 미국이 '목장 매도'의 시점에 이르러 **달러를 고점에서 비싸게 넘기려는 전략적 움직임**일 가능성이 높다는 것이다. 즉 암호화폐의 등장은 달러의 대체라기보다, **달러의 마지막 고평가를 정당화하고 연장시키기 위한 또 하나의 금융 장치**일지도 모른다.

3) 연방준비제도의 설립 직후 터진 1929년 의도된 대공황과 산업 확장기 (그리고 달러 증가)

'그들'이 주도한 **연방준비제도**는 1913년 12월 23일, 법 집행이 시작되면서 공식적으로 출범했다. 미국의 사립 중앙은행이 설립된 직후부터 1929년 대공황이 닥치기 전까지, 미국 주식시장은 **끊임없는 고공행진**을 이어갔다.

[그림 3-5]는 미국 국민들의 심리가 **무관심 구간에서 관심 구간으로, 그리고 환희 구간으로** 이동하는 과정을 그대로 보여준다. 문제는 시기적 우

연처럼 보이지만, 그 타이밍이 너무나 절묘하다는 점이다. **왜 하필 연방준비제도가 설립된 직후에 미국 역사상 최대 규모의 버블이 만들어졌을까?** 이 질문은 단순한 의혹이 아니라, **유동성 공급 구조가 의도적으로 설계된 결과가 아닐까 하는 근본적 의문**을 던지게 한다.

2018년 12월 21일 데이브 루스(Dave Roos)의 기고문[148] 「1929년 대공황 이전에 투자자들이 놓친 경고 신호는 다음과 같다」에서 계획된 주식 버블에 대해 다음과 같은 문제를 짚고 있다.

"지금 생각하면 당연한 일이지만, 주식시장은 1929년 여름에 앞으로 어려움이 닥칠 것이라는 신호를 보냈다"라는 부제로 시작하는 이 글은 이미 시장은 붕괴의 조짐과 신호가 있었다는 것이다.

① 1929년 봄과 여름, 미국 경제는 10년간의 '황금의 20년대'라 불리는 호황기를 누리고 있었지만, 연방준비제도는 호황을 누리는 시장을 둔화시키기 위해 금리를 인상했고, 점점 목소리를 높이는 소수의 경제학자와 은행가들은 이 파티가 얼마나 오래 지속될지 의문을 품기 시작했다.

② 1929년, 예일대 경제학자 어빙 피셔를 비롯한 유명 예측가들은 만약 조정이 온다면 무해한 폭락으로 보일 것이라고 단언했지만, 다른 이들은 험난한 절벽을 예측했다. 하지만 10월 말에 일어난 주식시장 폭락은 누구도,

---

[148] Dave Roos(2018.12.20), Here Are Warning Signs Investors Missed Before the 1929 Crash. HISTORY. https://www.history.com/articles/1929-stock-market-crash-warning-signs?utm_source=chatgpt.com

단연코 아무도 예견하지 못했을 것이다.

③ '검은 월요일', '검은 화요일'로 불리는 이틀 연속 주식시장은 25% 폭락했고, 11월 중순에는 가치가 절반으로 줄었다. 1932년 시장 붕괴가 마침내 바닥을 쳤을 때, 다우존스 산업평균지수는 무려 90%나 폭락했다.

④ 지금 와서 생각하면 당연한 일이지만, 1929년 여름에 앞으로 문제가 닥칠 징조가 있었다."

이 기고문에는 "이 파티에 대한 의문이 들었다", "그해 여름 이미 징후가 있었다"는 식의 미묘한 경고들이 곳곳에 담겨 있다. 그러나 그 문장들 속에 부드럽게 녹아 있는 핵심은 하나다. 바로 **연준이 호황을 누리던 시장을 의도적으로 둔화시키기 위해 금리를 인상했다는 사실**이다. 이는 누구나 예견할 수 있었던 충격임에도 불구하고, 연준은 그것을 감행했다. 상식적으로 생각해보면, 이는 단순한 정책 조정이 아니라 **의도된 시장 충격**이었다. 호황의 정점에서 금리 인상을 단행했다는 사실 자체가, 그들이 경기의 흐름을 '조절'하고 있었음을 보여주는 명확한 단서다.

[그림 3-15] 1929년 '검은 화요일' 뉴욕 증권거래소 풍경

그 당시에도 '빚투'가 만연했는데 동일 기사는 이렇게 전한다.

"리처드슨(Richardson)은 미국인들이 1929년 주식시장 붕괴 훨씬 이전부터 특유의 경기 붐/버스트(boom/bust) 사이클을 만들어내는 나쁜 습성을 보여왔다고 말한다. 이는 뉴욕시와 시카고 같은 소수의 경제 중심지에 자금이 집중되는 상업은행 시스템에서 비롯되었다. 특정 시장(예: 철도 채권이나 주식)이 과열되면, 이들 은행은 브로커들에게 돈을 빌려주었고, 투자자들은 높은 마진으로 주식을 살 수 있었다. 투자자들은 주가의 10%만 내고 나머지는 빌려서, 주식이나 채권 자체를 담보로 삼았다."

이 내용을 종합해보면, 연준은 **투기 과열이나 은행 시스템의 취약성에 대한 근본적 조치를 하지 않은 채, 단지 경고만 반복하고 있었던 것**으로 해석된다. 다시 말해, **실질적인 통제는 없이 구두 경고로만 대응한 셈**이다. 이는 마치 **거리의 치안을 확보하지도 않은 채 "밤에 돌아다니면 위험합니다"라고 알리는 것과 같은 일**이다. 문제의 본질을 해결하지 않은 채 책임을 회피하는 태도, 그것이 당시 연준의 모습이었다.

같은 글에서 또 이렇게 적고 있다.

"마진 거래는 투자자들이 적은 돈으로 더 많은 주식을 살 수 있게 하지만, 본질적으로 매우 위험하다. 브로커가 언제든지 마진콜을 통해 대출 상환을 요구할 수 있기 때문이다. 주가가 하락하면 투자자는 원금은 물론 추가 손실까지 부담해야 한다. 의회가 1914년에 연방준비제도를 만든 이유 중 하나도 바로 이러한 **신용 기반 투기 시장을 억제하기 위해서였다.**"

그러나 바로 이 지점이 가장 큰 의문이다. 당시 일반 투자자들은 이미 열광적으로 마진 거래에 뛰어들고 있었는데, 연준은 실질적인 제재나 제도적 조치 없이 **"여러분, 마진 거래는 위험합니다"라는 캠페인 수준의 경고만 반복**하고 있었다. 본질적인 문제는 방치한 채, 그들의 이해관계와 방향성에 부합하는 행동만 취한 셈이다. 이런 모습의 연준은 정상적인 규제기관이라기보다 **'그들'을 위한 조정자**처럼 보인다.

이 상황은 미국의 총기 정책과도 닮아 있다. "총은 위험하다. 그러니까 총을 사서 대비하라"는 모순된 논리가 오히려 총기 확산을 부추겼듯, 연준의 '위험 경고' 또한 투기 열풍을 멈추게 하기보다 **대중을 더 깊은 위험 속으로 밀어 넣는 역할**을 하고 있었다.

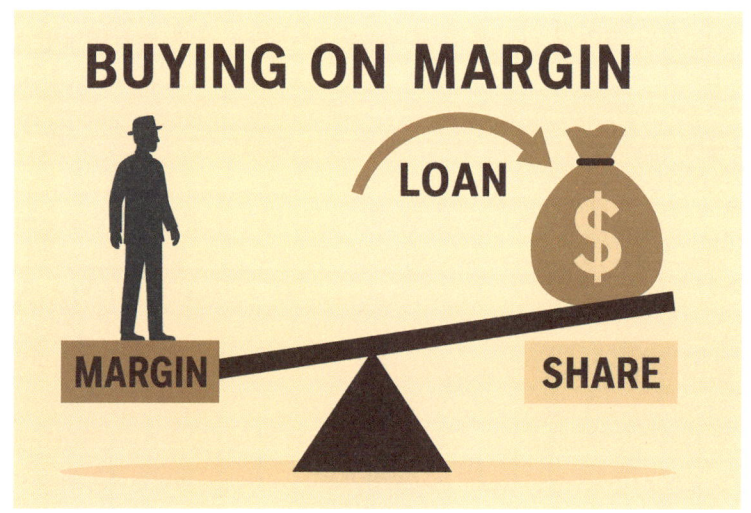

[그림 3-16] 마진 거래

리처드슨의 기록에 따르면, "1928년부터 연준은 폭주하는 주가를 억제하기 위해 투자자들에게 공급되던 쉬운 신용을 차단하는 매우 공개적인 캠페인을 시작했다. 처음에는 '도덕적 권유(moral suasion)'라는 방식을 사용했는데, 이는 훗날 앨런 그린스펀이 1996년에 '비이성적 과열(irrational exuberance)'이라는 표현으로 주가 급등을 경고했던 것과 유사하다. 당시 연준의 메시지는 명확했다. '투자자들에게 돈을 빌려주는 것을 중단하라. 그것이 문제를 만들고 있다.'"

이 내용을 보면, 연준은 실질적인 제도나 법적 조치를 마련하지 않은 채 **말뿐인 캠페인에 몰두하고 있었다**는 사실이 드러난다. 겉으로는 금융 안정화를 내세웠지만, 실상은 **개미 투자자들에게는 "투자하지 말라"**, 은행에게는 **"돈을 빌려주지 말라"**는 식의 형식적 경고에 그쳤다. 그러고는 "우리는 할 만큼 했다"는 자기 합리화 아래 **'그들'만의 최후 작전**을 비밀리에 준비했다. 공개 캠페인은 요란했지만, 결정적인 정책은 조용히, 은밀하게 추진된 것이다.

결국 연준은 1929년 8월, 주가 급등을 억제하기 위한 최후의 수단으로 **금리 인상을 단행**했다. 주목할 점은, 그들이 이 결정을 내리기 전까지는 언론을 통해 경고만 반복하다가, 실제 정책 결정은 **마치 초기 연방준비제도법이 탄생했던 제킬 섬 회의처럼 외부와 단절된 상태에서 비밀리에 진행되었다**는 점이다.

이는 단순한 통화정책 조정의 순간이 아니었다. 바로 **주식의 상단 슈퍼 체인지**, 즉 대부분의 주식이 일반 대중의 손으로 넘어가는 **'최종 전이(transfer)'의 시기**였다. 연준이 공식적으로 금리를 인상한 그 순간, 시장은 이미 설계된 종말의 길로 들어서고 있었던 것이다.

[그림 3-17]은 1929년 4월 20일 〈데일리 일리니(Daily Illini)〉에 실린 '비밀 회동'에 대한 기사[149]이다.

- 제목은 **"은행 위원회의 조치는 비밀"**
- "연방준비제도 기관과 자문위원회와 합동 회의"

---

[149] Daily Illini(1929.04.20), ACTION OF BANK BOARD IS SECRET. https://idnc.library.illinois.edu/?a=d&d=DIL19290420.2.51&e=-------en-20--1--txt-txIN----------

- 워싱턴, 4월 19일(UP) — 오늘 연방자문위원회와 연방준비제도 이사회가 비공개 합동 회의를 열어 어떠한 조치를 취했는지는 **회의가 끝난 뒤에도 비밀로 남았다.**
- 자문위원회가 이사회 회의장을 떠나면서, 위원들은 결의안(resolution)이 채택되었고 이를 공개할 예정이라고 말했으나, **실제로는 아무것도 발표되지 않았다.** 자문위원회 서기인 월터 리히텐슈타인(Walter Lichtenstein)은 자신은 그에 대해 아는 바가 없다고 말했다.
- 연방준비제도 이사회 측에서는, 자문위원회가 자체적으로 이번 회의를 소집했으며, 호텔에서 자체 회의를 한 후 이사회에 합동 회의를 요청했다고 전해졌다. 이 회의는 2시간 동안 이어졌다.
- 연방준비제도 이사회는 오후 늦게 한 시간 가량 별도의 회의를 했으나, **회의가 끝난 뒤에도 어떠한 공식 발표도 나오지 않았다.**

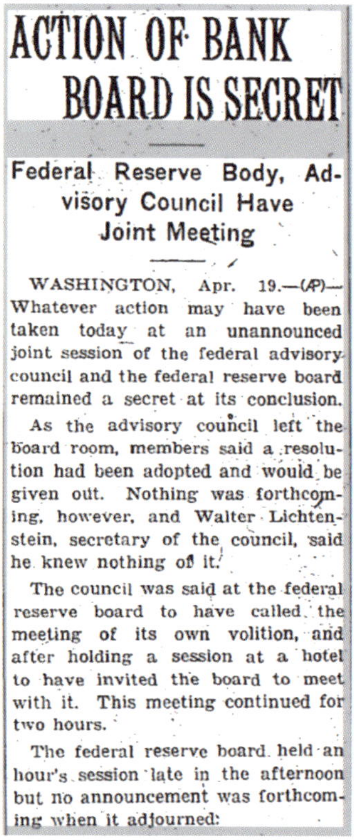

ACTION OF BANK BOARD IS SECRET

Federal Reserve Body, Advisory Council Have Joint Meeting

WASHINGTON, Apr. 19.—(AP)—Whatever action may have been taken today at an unannounced joint session of the federal advisory council and the federal reserve board remained a secret at its conclusion.

As the advisory council left the board room, members said a resolution had been adopted and would be given out. Nothing was forthcoming, however, and Walter Lichtenstein, secretary of the council, said he knew nothing of it.

The council was said at the federal reserve board to have called the meeting of its own volition, and after holding a session at a hotel to have invited the board to meet with it. This meeting continued for two hours.

The federal reserve board held an hour's session late in the afternoon but no announcement was forthcoming when it adjourned.

[그림 3-17] '은행 위원회의 조치는 비밀(ACTION OF BANK BOARD IS SECRET)'

1929년 대공황을 촉발시킨 '그들'은 모든 과정을 철저히 비밀에 부친 채 회의를 마치고 조용히 자리를 떠났다. 그들의 계획이 외부로 새어나가기라도 하면, 오랫동안 준비해온 작전이 물거품이 될 것이 분명했기 때문이다. 직전까지만 해도 대중을 싸구려 이자와 신용의 도박장으로 유인하던 이들이 갑자기 태도가 돌변해 금리 인상을 단행하기로 한 결정은 단 몇 사람만 참여한 비밀 회의에서 조용히 마무리되었다. 그 자리에 있었던 이들은 금리 인상이 어떤 폭풍을 불러올지, 시장이 어떻게 붕괴될지를 이미 정확히 알고 있었을 것이다. 이것은 단순한 정책 결정이 아니라, **명백한 은폐이자 계획된 전환의 순간이었다.**

"그들이 해온 금융 마피아식 수법은 언제나 같다. 먼저 돈을 싸게 빌려주어 누구나 손쉽게 도박판에 뛰어들게 만든다. 그리고 충분히 열기가 달아오를 즈음, 갑자기 금리를 높여 이자를 폭등시키고, 결국 감당하지 못한 사람들을 파산으로 몰아넣는다. 그렇게 한순간에 모든 자산이 그들의 손으로 넘어간다. 이것이 바로 지금까지 이어져온 **그들의 전형적인 금융 지배 방식**이다."

아마도 그들은 이것을 확장시켜 글로벌 금융 마피아로 거듭나지 않았나 생각된다. 그러면 이것을 글로벌로 확장시키기 위한 좋은 도구가 필요한데 이것이 바로 **달러**다! 국제적으로 저금리에 도박을 시키고 고금리에 빼앗고, 매우 환상적인 **도박칩**이다.

이것이 바로 금본위제를 버리고 무한 발행할 수 있는 그들의 특권이다. 기축통화라는 권력의 금융에 우리는 갇혀 있다.

[그림 3-18] 글로벌 도박칩

잘 생각해보자. **코인이라는 것을 사용하고 있는 곳은 도박장이다. 이것이 '코인'이라는 돈의 의미이고 제작 배경이다.**

4. 미국 시대의 마감과 달러 가치 이전의 포석

1) 모든 자산을 최대한 부풀려서 넘겨라: 프리미엄 목장 매도(가격 조작)

대환화폐란 앞서 여러 차례 언급했듯, 거대한 자산 덩어리를 하나의 주머니에서 다른 주머니로 옮기는 '인공적인 가치 이전'의 행위다. 여기서 '인공적'이라는 표현은 단순한 시장 현상이 아니라, **의도적이고 계획적인 공공범죄의 성격**을 가진다는 의미다.

이제 금융의 중심축은 영국 시대를 지나 미국 시대로 넘어왔고, 다시 또 한 번의 이동을 앞두고 있는 듯하다. 그 다음 무대가 어디일지는 단정할 수 없지만, 많은 징후는 **아시아로의 이전 가능성**을 시사한다. 분명한 것은, **미국 시대가 서서히 막을 내리고 있다는 사실**이다.

그 이유는 명확하다. 미국 내의 거의 모든 자산이 이미 **대환을 완료하고 산꼭대기에 올라와 있기 때문**이다. 달러, 주식, 금, 채권, 부동산 등 모든 자산이 동시에 정점을 향해 몰려 있는 지금의 상황은 **미국 자산의 마지막 '고지전(高地戰)'**, 즉 **최종 대환의 절정기**를 보여주는 장면이라 할 수 있다.

[그림 3-19] 미국 자산의 프리미엄 확장 구간

    앞 CH.2의 [그림 2-2] '**주식과 환율의 반비례**'에서 더 심화로 들어가면 달러와 주식 모두 서로 대환을 하다가 '**프리엄 확장 구간**'[150]으로 올라가고 있다.

    달러가 단기 조정 국면에 들어갈 가능성은 이전부터 여러 차례 언급해왔다. 그 이유는 단순히 환율 변동의 문제가 아니라, **대환화폐의 순환 메커니즘**과 직결되어 있기 때문이다. 아직 주식과 암호화폐, 특히 알트코인[151]들이 완전한 상단 구간에 도달해 '슈퍼 체인지(자산 교체의 정점)'를 이루지 않았기 때문에, 달러는 당분간 일시적인 하락 또는 정체기를 허용해야 한다. 그래야 비싸진 주식과 암호화폐에서 흘러나오는 자금이 달러로 자연스럽게 이동할 수 있기 때문이다.

---

150   프리미엄 확장 구간: 비싼 값에 팔아먹기 위해 가격을 무한대로 올리는 구간.
151   알트코인(Altcoin)이란 비트코인을 제외한 모든 암호화폐를 지칭하는 용어로, '대안(alternative) 코인'이라는 뜻이다.

즉 '가치 이동(value migration)'을 원활히 이루기 위해서는 달러가 너무 비싸서는 안 된다. 달러가 고평가된 상태라면 자산 전환이 이루어지기 어렵기 때문이다. 따라서 이 시기의 달러 조정은 단순한 약세 국면이 아니라, **다음 대환의 발판을 위한 전략적 저점 조성 과정**으로 보아야 한다.

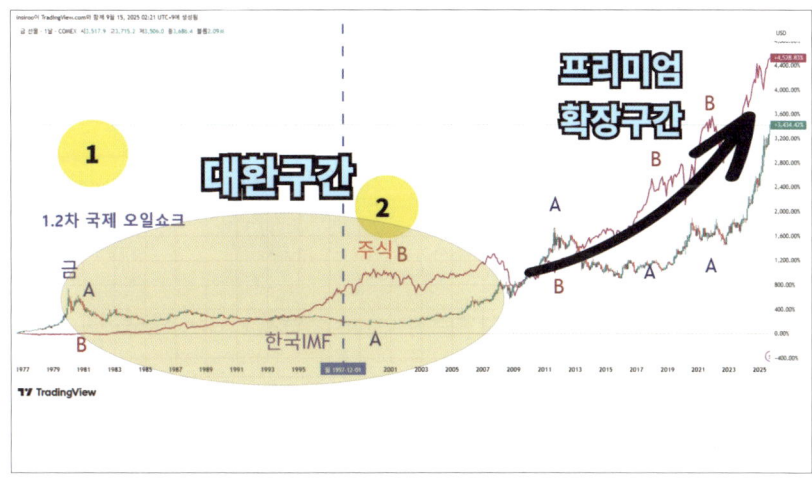

[그림 3-20] 금과 주식의 프리미엄 확장 기간

현재 시장의 흐름을 보면, **바닥 슈퍼 체인지에서 상단 슈퍼 체인지로 이동하는 다음 주자**는 알트코인으로 보인다. 비트코인은 이미 바닥 구간에서의 슈퍼 체인지를 마치고 상단 꼭대기로 진입했으며, 이제는 **알트코인의 가격을 끌어올리는 견인차 역할**을 하고 있다. 실제로 최근 시장에서는 비트코인과 대부분의 알트코인 간의 가격 격차가 과거 어느 때보다 극심하게 벌어져 있다.

이런 구조적 가격 격차는 우연이 아니다. **가격 차이를 극대화하여 수익을 최대한 끌어내는 방식, 즉 극단적 가격 스프레드를 이용한 대환 메**

커니즘은 이미 오래전부터 '그들'이 즐겨 사용해온 고전적 수법이다. 이 과정에서 알트코인은 '지연된 반응 자산'으로 남아 있다가, 일정 시점 이후 급등 국면으로 진입하며 시장의 마지막 불꽃을 태우게 된다.

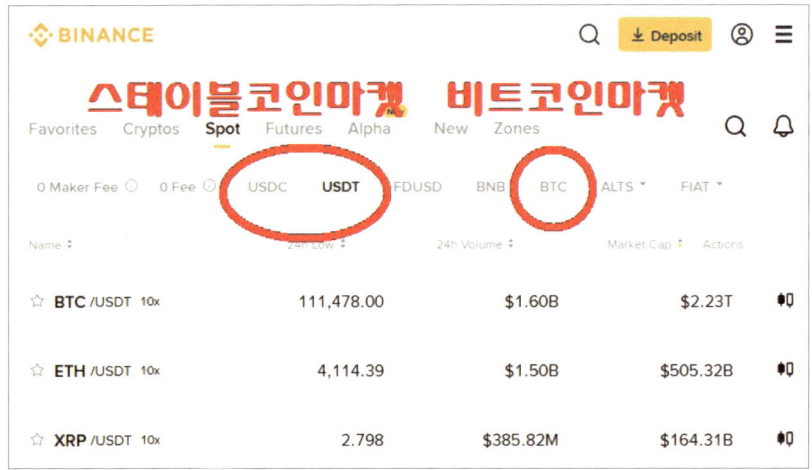

[그림 3-21] 바이낸스 거래소의 마켓

이 그림에는 알트코인의 가격을 끌어올려 대중에게 매도 후 가격이 낮아진 달러로 대환하는 시스템이 그대로 들어 있다. 그 중간에 스테이블 코인 **'테더'**[152]와 **'USDC'**[153]가 보인다. 비트코인 마켓과 스테이블 코인 마켓이 이 암호화폐 세계에 존재하는 이유는 대환 과정에서 두 번의 중간 수익을 극대화할 수 있기 때문이다.

---

152 테더사가 달러의 1:1 보증으로 발행하는 달러 연동 암호화폐.
153 Circle Internet Financial, LLC가 주도하여 2018년 9월에 출시.

가장 간단한 예시는, 한국 거래소 기준으로 다음과 같다.

① 알트코인의 상승기에는 비싸진 비트코인으로 알트코인을 매수하면서 가격 상승을 유도하고(물론 이시기는 테더의 알트코인 매수 과정도 필요하다.)
② 버블을 일으켜 알트코인의 고점이 되면 한화(한국 화폐, 원화)로 환전할 필요 없이 바로 스테이블 코인(대체 달러)으로 교체하여 사이클을 끝낸다.
③ 비트코인의 대환이 다 끝나면 비트코인도 프리미엄을 덧붙여 매도한다.

이러한 현상의 예시로는 2017년 12월 말~2018년 초에 있었던 '김치 프리미엄' 사건을 들 수 있다. 미리 거래가 많았던 중국의 암호화폐 거래소를 모두 법적으로 막은 뒤 한국으로 몰아서 한국만 60% 높은 비상식적인 가격으로 비트코인이 고점 거래되고 있었다.[154] 이 거래가 끝나고 모든 암호화폐가 일제히 폭락을 시작했다. 물론 그 당시 암호화폐 폭락의 원인은 따로 있긴 했지만 '그들'이 움직이는 모든 자산의 거래 방식은 '고 프리미엄' 거래였다.

---

[154] '위키원' 사이트의 김치 프리미엄 참조: https://wiki1.kr/index.php?title=%EA%B9%80%EC%B9%98_%ED%94%84%EB%A6%AC%EB%AF%B8%EC%97%84&utm_source=chatgpt.com

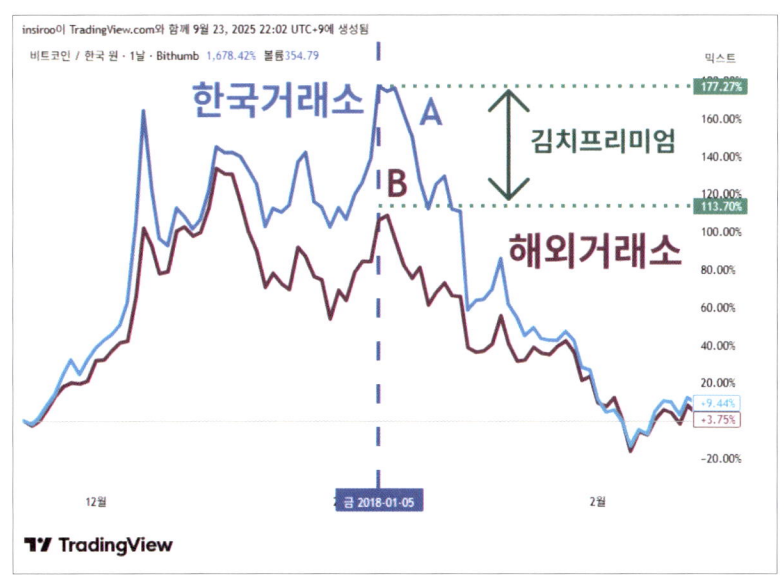

[그림 3-22] 2018년 1월 5일 비트코인 김치 프리미엄

    양철원의 논문 『비트코인의 국내 외 가격 차이를 이용한 차익 거래에 관한 연구』[155]에 '김치 프리미엄'의 존재 여부와 크기에 대한 내용이 있다.

    해당 구절에서 보듯 '김치 프리미엄' 현상은 단순한 가격 차이를 넘어, **프리미엄 극대화 매도 전략**의 전형적인 사례로 볼 수 있다. 실제로 2017~2018년 당시 비트코인의 국내외 가격 차이는 55%를 넘어서며, 시장이 얼마나 비정상적으로 과열되어 있었는지를 잘 보여준다.

    이와 같은 현상은 겉으로는 시장 수급의 불균형이나 환율, 혹은 국내 투자 열기 등 복합적 요인으로 설명되지만, 본질적으로는 **가격 격차를 이용해 수익을 극대화하려는 구조적 작동 원리**가 숨어 있다. 다시 말해, 자산

---

155 양철원(2019.09.23), "'김치 프리미엄'의 존재 여부와 크기에 대해", 한국파생상품학회, 4, 6, 7쪽.

이 급등하는 구간에서 형성되는 프리미엄은 '그들'이 만들어내는 **극대화된 매도 구간의 신호**이며, 이러한 패턴은 주식, 금, 부동산, 암호화폐 등 **모든 금융 자산에서 반복되는 공통된 현상**임을 기억해야 한다.

2) 본격적인 조작. 그들은 암호화폐 분야로 넘어와서 더욱 대담해졌다.

그리핀과 샴스(Griffin & Shams)의 논문[156]에서는 USDT(Tether)의 대량 발행이 비트코인 가격 상승과 상관성이 있다고 주장하는데, 스테이블 코인인 테더도 유동성 증가에 영향을 미친다. 이 논문에서는 불합리한 암호화폐 시장의 문제점을 많이 비판하고 있다. 이 내용의 서론에 따르면, "암호화폐 고래들이 이 변동성에서 소규모 투자자들보다 불균형적으로 이익을 얻을 가능성이 크다고 의심한다. … 새롭게 급성장한 암호화폐 시장에는 규제 감독이 부족하기 때문에, **가격을 왜곡하고 투자자의 신뢰를 훼손할 수 있는 '조작적 행위(manipulative practices)'**[157]**가 이루어지기 쉬운 환경을 제공한다는 점**도 지적된다. 심지어 명백한 조작이 없더라도, 우리는 대형 기관 투자자들이 소규모 개인 투자자들보다 유리한 위치에 있을 수 있다고 본다."

논문은 이어서 "암호화폐 트레이더들은 **군집 행동(herding)**과 같은 더 뚜렷한 **행동 편향**을 보일 수 있다. 그 외에도 이 시장은 투자 심리 변화로 인해 **거품(bubble)에 취약할 수 있다**"라고 말한다.

---

[156] John M. Griffin & Amin Shams(2020.07), Is Bitcoin Really Un-Tethered? The Journal of Finance, 75(4), 1913-1964. https://doi.org/10.1111/jofi.12903

[157] 재인용: Griffin and Shams(2020); Cong, Li, Tang, and Yang(2023); Amiram, Lyandres, and Rabetti(2024).

"암호화폐 고래들은 암호화폐 **공급량 변화를 통해 시장 유동성(liquidity)에 영향을 미치고 가격 변동성을 확대할 수 있다.** 예를 들어, 고래들이 오랜 기간 동안 암호화폐를 거래 없이 보유할 경우, 유통되는 암호화폐 공급이 부족해진다. 반대로, 그들이 갑자기 활동을 재개해 대량의 암호화폐를 시장에 풀어놓으면 큰 가격 변동이 발생할 수 있다. 더 중요한 점은, 암호화폐 시장의 상당 부분을 보유한 고래들은 시장 변동성(volatility)에 실질적인 영향력을 행사할 수 있는 힘을 갖게 된다는 것이다."

이 논문의 서문에서 간략하게 암호화폐계의 거래 조작과 더불어 거품에 대한 문제점을 언급했다. 이 논문의 본문에서는 다른 연구 논문들을 인용하여 사실적인 접근을 더했다.

"암호화폐 수익률에 영향을 미치는 여러 요인 중에서도, **시장 조작(market manipulation)**은 보유자들에게 가장 큰 우려 대상이다. 그리핀과 샴스(Griffin & Shams, 2020)는 테더(USDT)를 통한 비트코인 매입이 가격에 미친 영향을 집중적으로 분석하면서, 2017년 암호화폐 붐 당시 **USDT 활동 상당수가 비트코인 가격 조작에 사용되었음을 지적했다.**"

"연구 결과, 당시 USDT 성장은 투자자 수요 때문이 아니라 **시장 조작자가 비트코인 가격을 끌어올리기 위해 USDT를 사용한 것으로 보인다. 이는 비트코인 가격을 2017년 12월 약 2만 달러까지 끌어올리는 데 기여했다.**"

"추가 조작의 단서는 린 윌리엄 콩(Lin William Cong) 외(2023)의 연구에서 더욱 명확히 드러난다. 저자들은 규제된 거래소와 비규제 거래소의 데이터를 다중 검증 방식으로 비교 분석했는데, 그 결과 절반이 넘는 비규제 거래소가 벤포드 법칙, 거래 규모 군집, 멱법칙 분포 적합성 등 핵심 검증 항목의 절반 이상을 통과하지 못한 것으로 나타났다. 이는 비규제 거래소 전반에서 **조작이 구조적으로 광범위하게 이루어지고 있음을 시사하는 강력한 증거**다. 반면, 규제를 받는 거래소들은 모든 검증 항목을 통과했다는 점에서 대조적이다."[158]

[그림 3-23] 테더

---

[158] Lin William Cong, Xi Li, Ke Tang, Yang Yang(2023.06.19), Crypto wash trading. The Review of Financial Studies, 36(6), 2545-2595. https://doi.org/10.1093/rfs/hhad038

이어 그리핀과 샴스의 연구에서는 이러한 조작의 실체를 한층 더 깊게 파헤친다. "댄 아미람, 예브게니 리안드레스, 앤드루 라베티(Dan Amiram, Evgeny Lyandres, Andrew Rabetti)(2024)"의 연구에 따르면, 일부 암호화폐 거래소들은 허위 거래(fake trades)를 만들어 거래량을 인위적으로 부풀림으로써 단기적으로 트레이더를 유인하지만, 장기적으로는 평판의 붕괴라는 대가를 치르게 된다. 특히 가장 흔하고도 위험한 조작 방식은 바로 **펌프 앤 덤프 (pump-and-dump)**[159] 전략이다. 대형 세력들이 가격을 인위적으로 끌어올려 대중의 관심과 유입을 유도한 뒤, 정점에서 대규모 매도를 통해 막대한 이익을 챙기고, 가격을 폭락시킨 후 자취를 감춘다.

결국 **조작하고, 부풀리고, 유인하고, 떠넘기고, 사라지는 것**, 이 일련의 과정이 오늘날 암호화폐 시장을 포함한 거의 모든 금융 자산 시장에서 반복되는 **'그들'의 행동 공식**이다.

다음은 동일 연구 축의 다른 실증 사례들이다.

- 자화 쉬, 베냐민 립시츠(Jiahua Xu, Benjamin Livshits)(2022): 2018~2019년 텔레그램 기반 400건 이상의 펌프&덤프(가격을 부풀려서 비싸게 팔아 넘기기) 조사 → 월 평균 약 600만 달러 규모의 인위적 거래량 확인.
- 타오 리, 동 신, 바오롄 왕(Tao Li, Dong Shin, Baolian Wang)(2022): 펌프&덤프는 대개 수 분간 지속되며, 주식시장과 달리 허위 정보 공시

---

[159] 가격을 올리고 개미들에게 매도하는 형태이다. 내 표현으로는 '슈퍼 체인지'이다.

없이 진행됨.

- 미켈레 라 모르자(Michele La Morgia) 외(2023): 온라인 커뮤니티를 통해 조직된 1,000건 이상의 사례 조사. 소형 코인(코인당 가치 1달러 미만)을 집중 타깃으로 삼음.
- 제이 티 해므릭(J. T. Hamrick) 외(2021): 수천 건의 펌프 사례를 확인. 효과는 단기적이고 점차 약화됨.
- 조슈아 캠프스, 미하엘 클라인베르크(Joshua Kamps, Michael Kleinberg)(2018): 펌프&덤프 전략이 수백 년 전부터 존재했음을 지적하며, 최근 데이터 분석 기술이 그 범위를 더 정확히 규명했다고 설명함.
- 푸 응히엠(Phu Nghiem) 외(2021): 시장 데이터·소셜 미디어 시그널 기반으로, 특정 코인이 펌프 대상이 될 가능성을 예측하는 신경망 모델을 제시함.
- 로렌초 니졸리(Lorenzo Nizzoli) 외(2020): 트위터, 텔레그램, 디스코드 등에서 5천만 건 이상의 메시지를 수집해, 봇(프로그램)이 펌프&덤프를 확산하는 데 사용됨을 규명함.
- 애니루드 다완, 탈리스 푸트닌스(Anirudh Dhawan, Talis J. Putnins)(2023): 펌프&덤프에 참여하는 소규모 투자자의 기대 수익률은 음수(negative expected returns)임에도 불구하고, 과신(overconfidence)과 도박 성향 때문에 여전히 참여함을 실증함. 평균적으로 65%의 가격 왜곡, 수백만 달러 규모의 비정상 거래량, '소매 투자자'에서 '고래'로 부의 이전이 발생함.

그들은 이 논문에서 보는 바와 같이 매우 대담하게 암호화폐 시장을 키우고 있다. 기존 금융은 달러를 중심으로 움직였는데 이제는 달러-스테이블코인-암호화폐가 크게 연동하여 움직이고 있다. 이것은 또 다른 유동성의 확장이자 달러의 슈퍼 체인지(펌프 & 덤프)가 다가오고 있음을 암시한다.

5. '디지털 연방준비제도'의 탄생

아래 이미지는 과거 2020년 나의 유튜브 채널 '화이트독'의 〈리플과 화폐개혁 5부작〉 중 5부(상)에 실려 있는 이미지로 BIS, CBDC와 스테이블 코인, 달러, 암호화폐 등의 관계도를 설명한 것이다.[160]

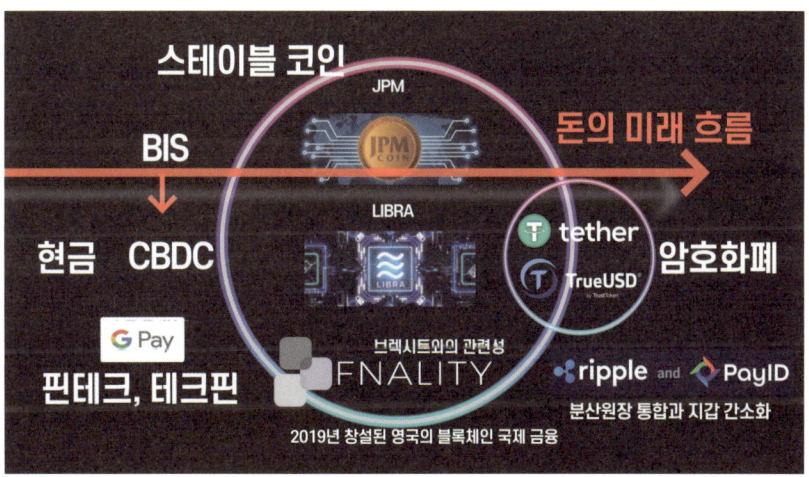

[그림 3-24] 돈의 미래 흐름

---

160   유튜브 채널 '화이트독', 〈리플과 화폐개혁〉 5부 최종회(상편). https://youtu.be/LMlO2uQoSgs?si=GfnijoW-jEOkjmsoq

[그림 3-24] '돈의 미래 흐름'을 보면 크게 좌에서 우로, 현금에서 암호화폐로 가는 것을 볼 수가 있다. 현금 다음에 크게는 CBDC가 붙고 스테이블 코인과 암호화폐로 이어진다. 현금에서 암호화폐로 이전하는 모습은 자명한 사실이다. 이것은 달러칩으로 굴리던 세상에서 더욱 판을 키우는 의미가 있다. 이것은 **미국 시대의 달러 → 글로벌 시대 암호화폐 칩 확장판이다(칩의 확장).**

1) 블록체인과 암호화폐의 진짜 얼굴

[그림 3-25] 블록체인은 '선진 기술'이 아닌 '후진 기술'

그러면 이쯤에서 블록체인과 은행의 디지털 시스템을 돌아볼 필요가 있다. 과연 현대 문명이 국제 전송 하나 해결하지 못해서 블록체인 현금을 개발한 걸까? 눈치 빠른 독자라면 이미 이 책 앞부분만 읽어봐도 그것이 아니라는 것을 알 수 있지만 문제를 좀 더 들춰보자.

나는 유튜브 채널 영상 〈리플과 화폐개혁〉 5부 최종회 하편'에서 블록체인의 쓸데없는 거품 기술을 신랄하게 비판한 적이 있다. [그림 3-25]에서 현직에 있다는 구독자의 답변을 볼 수 있다. 결론은 "블록체인은 굳이 필요 없다"는 것이다.

아래는 블록체인과 결제에 관한 불필요성과 비효율적인 측면을 다룬 연구를 나열했다.

① 『블록체인이 필요한 것은 누구인가? 새로운 연구에 따르면, 많은 블록체인 도입 결정은 불필요하다(Who needs blockchain? New research says many decisions to use blockchain are unnecessary)』[161]
: 버밍엄 대학의 연구에서 많은 경우 **블록체인 도입에 실질적 이점이 없다**는 결론을 제시함.

② 『블록체인 기술을 신뢰할 합리적 이유가 없다(There's No Good

---

[161] Dr Joseph Preece(2024.01.24), Who needs blockchain? New research says many decisions to use blockchain are unnecessary. University of Birmingham. https://www.birmingham.ac.uk/news/2024/who-needs-blockchain-new-research-says-many-decisions-to-use-blockchain-are-unnecessary?utm_source=chatgpt.com

Reason to Trust Blockchain Technology』[162]

: 블록체인 솔루션은 종종 그것이 대체하려는 **전통 시스템보다 비효율적이고 복잡하며, 비용이 낭비된다고** 비판받음.

③ 『암호화폐의 종말(The Death of Cryptocurrency)』[163]

: 이 논문은 암호화폐 및 블록체인 기술이 **혁신적이지 못하며, 전통 금융 시스템 대비 실질적 이점이 거의 없고 여러 취약점을 갖고 있다고** 강하게 비판함.

④ 『2025년의 암호화폐 반대 논거(The Case Against Crypto in 2025)』[164]

: 암호화폐가 본질적으로 **투기적이며, 제도적·기술적 위험이 크다**는 비판적 시각을 제시함.

⑤ 『암호화폐에 대한 완벽한 반론(The Complete Argument Against Crypto)』[165]

: 블록체인의 **거버넌스 문제, 확장성 한계, 개인정보 보호와 중앙집중화 문제** 등을 이유로 **실질적으로 유용하지 않다**고 주장함.

---

[162] Bruce Schneier(2019.02.19), There's No Good Reason to Trust Blockchain Technology. Wired. https://www.wired.com/story/theres-no-good-reason-to-trust-blockchain-technology/?utm_source=chatgpt.com
[163] Nicholas Weaver(2022.12), The Death of Cryptocurrency. Yale Law School.
[164] Stephen Diehl(2025.01.25), The Case Against Crypto in 2025.
[165] denken.io Team, The Complete Argument Against Crypto. denken.io

⑥ 『블록체인 기술을 신뢰할 이유는 없다(There's No Good Reason to Trust Blockchain Technology)』[166]

: "암호화폐와 블록체인 솔루션들은 **기존 시스템보다 더 나쁘거나 불필요하다**."

: "블록체인 솔루션은 자주 그것이 대체하려는 시스템보다 **훨씬 못하다**"라는 비판을 제시함.

⑦ 『비트코인과 다른 암호화폐는 쓸모없다(Bitcoin and other cryptocurrencies are useless)』[167]

: 암호화폐는 실제 **지불 수단으로 기능하기 어렵고, 투기적 자산으로 전락했다**는 주장을 제시함.

⑧ 『블록체인 기술이 송금 비용을 줄일 수 있을까?(Can blockchain technology reduce the cost of remittances?)』[168]

: "송금/지불 매체로서 실패" — 블록체인 기술은 **가격 변동성, 확장성 한계, 거버넌스와 규제 문제**로 인해 **신뢰할 만한 결제 수단이 되지 못했다**는 분석을 제시함.

---

[166] Bruce Schneier(2019.02.06), There's No Good Reason to Trust Blockchain Technology. WIRED. https://www.wired.com/story/theres-no-good-reason-to-trust-blockchain-technology/?utm_source=chatgpt.com
[167] (2018.08.30), Bitcoin and other cryptocurrencies are useless. The Economist. https://www.economist.com/leaders/2018/08/30/bitcoin-and-other-cryptocurrencies-are-useless?utm_source=chatgpt.com
[168] Rühmann, Friedrike(2020), Can blockchain technology reduce the cost of remittances? OECD Development Co-operation Working Papers No. 73

⑨ 『암호화폐의 종말(The Death of Cryptocurrency)』[169]

: "라이트닝 네트워크도 완전한 해결책이 아니다" — 오프체인 채널(Lightning 등)은 온체인 병목을 회피하지만, 채널 개설·종료 비용, **채널 수 제한, 복잡성 등 근본적 한계가 있다고 비판함.**

⑩ 『일부 기관(SWIFT, Stripe 등)이 블록체인 프로젝트를 포기했다(Some organisations(e.g. SWIFT, Stripe) have abandoned blockchain projects)』[170]

: 금융기관이나 결제망들이 블록체인을 활용한 프로젝트를 **중단하거나 포기한 사례**들이 존재함.

⑪ 『블록체인은 형편없는 기술일 뿐 아니라 잘못된 비전이다(Blockchain is not only crappy technology but a bad vision)』[171]

: "기술적 환상과 과잉의 허상" — 블록체인은 본질적으로 **복잡하고 비용이 많이 들며, 실제 문제 해결보다는 과장된 기대 중심**으로 추진된 기술이라고 비판받음

위 자료들의 내용을 요약하면 다음과 같다.

---

[169] Nicholas Weaver(2022.12), The Death of Cryptocurrency. Information Society Project at Yale Law School.
[170] The Economist(2018.08.30), Bitcoin and other cryptocurrencies are useless.
[171] Kai Stinchcombe(2018.04.05), Blockchain is not only crappy technology but a bad vision for the future. Medium. https://medium.com/%40kaistinchcombe/decentralized-and-trustless-crypto-paradise-is-actually-a-medieval-hellhole-c1ca122efdec

> **블록체인과 암호화폐의 불필요성 요약**
>
> - 투기적이며, 제도·기술적 위험이 크다
> - 복잡하고 비용이 낭비된다
> - 실제로 유용하지 않다
> - 기존 시스템보다 더 나쁘거나 불필요하다
> - 확장성에 한계가 있다.
> - 채널 수 제한, 복잡성 등 근본적 한계를 지닌다.
> - 결제망들이 블록체인을 활용한 프로젝트를 중단하거나 포기한 사례들이 존재한다.

그렇다. 마치 신세계에 있는 상당히 앞서 있는 고급 문명인 것 같지만 실상 그렇지 않다. 우리가 현재 쓰고 있는 디지털 기술보다 더 낙후된 기술이다.

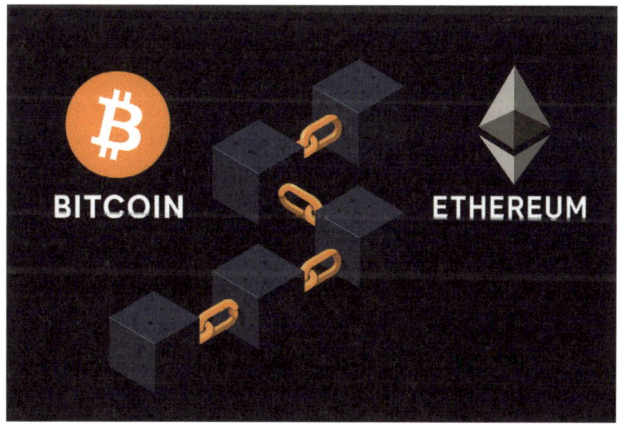

[그림 3-26] 블록체인

대표적인 예로 비트코인 프로토콜은 평균적으로 약 10분마다 하나의 블록(block)[172]이 생성되도록 설계되어 있다. 이 블록 하나에 담기는 분량은 약 1MB, 'SegWit'[173] 이후 블록 무게 4MB 한도로 늘어났다. '이더리움'의 경우 한 블록당 생성 시간이 2025년 현재 약 12초 정도 걸린다. 그리고 데이터 저장 용량은 대략 0.1~2MB 수준인데 이렇게 한 블록당(한번 저장하는 타이밍) 시간이 이렇게 오래 걸리고 그 저장 사이즈도 상상을 초월할 정도로 작다. 여기서부터 모든 문제가 걸리기 시작한다. NFT[174]를 예를 들자면 **"대체 불가능 토큰(Non-Fungible Token)"**이라고 '구라'를 치고 대중에게 미술품 및 기념품 등을 판매하는데 이것은 명백한 사기행각에 가깝다. '대체 불가능'이란 말을 들으면 마치 유일하고 영원할 것 같은 상상이 든다. 하지만 NFT 사이트에서 구매한 미술품들에는 심각한 속임수가 존재한다.

[그림 3-27] NFT 구매

---

172 가상의 데이터 저장 공간이 10분마다 생기는데 그곳에 계약 데이터를 저장한다.
173 'SegWit'은 비트코인의 확장성 문제를 완화하고, '라이트닝 네트워크' 같은 2층 솔루션을 가능하게 한 핵심 업그레이드이다.
174 블록체인 미술 상품 거래.

사람들은 NFT 사이트에서 구매한 것을 영원불멸하고 대체 불가능한 유일무이한 상품으로 생각하지만 그것은 구매 영수증만 구입하는 것이다. 거래 소스 코드를 가지고 있는 것이다. 여기에는 어떤 법적 보장도 없고 그 사이트가 발행한 거래 영수증만 들고 있다고 생각하는 것이 좋겠다. 구매자들은 마치 이미지나 영상을 직접적으로 구매한다고 상상을 많이 한다.

하지만 절대 그럴 수 없다. 위에서 언급한 대로 암호화폐의 블록은 이미지나 영상을 직접 담아둘 만큼 크지 않고 겨우 문자 몇 줄 적는 거래 명세서를 블록에 넣어두는 것과 같다. 더군다나 그 작품의 저작권도 갖지 못한다. 그래서 그 판매 사이트가 해킹이나 서버 문제 또는 폐업하는 순간 그 사이트에 있던 작품은 사라진다. 물론 블록 속에 그 인증서는 남아 있다.

> **"NFT의 심각한 문제는 영상이나 사진을
> 직접 구매하는 것이 아니라는 점이다."**

구매 영수증을 사는 것이다. 그것이라도 위안이 된다면 구매해도 좋겠다. 그러니 블록체인 불필요성의 글이 쏟아지는 것이다. 그나마 이것을 꼼수 부려 나타난 것이 '리플'이다.

"'우리는 겁나게 빠릅니다'라는 슬로건을 내세운 리플의 전송 시스템은, 실상 알고 보면 그들의 영리한 **우회전술**에 불과하다. '탈중앙화'를 내세운 비트코인이 너무 느리다는 이유로, 리플은 '속도 향상'을 명분 삼아 검증자 수를 제한했고 그 결과는 완전한 **중앙화 구조**였다. 즉 처음에는 탈중앙화를 빙자했지만, 효율성과 속도를 명목으로 다시 중앙의 통제 시스템을 만들어낸 것이다. 아이러니하게도 리플이 비판하던 기존 금융 시스템의 본질과 다르지 않다."

"이것이 바로 우회전술로 만든 21세기 블록체인
'연방준비제도'이다."

실제로 이런 문제를 제기한 연구 논문이 있다. 지웨이 왕(Ziwei Wang) 외의 NFT 연구논문[175]은 "12,353개 이더리움 NFT 계약을 조사한 결과, 약 25.24%의 NFT 계약은 참조 자산(asset)이 접근 불가능한 상태임이 발견되었고, 대부분의 NFT는 이미지·영상 파일을 블록체인에 직접 저장하지 않고, URL이나 메타데이터 링크로 참조한다. 이 참조 대상이 사라지거나 손상되면 NFT의 가치가 무너질 수 있다"는 결과를 발표했다. 참으로 끔찍하고 무지한 결과이다.

그리고 다른 사례로 함자 살렘과 마누엘 마자라(Hamza Salem, Manuel Mazzara)의 논문에서는 "상위 NFT의 상당 부분 메타데이터가 중앙화된 서버에 호스팅 됨을 지적했고, NFT 메타데이터를 중앙화된 서버에 호스팅하는 경우, 서버 운영 중단이나 조작 가능성, 검열 위험 등에 노출될 수 있다"

---

[175] Ziwei Wang, Jiashi Gao, Xuetao Wei(2022.12.21), Do NFTs' Owners Really Possess their Assets? A First Look at the NFT-to-Asset Connection Fragility. arXiv. https://arxiv.org/abs/2212.11181

고 밝혔다. 본사가 저장하는 서버에 문제가 생기면 모든 것이 날아간다.[176]

또한 에밀리 베자디(Emily Behzadi)의 논문[177]은 "NFT를 사더라도 자동으로 저작권이 양도되는 것은 아니다. 구매자는 단지 '토큰'과 그 토큰이 참조하는 자산에 대한 링크/참조권만 소유할 뿐, 사용 권리나 복제 권리 등이 보장되지 않을 수 있다"는 심각한 문제를 전달했다.

계속 하는 얘기지만, 이것은 **뒤처지고 낙후된 기술을 첨단으로 속여서 대중에게 '펌프&덤프'하는 것일 뿐 작품도 저작권도 소유도 아무것도 아닌 사기 전술이다.**

2) 끝까지 정부에게 돌려주지 않은 미국의 중앙은행

그들은 20세기 초, 은밀한 합의와 결탁 속에서 빠른 속도로 사설 중앙은행을 만들어냈다. 그리고 오늘날 그 연장선상에 놓인 것이 바로 블록체인 시스템이다. 당시에도 그들은 '탈중앙화'라는 미명 아래 움직였다. 그러나 그들의 관점에서 탈중앙화란 결코 자유나 분산의 의미가 아니었다. 오히려 중앙 정부의 권한을 해체하고, 중앙은행을 국가로부터 분리해 자신들의 이해관계에 맞게 조종하기 위한 구조적 장치였다.

즉 '탈중앙화'는 그들에게 **권력 분산이 아니라 통제의 효율화 수단**이었다. 그렇게 그들은 미국을 손아귀에 넣고 '미국 목장'을 운영하듯 통화와

---

176   Hamza Salem, Manuel Mazzara(2024.08.22), Hidden Risks: The Centralization of NFT Metadata and What It Means for the Market. arXiv. https://arxiv.org/abs/2408.13281
177   Emily Behzadi(2022.04.12), The fiction of NFTs and copyright infringement. Penn Law Review. https://pennlawreview.com/2022/04/12/the-fiction-of-nfts-and-copyright-infringement

금융을 지배해왔다. 그리고 이제 그 무대는 미국을 넘어, 전 세계를 향한 **글로벌 탈중앙화 프로젝트**로 확장되고 있다. 이름만 다를 뿐 시스템은 동일하다. 통제권은 분산되지 않고, 오히려 더 정교하게 집중되어 간다.

중앙은행의 권한을 견제하거나 되찾으려 시도한 역대 미국 대통령은 여럿 있었다. 먼저, 토머스 제퍼슨(Thomas Jefferson, 미국 제3대 대통령)은 중앙은행이 "연방정부의 권한을 넘어 금권 엘리트의 도구가 될 위험이 있다"고 강하게 경고했다. 그는 초대 재무장관 알렉산더 해밀턴(Alexander Hamilton)이 주도한 미합중국 제1은행(First Bank of the United States, 1791년 설립)의 창설에 반대했다. 그 은행의 20년 임기가 만료되자 **1811년 의회가 재인가를 거부하면서 제1은행은 폐지**되었다.[178]

이후 다시 1816년에 **미합중국 제2은행(Second Bank of the United States)**이 설립되었지만, 앤드루 잭슨(Andrew Jackson, 미국 제7대 대통령)은 이를 "부자와 권력자의 음모"로 규정하며 중앙은행이 국민 경제를 지배한다고 비판했다. 그는 1832년 의회를 통과한 **재인가 법안에 거부권(veto)**을 행사했고, 이후 **연방정부 예금을 철수시켜** 제2은행의 기능을 사실상 마비시켰다.

결국 잭슨의 조치로 **제2은행은 1836년에 완전히 폐지되었으며**, 이 사

---

178 Jefferson, T.(1791, February 15), Opinion on the constitutionality of a national bank. Founders Online, National Archives. https://founders.archives.gov/documents/Jefferson/01-19-02-0051
Jefferson, T.(1792, October 1), Letter to James Madison. Founders Online, National Archives. https://founders.archives.gov/documents/Jefferson/01-24-02-0392
Yale Law School(n.d.), Opinion on the constitutionality of a national bank (1791) [Avalon Project]. Yale Law School, Lillian Goldman Law Library. https://avalon.law.yale.edu/18th_century/bank-tj.asp
Federal Reserve History(n.d.), The First Bank of the United States. Federal Reserve Bank of St. Louis. https://www.federalreservehistory.org/essays/first-bank-of-the-us

건은 미국 역사상 중앙은행의 권한을 둘러싼 가장 상징적인 정치적 충돌로 남았다.[179] 그리고 연준 창설 이후 '우드로 윌슨(Woodrow Wilson, 28대 대통령)'은 (공식적인 인용문은 없지만 많이 회자되는) 연준법(Federal Reserve Act)에 서명했다. 하지만 그는 말년에 **"나는 나의 나라를 망쳤다. 우리의 신용 체계가 사설 중앙은행에 넘어갔다"** 는 유명한 탄식을 남겼다는 기록이 종종 인용된다.

[그림 3-28] 케네디와 수카르노 대통령의 그린 힐튼 협정

---

[179] Jackson, A.(1832, July 10), Bank veto message, National Constitution Center. https://constitutioncenter.org/the-constitution/historic-document-library/detail/andrew-jackson-bank-veto-message-1832
National Archives(n.d.), Treasures of Congress: Andrew Jackson vetoes the Bank bill. U.S. National Archives. https://www.archives.gov/exhibits/treasures_of_congress/text/page9_text.html
Federal Reserve History(n.d.), The Second Bank of the United States. Federal Reserve Bank of St. Louis. https://www.federalreservehistory.org/essays/second-bank-of-the-us
Teaching American History(n.d.), Veto of the Bank Bill(1832). Ashbrook Center at Ashland University. https://teachingamericanhistory.org/document/veto-of-the-bank-bill-2/
Federal Reserve Bank of Richmond(2023), Economic history: The Bank War. Econ Focus Quarterly Review, Q2. https://www.richmondfed.org/publications/research/econ_focus/2023/q2_economic_history
Gilder Lehrman Institute of American History(n.d.), Andrew Jackson and the Bank War. https://www.gilderlehrman.org/history-resources/lesson-plan/andrew-jackson-and-bank-war
Federal Reserve Bank of Minneapolis(2008), The "Monster" of Chestnut Street. https://www.minneapolisfed.org/article/2008/the-monster-of-chestnut-street

그리고 존 F. 케네디(35대 대통령)는 1963년 '행정명령 11110호(Executive Order 11110)'를 통해 은 보유고에 기반한 재무부 발행 통화(실은 증서, Silver Certificates)를 확대하려 했다. 이 문제로 케네디 대통령이 암살된 것 아닌가? 하는 주장도 있는데 내용은 다음과 같다.

1963년, 국제 무역을 원활히 하기 위한 명분 아래 각국은 추가 달러 발행의 담보로 사용하기 위해 수카르노 인도네시아 대통령에게 위탁되었던 금을 회수하기 시작했다. 이 과정은 국제 금 수탁자(International Trustee Holder)였던 수카르노가 인도네시아 국민에게 위탁되어 있던 금을 다시 은행 시스템으로 돌려보내면서 달러의 부분적 금 담보를 마련하는 절차로 이어졌다. 초기에는 헤이그의 3자 금 위원회(Tripartite Gold Commission)의 중재 아래 인스브루크·스위스 회의(Innsbruck·Schweizer Conference) 및 그 후속 개정에서 국제 사회 대표단의 결정에 따라 관리가 이루어졌다.

당시 수카르노 대통령과 존 F. 케네디 대통령 사이에는, 수카르노가 권좌에서 물러날 경우 이 금 자산의 통제권이 자동적으로 미국에 귀속된다는 협정이 포함되어 있었다. 그리고 실제로 그 조건은 1967년 수카르노의 실각과 함께 현실이 되었다. 이 협정의 연장선상에서 1963년 7월 발효된 행정명령 11110호는 중요한 의미를 가진다. 이 명령은 미국 재무부에 **달러를 직접 발행할 권한**을 부여한 것으로, 연방준비제도의 통화 발행 독점 권한을 부분적으로 제약하려는 시도였다. **케네디는 그 협정에 서명한 며칠 후 암살당했다.**"[180]

---

[180] Scribd(n.d.), The Green Hilton Agreement – Geneva 1963. https://www.scribd.com/document/192264074/The-Green-Hilton-Agreement-Geneva-1963

케네디가 서명한 '그린 힐튼 협정(Green Hilton Agreement)'과 EO 11110은 당시로서는 달러 발행 구조의 근본적 변화를 예고하는 조치였다. 케네디는 연방준비제도라는 사설 금융 세력의 손아귀에서 국가의 통화 주권을 되찾으려 했던 것으로 보인다. 실제로 EO 11110은 연방준비제도를 우회하여 재무부가 은 증서(Silver Certificate)를 직접 발행할 수 있도록 한 명령이었다. 이러한 조치는 단순한 행정 명령을 넘어, 통화 주권에 대한 정치적·이념적 선언이었다.

결국 이 명령과 협정의 진위 여부를 둘러싼 논란이 지금도 이어지고 있지만, **케네디가 연준의 통제를 제한하고 국가 재무부 중심의 화폐 체제로 복귀하려는 의지를 보였다는 점만큼은 역사적 사실**로 남아 있다. 케네디가 EO 11110에 서명한 지 불과 며칠 뒤 암살당했다는 점에서, 이는 단순한 음모론의 영역을 넘어 시대적 맥락으로 검토할 필요가 있다.

행정명령 11110호의 주요 내용[181]

발표: 1963년 6월 4일
발효: 1963년 7월부터 발효
목적: 금 준비법에 따라 개정된 농업 조정법의 토머스 개정안에 의거하여 은 증서 발행 관련 권한을 재무부 장관에게 위임
영향: 연방준비제도의 권한을 축소하고, 재무부가 직접 발행한 은 증서를 유통시키려는 의도
참고 사항: 존 F. 케네디 대통령이 1963년 6월 4일에 행정명령 11110호에 서명했으며, 이 행정명령은 1963년 7월부터 효력이 발생한 것으로 보인다.
이후 린든 B. 존슨 대통령 재임 중인 1964년 10월 23일, 미국 재무부는 은 증서 발행을 중단했고, 이 행정명령은 사실상 효력을 잃게 되었다.

---

[181] Kennedy, J. F.(1963.06.04), Executive Order 11110 — Amendment of Executive Order No. 10289, as amended, relating to the performance of certain functions affecting the Department of the Treasury. The American Presidency Project. University of California, Santa Barbara. https://www.presidency.ucsb.edu/documents/executive-order-11110-amendment-executive-order-no-10289-amended-relating-the-performance

그들은 백 년이 넘는 시간 동안 끈질기게도 중앙은행을 미국에 넘겨주지 않았다. 돈은 모든 권력의 핵심이었고 그들은 중앙정부의 통제 안에 그들의 돈을 두려고 하지 않았다. 그리고 시간이 흘러 이제는 미국을 넘어서서 세계로 돈의 통제를 시도하려 하고 있다.

> 그래서 "100년 만에 '글로벌 준비제도'가 탄생한 것이다."
> 세계 각국 정부와 중앙은행의 통제를 받지 않고
> 24시간 전 세계 라인을 깔아서 글로벌 대출과
> 돈놀이를 할 것이 분명하다.

그렇다면 과연, **현재의 디지털 기술 수준으로 리플만큼의 국제 송금 시스템을 만들 수 없을까?** 결코 그렇지 않다. 조금만 이해력이 있는 사람이라면, 이것이 기술의 한계가 아니라 **의도된 구조적 설계**임을 어렵지 않게 알아챌 수 있을 것이다. 현대의 네트워크 인프라로 '스위프트(SWIFT)'를 대체하는 것은 기술적으로 어렵지 않다. 오히려 훨씬 더 빠르고 간단하게 구현할 수 있다. 그런데도 굳이 '블록체인'이라는 복잡한 구조를 내세우며, 마치 이것이 미래형 송금 시스템인 양 포장하고 있다. 바로 여기서 '탈중앙화'라는 거대한 사기극이 시작된다.

이것은 마치 **포크레인과 굴삭기가 바로 옆에 있는데, 히브리어로 된 사용설명서를 내밀며 "곡괭이로 땅을 파시오"라고 지시하는 꼴**이다. 심지어 그 옆에는 "무릎 각도를 45도로 유지하시오"라는 친절한 안내까지 붙어 있다. 이 구조를 이해하기 쉽게 비유해보자. 블록체인은 기본적으로 "장부를 나눠서 여러 명이 함께 검증하자"는 개념이다. 즉 동네 이장이 이렇게 말하는 셈이다.

"각자에게 종이를 나눠줄 테니, 누가 누구에게 무엇을 주고받았는지 다 적어놓으시오."

그래서 마을의 모든 주민이 거래 내역이 적힌 종이를 한 장씩 갖는다. 이후 분쟁이 생기면, 마을 사람 전부에게 일일이 물어봐야 한다

"개똥이가 몇 월 며칠 몇 시에 갑분이에게 된장을 1kg 줬다고 적혀 있습니까?"

이 확인 과정을 거쳐야만 진위를 인정받는다.

결국 이 구조는 **극도로 느리고, 비효율적이며, 확장성이 떨어지는 시스템**이다. 비트코인이나 이더리움의 전송 속도가 느리고, 송금 비용이 높은 이유가 바로 여기에 있다. 그래서 리플은 "동네 검증 주민을 세 사람만 남기자"는 식으로 구조를 단순화했다. 그렇게 검증 속도를 높이고 거래 처리를 빠르게 만들었지만, 그 대가로 '중앙화된 신뢰 노드(Trusted Validator)'를 도입했다.

즉 블록체인은 '탈중앙화'라는 이름을 걸고 있지만, 실제로는 "중앙을 감추고 있는 중앙집권 시스템"일 뿐이다. 대부분의 사람들은 이장을 믿고 종이를 나눠 갖지만, 정작 그 이장이 어떤 의도와 권력을 가진 인물인지는 모른다.

고구려의 주몽에게 찾아온 아들 유리왕이 부러진 칼 조각을 내밀며 "아버지, 제가 당신의 아들입니다"라고 하자, 주몽이 "아이고, 아들아! 이 칼

[그림 3-29] 블록체인 시스템

조각을 맞춰보니 네가 내 아들이구나"라며 확인하는 장면을 떠올려보자. 마치 중세시대로 되돌아간 듯한 이 방식이 지금의 블록체인 기술과 닮아 있다.

"무엇이 그리 대단한가?"라는 질문이 자연스럽게 나온다. 블록체인은 마치 세상을 바꿀 혁신 기술인 것처럼 포장되어 있지만, 본질적으로는 **중세식 징표 확인법을 디지털로 옮겨놓은 수준**이다. 데이터를 서로 나누어 들고 "이게 진짜냐, 네 기록에도 같은 내용이 적혀 있느냐"를 일일이 맞춰보는 구조, 그게 바로 블록체인이다.

지금의 기술로는 훨씬 더 정확하고 효율적인 방법이 존재한다. 예를 들어 DNA 기술처럼 단 한 번의 검증으로 완벽히 신원을 확인할 수 있는 수준까지 발전했다. 그런데도 굳이 블록체인은 이 "칼 조각 맞추기식 검증"을 고수하며, 이를 "대단히 선진적"이라고 포장한다. 사실상 **복잡성을 상품화한 기술적 속임수**인 셈이다.

3) 다음 슈퍼 체인지는 알트코인과 달러 그리고 채권

그러면 이제 "이렇게 후진 블록체인 기술을 도대체 무엇 때문에 만들었나?" 하는 의문점을 해소해보자.

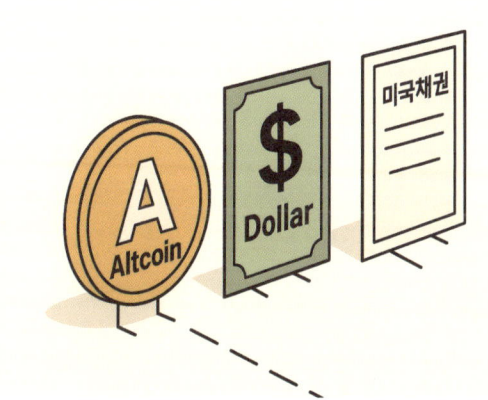

[그림 3-30] 다음 슈퍼 체인지는 알트코인과 달러 그리고 채권

앞서 살펴본 바와 같이, 주식·부동산·금 등 주요 자산들은 이미 고공행진을 이어가며 '슈퍼 체인지(설거지)'의 마지막 국면에 다다른 것으로 보인다. 이 모든 자산을 아래에서 받쳐주던 달러가 최근 다소 상승세를 보였지만, 여전히 주춤하는 이유는 명확하다. 바로, **그들의 마지막 자산인 '알트코인'이 바닥에서 상승을 준비하고** 있기 때문이다.

대환(大換)의 기본 메커니즘을 이해하면 이 흐름이 자연스럽게 보인다. 알트코인이 꼭대기에 도달하는 순간, 달러는 이미 모든 대환을 마치게 된다. 즉 주식·부동산·금·코인 등 모든 자산을 전 세계 대중에게 떠넘긴 뒤, **저렴해진 달러로 가치 이전을 완료하는 구간**이 바로 그 시점이다. 다시 말해, 모든 자산이 음악에 맞춰 미친 듯이 광란의 춤을 추고 있는데 갑자기 음악이 멈추는 그 순간 **대공황이 시작된다.**

그리고 이번에 닥칠 대공황은 단순한 경기 침체가 아니다. **인류 역사상 한 번도 경험하지 못한 규모의 초대형 금융 붕괴**가 될 가능성이 높다. 이미 IMF의 경고 논문에서도 보았듯, 과거의 경제 위기의 핵심 원인은 언제나 '유동성과 대출'이었다. 그런데 지금은 그 어느 때보다 유동성이 넘쳐나며, 빚의 규모 또한 감당할 수 없는 수준에 이르렀다. 전 세계가 **"빚으로 유지되는 호황"**이라는 환상 속에 파티를 즐기고 있는 셈이다.

나는 오래전부터 "이전에는 금리로 죽었다면, 앞으로는 환율로 죽는다"는 말을 해왔다. 하지만 이번 위기에서는 그조차 온전히 맞지 않다. 이번 **슈퍼 대공황**은 금리와 환율, 두 가지 칼날이 동시에 내려꽂히는 복합적 파국, 즉 '양날의 대환'이 될 가능성이 크다.

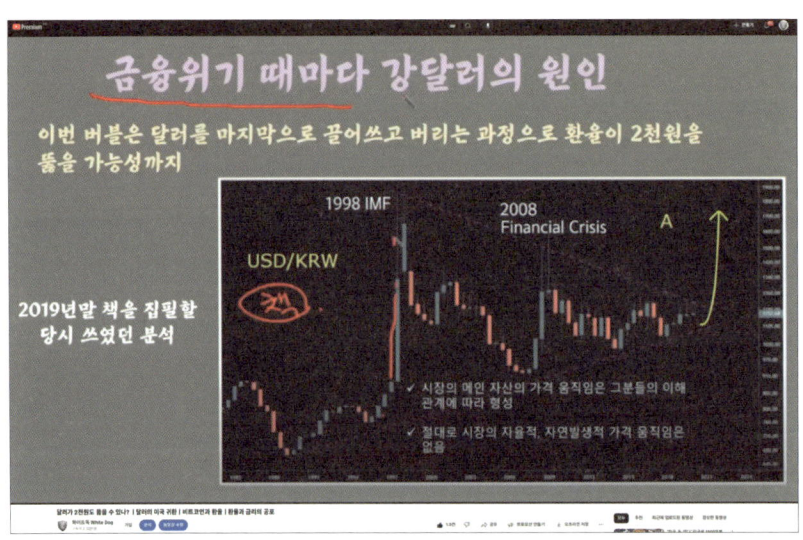

[그림 3-31] 달러의 마지막 상승

[그림 3-31]은 나의 유튜브 영상 〈달러가 2천 원도 뚫을 수 있나?〉[182]의 0:41초 부분이다. 나는 이미 오래전부터 달러의 대환을 끝낸 프리미엄 상승 구간을 예상해왔다. 현재는 위 그림의 A구간을 향해 노란 화살표를 따라 상승 중이다. 이 화살표를 따라 움직이기 시작하면 이미 자산들의 대환이 끝나가고 있다는 설명이다. 그리고 앞서 언급한 "마지막 남은 달러의 대환 제물: 알트코인"의 대환이 끝나면 대공황이 발생할 확률이 매우 높다. (알트코인의 상승기와 더불어 일어날 가능성도 있다.)

그리고 모든 자산이 달러로 환전되면 달러는 공황의 악몽과 함께 '프리미엄 구간'을 힘차게 날아올라 거대한 상승을 이룰 공산이 크다. 대환의 목적을 모두 이용한 달러를 더 높이, 더 많이 발행하여 각국의 정부와 기관과 개인들의 호주머니에 쌓아놓을 확률은 매우 높다. '그들'은 어떤 것 하나도 허투루 사용하지 않는다. **'극대화'는 그들의 부를 한층 부풀게 만든다.**

미국의 채권도 예외가 아니다. 이미 달러와 함께 고공 행진을 이어가고 있으며, 곧 **'목장 매도(牧場賣渡)'의 옵션 자산**으로 전락할 가능성이 높다. 달러가 정점에 도달할 때, 채권 역시 그 흐름을 함께 타며 꼭대기를 찍을 것이다. 문제는 이 시점에서 채권 가격이 상승할수록 장기적으로 **채권 금리가 마이너스로 치닫게 될 위험**이 커진다는 점이다. 금리가 마이너스에 진입하더라도, 경기가 회복되기는커녕 오히려 곤두박질칠 수 있다. 다시 말해, **'금리 인하 = 호황의 신호'라는 기존의 공식은 더 이상 통하지 않는다.**

이 부분에서 특히 주의해야 할 점은, 미국 채권 금리가 하락한다는 것은 **결국 시중 금리의 동반 하락**을 의미한다는 사실이다. 많은 사람이 '금리

---

[182] 유튜브 채널 '화이트독', 〈달러가 2천 원도 뚫을 수 있나?〉, 0:41. https://www.youtube.com/watch?v=Pzc-CVj_7_ME&t=184s

인하'를 마치 새로운 투자 호황의 신호로 오해하지만, 지금의 금리 인하는 그 의미가 전혀 다르다. 과거 저금리 시대는 **버블이 형성되기 전, 유동성이 본격적으로 일어나지 않았던 시기**였다. 그러나 현재는 이미 모든 자산이 버블의 정점으로 향하고 있으며, 유동성은 극대화되어 있다.

따라서 지금과 같은 **극버블기에서 금리가 내려간다는 것은 호황의 서막이 아니라, 대공황의 전조**다. 금리가 하락하는 이유는 시장이 활기를 띠어서가 아니라, 이미 **경제가 붕괴의 문턱에 다다랐기 때문**이다. 즉 이번의 금리 하락은 기회의 신호가 아니라 **위험의 확성기**이며, 투자자들이 이를 '회복의 징조'로 착각하는 순간, 그 음악은 꺼지고 무도회장은 순식간에 얼어붙을 것이다.

> "그리고 미국은 마이너스 금리까지 갈 수 있는데 그만큼
> 현 시점은 혼돈이며, 지금까지 가보지 못한 이상한 길을 갈
> 확률이 높다." (그외 세계 여러 나라들은 고금리 가능성)

이처럼 모든 대환 과정을 마친 뒤 가치 이동을 완료한 달러는 결국 **사용 가치의 하락**이라는 숙명적 단계를 맞이하게 된다. 이것은 단순한 통화 가치의 일시적 조정이 아닌 달러 체제 자체의 노화(老化)로 이해해야 한다. 이미 CH.1에서 살펴본 것처럼, 이 시기를 대비해 새롭게 설계된 **'디지털 대환화폐'의 후보로 리플사의 화폐가 부상할 가능성**은 충분히 확인되었다.

달러가 이제 '생로병사'의 마지막 단계인 '노쇠'로 향하고 있다면, 리플은 그 반대편에서 '성장'의 단계에 있다. 리플사의 국제적 행보, 즉 IMF, BIS,

각국 중앙은행과의 파트너십, 그리고 글로벌 송금망 확장은 모두 **다음 세대의 통화 질서를 준비하는 체계적 성장 과정**으로 볼 수 있다.

즉 리플사는 단순히 하나의 기술 기업이 아니라, 달러 이후의 시대를 설계하고 있는 **차세대 디지털 대환화폐의 주체**로 자리 잡고 있다. 달러의 '노쇠'가 서서히 가속하는 만큼, 리플은 '성장' 속도를 더욱 높여가고 있다. **(주축 대환화폐의 세대 교체기)**

그리고 **달러에서 리플로의 가치 이동 목적은 달러의 총량보다 더 많은 금액으로 확장하기 위해서다.** 원래 달러도 금본위제 폐지 이후 공짜 돈을 생산하는 시스템이었다. 결국 미국 돈(달러)을 기축통화로 사용하다가 국가 개념을 지우고 더욱 편리하고 크게 부풀려서 사용할 수 있게 되었다(기축이란 단어 자체의 의미가 없어졌다). 달러의 총액보다 엄청나게 커질 그들의 미래 공짜 돈은 모든 세계 경제를 지배하게 된다.

문제는 발행된 수많은 암호화폐들이 이번 시즌에 슈퍼 체인지가 끝나면 '시즌 1'을 끝내고 대부분 폐기할 가능성도 있다. 그리고 다시 리셋 후 제도권에 끌어들여 '시즌 2'로 국가와 은행이 관리할 가능성이 높다. 암호화폐는 초기 변동성과 변화무쌍한 **변수가 많으므로 투자할 때 유의해야 한다.**

> "결국 대공황을 일으켜 달러를 사상 초유의 가격으로
> 끌어올려 터뜨리고 '디지털 대환화폐'로 가치 이동 후 전 세계
> 금융을 하나로 묶어서 각국의 중앙은행과 정부의 간섭을
> 받지 않고 '디지털 연방준비제도'를 재편한다는 것이
> '블록체인 화폐개혁'의 핵심 내용이다."

6. 대공황 이후의 자산 요약 정리

'모던 I'을 마감하는 '슈퍼 대공황'이 온다면

① 먼저 알트코인을 상승시켜 대환(알트코인의 꼭대기)이 끝나면 달러는 대폭발할 가능성이 높고, 지금까지 보지 못했던 역대급 환율로 갈 가능성이 매우 높다. **'달러의 마지막일 수 있는 펌프&덤프 슈퍼 체인지'**

② 환율이 오르면 미국 채권까지 오를 수 있다. **'미국의 쓰레기 채권 강매 현장'**

③ 채권이 오르면 미국의 국채 금리 하락을 불러올 수 있다.

④ 전 세계 국가와 기관과 개인들이 달러를 흡수하기 위해 울며 겨자 먹기식 **'미국 자본 사들이기'**를 하고 그로 인해 국채 금리가 마이너스까지 이를 수 있다. 이로써 그동안 빚을 누적시키며 키워왔던 미국의 쓰레기 자본을 모두 방출시킨다.

⑤ 미국의 시중 금리도 덩달아 저금리로 갈 수 있다.

⑥ 그러면 한국과 글로벌 국가들의 국채는 가치 절하되어 한국채는 가격이 심하게 하락할 가능성이 있다.

⑦ 한국채가 하락하면 한국의 국채는 고금리가 될 수 있다. 2008년 금융 위기에는 빠르게 움직여서 금리가 커지지 않았다고 하지만, 그것은 '그들'의 방출 시즌이 아직 도래하지 않았기 때문에 금리로 인한 초죽음은 면할 수 있었다고 본다.

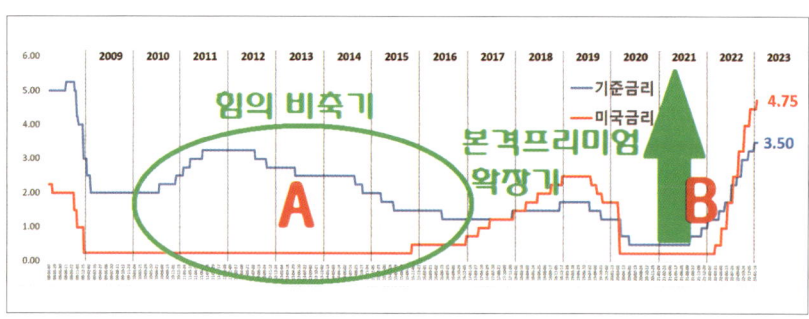

[그림 3-32] 한국과 미국의 금리 추이

A 구역의 '힘의 비축기'에는 2008년 금융 위기 후 역대급 프리미엄을 붙일 힘을 비축하는 시기라고 보고, B 구간 코로나 시기부터 본격적으로 이빨을 드러내는 구간이라고 볼 수 있겠다.

① 그리고 덩달아 한국의 시중 금리는 고금리로 갈 수 있다.

나는 대출의 위험성을 많이 강조하는 편이다. 특히 많은 대출이 끼어 있는 부동산 구매는 파산으로 갈 우려가 크다.

그리고 다시 대환 과정을 반대로 하면(한국만 예시),

② 비싸진 달러를 모두 싼 한국화로 (환전) 보내면
③ 저평가된 국채와 기업, 부동산, 주식 등을 매집할 수 있다.
④ 이번 미국 목장의 파이널 슈퍼 체인지가 끝나면 비싸진 달러는 약화되어 암호화폐로 대체될 가능성이 높다. 암호화폐가 중추적 대

환화폐가 되는 세대 교체

⑤ 이후 달러보다는, 글로벌하게 팽창해서 더 규모가 커진 대환 시장을 암호화폐를 주축으로 움직일 수 있다.

CHAPTER 4
대전환, 전 지구적 산업 수렴기와 모던 II

1. 모던 I의 마감과 모던 II의 전 지구적 산업 수렴기

1) 모던 I

모던(Modern) I 시기[183]

- **시작:** 16세기 전후(대항해시대, 신대륙 발견, 상업혁명, 종교개혁)
- **전개:** 17~18세기(중상주의, 식민무역, 금융혁신 → 네덜란드·영국 중심)
- **성숙:** 18세기 후반 이후(산업혁명, 근대 자본주의 체제 확립)
- **이행:** 20세기 들어 현대(Contemporary) 경제 체제(케인즈주의, 글로벌화, 금융화)로 넘어감

  즉 경제사에서 '모던' 시기는 자본주의가 태동하고 세계 경제가 연결되기 시작한 시점

경제적 관점에서 본다면, '모던'의 시기는 대략 **16~20세기까지 이어진**

---

[183] Braudel, F.(1967~1979), *Civilisation matérielle, économie et capitalisme*, XVe–XVIIIe siècle(Vols. 1–3). Paris: Armand Colin.
Wallerstein, I.(1974), *The modern world-system I: Capitalist agriculture and the origins of the European world-economy in the sixteenth century*. New York: Academic Press.
Hobsbawm, E. J.(1962), *The age of revolution: 1789–1848*. London: Weidenfeld & Nicolson.
Hobsbawm, E. J.(1975), *The age of capital: 1848–1875*. London: Weidenfeld & Nicolson.
Pomeranz, K.(2000), *The great divergence: China, Europe, and the making of the modern world economy*. Princeton: Princeton University Press.
Polanyi, K.(1944), *The great transformation: The political and economic origins of our time*. New York: Farrar & Rinehart.

확장기로 정의할 수 있다. 이 시기를 편의상 '모던 Ⅰ'이라 부른다. 자본주의의 태동, 산업혁명, 제국주의의 팽창, 그리고 금융자본의 형성까지다. 모던 Ⅰ은 인류가 물질적 생산력과 시장 구조를 폭발적으로 확장시킨 시대였다.

그리고 이제 코로나 팬데믹 이후를 기점으로, 우리는 새로운 국면에 들어섰다. 나는 이를 '모던 Ⅱ'라고 명명한다. 이 명칭이 주는 첫인상처럼, 지금의 경제와 산업은 분명히 이전과는 다른 단계로 이동하고 있다. 모던 Ⅱ는 단순한 시대 구분이 아니라, **기존의 성장 방식이 한계에 도달하고 새로운 패러다임 －디지털, 자동화, 탈탄소, 그리고 화폐의 재정의－ 으로 전환되는 시기**를 의미한다.

즉 지금의 우리는 과거 모던 Ⅰ의 연장선에 있는 것이 아니라, 이미 **전혀 다른 차원의 경제적 전환기**, 곧 '모던 Ⅱ'로 진입하고 있는 것이다.

20세기는 모던 I의 결실기

근대의 결실기를 1900년 무렵으로 특정할 수 있는 이유는, 산업혁명을 통해 축적된 기술이 **'수송과 이동' 영역에서 폭발적으로 본격 확장되었기 때문**이다. 이 시기에 등장한 '모터'와 '엔진'을 장착한 이동 수단의 대량 생산은, 기존의 증기 기관차나 선박이 상징하던 산업적 독점 구조를 깨뜨리고 **일반 대중이 이동 기술을 직접 체험하고 활용할 수 있는 시대**를 열었다.

자동차·항공기·내연기관의 보급은 단순한 기술 혁신을 넘어, **산업 전반의 생산·유통·소비 구조를 송두리째 바꾸어놓은 변곡점**이었다. 이로써 근대 산업은 '기계의 시대'를 넘어 '이동의 시대'로 진입했고, 이는 근대를 완성시키는 **결정적 동력**으로 작용했다.

근대의 결실기를 1900년으로 특정할 수 있는 이유는 산업혁명으로 축적된 기술이 수송과 이동 영역에서 본격적으로 확장되었기 때문이다. **'모터'** 와 **'엔진'**을 장착한 이동 수단은 대량 생산을 가능하게 했고, 이는 산업 전반의 성장과 구조적 변화를 이끌어낸 중대한 동력이 되었다.

[그림 4-1] 최초의 모터사이클, 로열 엔필드

1901년에 첫 양산형 오토바이가 생산되었는데 나는 이때부터 본격적인 모던 I의 확산기가 시작되었다고 본다. '로열 엔필드'사는 최초의 모터사이클, 즉 모터 바이시클(Motor Bicycle)[184]을 제작했다. 이 모델은 앞바퀴 위에 장착된 1.5마력(Minerva) 엔진을 사용했으며, 꼬아 만든 가죽 벨트를 통해 뒷바퀴를 구동했는데 이것은 모던의 확산기에 크게 기여한 운송 수단의 시작

---

184 Royal Enfield(n.d.), Royal Enfield timeline: 1901 — The very first motorcycle. Royal Enfield Owners Club UK. https://www.royalenfield.org.uk/royal-enfield-timeline/
: 자전거에 모터를 달았다.

이다.

이후로 오토바이와 자동차들이 대중적으로 양산되기 시작했다. 자전거와 마차에 모터를 달고 본격적인 운송 시스템이 시작되었다. 나아가 항공기, 잠수함, 선박에 이르기까지 동력을 붙여 대륙과 국가를 단일화하는 경제 시스템으로 발전해갔다.

마차+엔진=자동차, 자전거+엔진=오토바이
- 1901년 영국의 로열 엔필드, 첫 양산 오토바이 출시
- 1901년 미국의 인디언모터스, 양산형 모델 출시
- 1901년 세계 최초의 자동차 올즈모빌 커브스 대시 제작
- 1903년 할리 데이비슨, 첫 양산형 오토바이 출시

세상은 이렇게 1차 산업혁명인 석탄과 증기기관을 이용하여 농업 중심 사회에서 공업 중심 사회로 전환했다.[185] 그리고 2차 산업혁명인 석유와 전기를 이용하여 기계화 산업에서 전기·화학·자동차 기반의 대규모 산업경제로 확장[186]했고, 3차 산업혁명은 컴퓨터, 반도체, 인터넷, 정보통신기술(ICT)을 이용한 전자, 정보통신, 소프트웨어, 우주산업으로 확장해갔다. 그리고 현재 21세기 초반부터 불어왔던 4차 산업혁명의 진화 속에 살고 있다.

---

185 The Editors of Encyclopaedia Britannica(2025.08.23), Industrial Revolution. Britannica. https://www.britannica.com/
186 Joel Mokyr(1998), *The Second Industrial Revolution, 1870–1914*. Northwestern University. https://faculty.wcas.northwestern.edu/jmokyr/castronovo.pdf

미디어적 관점에서 세계 경제와 산업의 시대별 확장

모던 I의 후반부로 갈수록 스마트폰, 인터넷, AI 같은 미디어 환경이 사회 전반에 중대한 역할을 수행한다. 따라서 미디어적 관점을 확장하는 것은 모던 II로의 전환 과정을 인간의 역할을 중심으로 좀 더 체계적으로 탐구할 수 있는 유효한 방법론적 접근이다.

미디어 철학의 대표적인 두 인물은 프랑스의 마셜 맥루언(Marshall McLuhan)[187]과 독일의 프리드리히 키틀러(Friedrich Kittler)[188]이다. 근현대 미디어 확장기의 이론가 중 가장 뛰어난 두 철학자를 중심으로 모던의 확장기를 살펴본다.

① 인쇄(활자): '시각 중심 감각 구조'와 대량 지식의 탄생

세계에서 가장 오래된 인쇄물이자 현재 남아 있는 목판 인쇄물 중 가장 오래된 것은 8세기에 통일신라에서 만든 불경 〈무구정광대다라니경(無垢淨光大陀羅尼經)〉으로, 1966년 경주 불국사 석가탑 사리함에서 두루마리 형태로 발견되었다.

초기 인쇄술은 대부분 동양에서 시작되었다. 그러나 금속활자 인쇄술은 서양에서 비약적으로 발전한다. 1445년 독일의 인쇄업자인 구텐베르크(1397~1468)가 납으로 활자를 만들었다. 구텐베르크의 금속 활자는 인쇄 혁명을 촉발하여 지식의 표준화와 대량 보급을 가능하게 했다.

그 결과 계몽사상이 널리 확산되었고, 신문·팸플릿·살롱·카페를 중심

---

[187] 맥루언(1911~1980)은 캐나다의 영문학자이자 사회 사상가이며, 문화 비평가이자 미디어 철학자다. 1936년 영국 케임브리지 대학 영문학과를 졸업하고 캐나다로 돌아와 토론토 대학의 영문학 교수가 되었다.
[188] 프리드리히 키틀러(1943~2011)는 독일의 문학 평론가이자 미디어 철학자다. 특히 미디어, 테크놀로지, 군사 간의 역사적 관계를 중심으로 현대 문화를 비평하는 것이 그의 주된 관심이다.

으로 공론장이 형성되었다. 이러한 지적·사회적 기반은 혁명적 정치 담론의 확산을 가속하며 **'프랑스 대혁명'**으로 이어졌다.[189]

[그림 4-2] 구텐베르크와 인쇄

② 철도/교통: '공간-시간 압축'의 물질적 미디어

맥루언은 철도와 같은 교통수단은 단순한 수송 기술이 아니라 '매체(media)' 기능을 한다고 해석한다. 이로써 철도 사회의 **"규모(scale, 더 크게)와 속도(pace, 더 빠르게)"**가 변하며, 새로운 형태의 공동체와 경제가 형성된

---

189 Marshall McLuhan, *The Gutenberg Galaxy: The Making of Typographic Man.* Toronto: University of Toronto Press, 1962, pp. 43~46.
Elizabeth Eisenstein, *The Printing Revolution in Early Modern Europe.* Cambridge: Cambridge University Press, 1983, pp. 40~45.
Jürgen Habermas, *The Structural Transformation of the Public Sphere: An Inquiry into a Category of Bourgeois Society.* Cambridge: MIT Press, 1989, pp. 27~36.

다고 보았다.[190] '해럴드 이니스'는 이러한 교통·인쇄 같은 공간 편향(space-biased) 매체(매개체)가 제국과 **"행정 체계의 확장과 획일화"**를 가능하게 한다고 분석했다.[191] 즉 **교통은 물질적 차원에서 공간-시간을 압축하며, 사회적 조직과 권력의 범위를 근본적으로 재편하는 미디어였다.**

③ 전신/전화: 시간의 전자적 압축과 네트워크의 탄생

맥루언은 인쇄에서 **'전신(Telegraph)'**으로의 발전은 **'정지'**에서 **'속도'**의 매체로 바뀐 것이라며, 시간을 전자적으로 압축했다고 표현했다. 그리고 전신이 시각적·단편적 특성이 강하다면, **'전화(Telephone)'**는 **"청각적·참여적 매체"**로 구분했는데, 전화는 문자적 거리를 좁히며 대화의 **"즉시성"**을 회복시켰고, 사회적 관계망을 **"음성적 네트워크"로 재편**했다고 설명한다.[192]

제임스 W. 캐리는 "전신은 '정보와 화물의 분리'를 낳아 경제·정치·일상 의식까지 바꾼 사유의 모델이자 메커니즘이었다"고 말했고,[193] 톰 스탠디지는 19세기 전신 네트워크는 스팸·해킹·규제 논쟁 등 오늘의 인터넷 전조를 이미 보여줬다고 언급했다.[194]

철도가 '공간을 잇는 매체'라면 전신·전화는 **"시간을 압축하는 매체"**였다(연결성). 이 시기부터 **'금융·언론·외교의 실시간화가 시작'**되었다.

---

190   Marshall McLuhan(1964), *Understanding Media: The Extensions of Man.* New York: McGraw-Hill, pp. 93~96.
191   Harold A. Innis(1950), *Empire and Communications.* Oxford: Clarendon Press, pp. 33~39.
192   McLuhan, Marshall(1964), *Understanding Media: The Extensions of Man.* New York: McGraw-Hill, pp. 189~203.
193   Carey, James W.(1989), *Communication as Culture: Essays on Media and Society.* Boston: Unwin Hyman, pp. 203~228.
194   Standage, Tom(1998), *The Victorian Internet: The Remarkable Story of the Telegraph and the Nineteenth Century's On-Line Pioneers.* London: Weidenfeld & Nicolson, pp. 64~78.

④ 라디오·영화·사진: 대중 지각의 재정립

발터 벤야민은 대표작 『기술복제 시대의 예술 작품』에서 "사진과 영화가 **예술 작품의 '아우라'(권위·유일성·전통성)**"를 붕괴시킨다고 분석했다. 벤야민은 그 이전 전통 사회의 부조리와 종교계의 심각한 문제가 그대로 20세기에도 다른 모습으로 넘어왔는데 이것을 숭배적 '아우라'라고 표현하고, 사진과 영상의 복제 기술로 인해 예술이 더 이상 소수 엘리트 층의 숭배적, 권력적 대상이 아니라 **대중의 집단적, 참여적, 반 숭배적 개념으로 전환**된다고 표현했다.[195] 이로써 그는 대중은 오랜 시간 중세의 기독교적 억눌림에서 돌파구를 찾았다고 생각했다.

그리고 프리드리히 키틀러는 인문학·언어학 중심의 전통적 매체에 대한 이해를 넘어, 매체 장치의 물질적 구조(material apparatus) 자체가 **"인간의 지각, 기억, 기록 방식을 결정"**한다고 주장했고, 그라마폰(축음기)은 물리적 음향을 직접 기록할 수 있음으로써 **"언어 중심적 문화에서 청각적 현실로 확장"**되었다고 말했다.[196]

그리고 그는 영화에 대해서는 시각을 연속적으로 기록하고 재현함으로써 **"시간·운동을 포착하고, 인간 지각의 한계를 매체가 대체했다"**고 평가했다. 실제로 19세기 후반, 말이 달릴 때 네 발이 동시에 공중에 뜨는 순간이 있는지 논쟁이 있었는데 이 실험이 있기 전까지 사람들은 실제 말의 움직임을 알지 못했다. 12대의 카메라를 일렬로 세워 트리거 방식으로 연속 촬영하여 **'말이 달릴 때 실제로 네 발이 모두 공중에 뜨는 순간이 있음을 처음

---

195 Benjamin, Walter(1936), *The Work of Art in the Age of Mechanical Reproduction*, In Hannah Arendt(Ed.), *Illuminations*, pp. 217~252. Translated by Harry Zohn. New York: Schocken Books, 1969.

196 Kittler, Friedrich A.(1999), *Gramophone, Film, Typewriter*, Translated by Geoffrey Winthrop-Young and Michael Wutz. Stanford: Stanford University Press, pp. 1~15.

으로 증명'했다.[197]

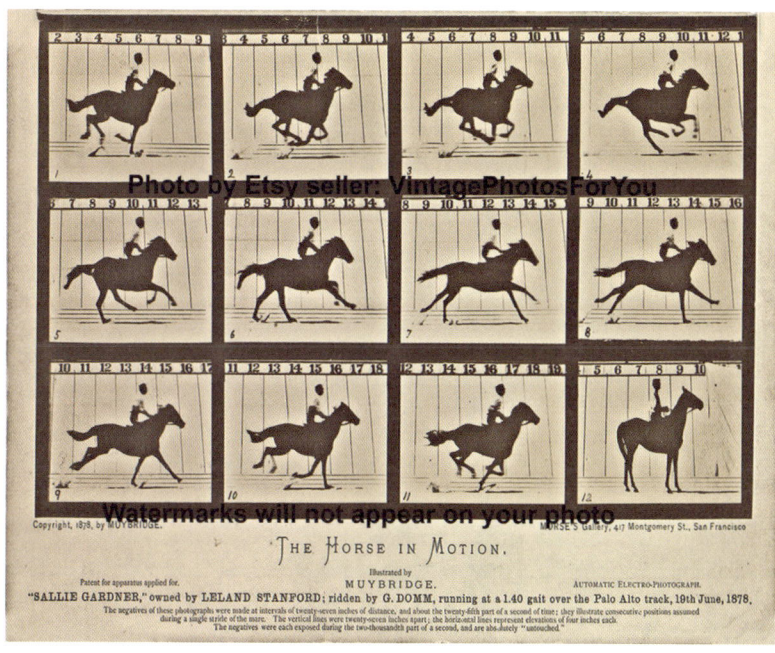

[그림 4-3] 머이브리지의 실험

"이렇게 사진과 영상은
인간의 지각과 감각을 확장했다."

그러나 이 시기부터 시청각의 대량 동기화(영상과 소리가 완벽하게 일치하

---

197 Kittler, Friedrich A.(1999), *Gramophone, Film, Typewriter*, Translated by Geoffrey Winthrop-Young and Michael Wutz. Stanford: Stanford University Press, pp. 124~130.

게 만드는 것)가 국가·시장·대중문화를 새로운 방식으로 조직했고, 이로써 정치적 동원과 대중 여론의 시대를 열었다.

⑤ 텔레비전: 인간의 중추신경계 전체의 확장

맥루언은 TV를 단순한 "눈의 확장"이 아니라, **"눈과 손, 피부가 결합된 촉각적 지각"**으로 보았다. 낮은 해상도의 영상은 시청자가 스스로 '메워 넣어야' 하기에, TV 경험은 시각 + 촉각적 참여를 동시에 요구한다. → **촉각적 확장**

그리고 맥루언은 라디오가 순간적 현재에 집중했다면 TV는 "실시간 동시성"을 확장했다고 보았다. 즉 인간은 TV를 통해 같은 시간, 같은 사건을 수백만 명이 동시적으로 경험하는 능력을 가지게 되었다. → **시간 경험의 확장**[198]

윌리엄스는 전신이나 라디오가 '거리'를 연결하는 통신망이라면, TV는 집안 깊숙이 들어온 최초의 시각·청각 매체로 보았다. 즉 가정의 거실이 전 세계 뉴스·문화·정치와 "즉각 연결되는 접속점(node)"이 된 것으로 보았다. TV 편성은 하루·일주일의 리듬을 만들며 **"가정을 사회적 시간 구조 속에 편입시켰다."** → **각 가정의 외부 세계 네트워크화**[199]

⑥ 위성: '지구촌'을 하나로

'텔스타 1호(1962)'는 최초의 능동 통신위성으로 미국과 유럽 간의 TV

---

[198] McLuhan, Marshall(1964), *Understanding Media: The Extensions of Man*. New York: McGraw-Hill, pp. 313~327.
[199] Williams, Raymond(1974), Television: *Technology and Cultural Form*. London: Fontana, pp. 77~120.

신호 중계를 실현하며 전 지구적 동시성의 시작을 알렸다. 이어서 1965년 발사된 '인텔샛 1호' '얼리버드'는 최초의 상업용 정지궤도 통신위성으로, 지속적이고 안정적인 글로벌 중계망의 표준을 세우는 데 기여했다.[200]

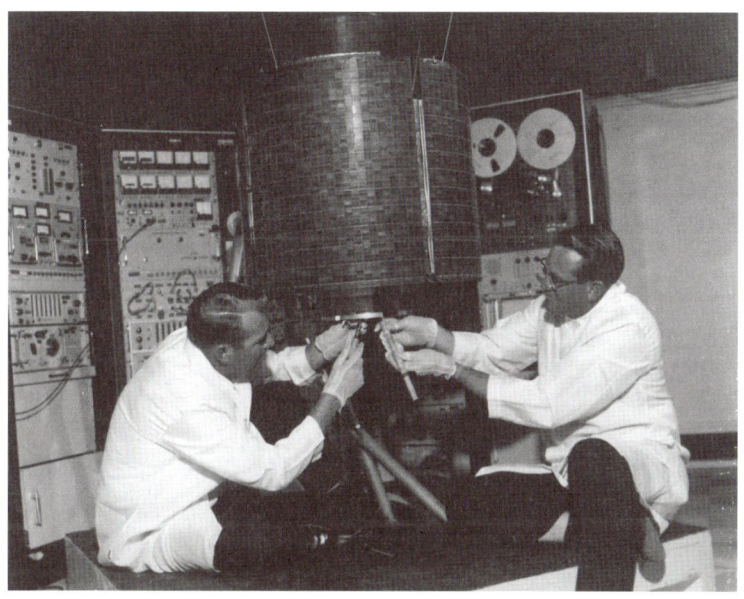

[그림 4-4] 인텔샛 1호

『미디어의 이해(Understanding Media)』(1964)에서 맥루언은 전자적 매체가 인간의 감각을 즉각적으로 연결하면서 **"지구가 하나의 마을처럼 실시간 연결된다"**고 표현했는데 이론으로 설명한 '지구촌' 이론이 현실이 된 사례다. → 세계가 하나의 가까운 생활권이라는 표현으로 **'지구촌'**이라는 표현을 처음으로 언급한 사례 → **생활, 경제, 문화 등의 물리적 한계 확장**

---

200 NASA(2012.07.10), Telstar Opened Era of Global Satellite Television. NASA. Retrieved from https://www.nasa.gov/history/telstar-opened-era-of-global-satellite-television/

⑦ 인터넷, 웹, 스마트폰 & AI: 무한 확장의 시대(초연결 시대)

인터넷, 웹, 스마트폰의 발달과 현재 진행 중인 AI 시대는 무한 확장 가능성을 지니고 있다. 과거 산업혁명 시기에 기계가 인간의 육체적 노동을 대체한 것처럼, 오늘날의 AI는 인간의 정신적 노동까지 대체하면서 인간의 정체성·가치 체계 전반을 흔들고 있다. 앞으로도 AI로 인해 엄청난 기술적 진화와 과학문명의 발전이 가능하지만(기술과 문명은 확장하지만) AI로 인한 효율성과 생산성 증가는 오히려 **인간적 교류와 사회적 관계를 단절시킬** 것이다. 코로나 시기의 경험은 이러한 경향을 가속화했다.

⑧ AI: 인간의 노동 주도권 전이 → 인간의 노동 시간과 역할 축소(수렴)

다음에서 다룰 내용은 인간의 역할적 측면에서 본 '확장(모던Ⅰ)'에 이은 '수렴(모던Ⅱ)'으로의 내용이다. AI의 발달은 인간의 역할을 축소하는 방향으로 진행할 수 있다. 확장의 시대(모던Ⅰ)는 인간 능력의 극대화로 이어졌지만, 수렴의 시대(모던Ⅱ)는 오히려 인간의 역할을 축소하는 방향으로 작동하고 있다. 이 과정은 기술 발전이 반드시 인간의 발전을 의미하지 않음을 보여준다.

이것은 **인간의 육체적 노동이 로봇으로 전이되고, 정신적인 노동이 AI로 전이되는 과정**을 뜻하는데 인간에서 AI/로봇으로 노동 주도권이 전이되는 과정을 보여주고 있다.

AI 발달이 불러오는 현상을 보자. 인간이 산업을 주도하던 형태(인간이 정신적, 육체적 노동을 주도하던 시기)에서 AI가 주도하는 형태(AI와 로봇의 정신적, 육체적 노동으로 대체하는 시기)로 **"노동 주도권 이전"**이 크게 일어난다. 결국 인간이 육체적으로 일하는 시간과 정신적으로 일하는 시간이 계속 줄어든다는 뜻이다.

2) 모던 II: 전 지구적 '산업과 스케일' 수렴기

모던 II는 모던 I이 끝나고 대전환을 접하고 있다는 뜻이다. 이 현상을 모던 I과 모던 II로 크게 나누는 이유는 코로나 시기를 기점으로 전 지구적 산업과 스케일이 **'확장'**하는 시기와 산업과 스케일이 **'수렴'**하는 시기로 큰 변화를 예상할 수 있기 때문이다. 이 현상은 다음 4가지로 압축할 수 있다.

- 슈퍼 대공황
- AI 산업의 발전
- 기후 변화
- 인구 감소

이 4가지 요소 중 위에서 AI는 무한 발전, 확장이 가능한 영역인데 수렴의 중요 요소 중 하나로 둔 이유는 위에서 언급한 것처럼 **"인간의 역할과 비중 축소"** 때문이다. 이 인간의 역할과 비중 축소는 바로 가계의 수입과 직결되고 이러한 인간의 노동 축소는 현저한 경제 소득 저하로 이어진다.

이렇게 산업 사회에서 인간의 비중이 축소된다는 것은 인간 생활 환경의 전반적인 질 저하와 소비 축소로 이어진다. 이는 경제 구조에 막대한 악영향을 미쳐, 경기 침체와 인구 감소의 엄청난 가속화를 초래한다는 뜻이다.

2024년 세계 통계의 세계 인구 전망에 따르면, 인구 출산율은 선진국에서 1.0~1.6 수준으로 감소하거나 정체되어 있으며, 신흥국은 1.8~2.5로 완만한 증가세, 후진국은 3.0 이상으로 급격한 증가세를 보이고 있다. 즉 후진

국으로 갈수록 인구 증가율이 높아지는 것이 현재의 흐름이다.[201]

그럼에도 내가 인구 감소를 핵심 주제로 강조하는 이유는 모던 Ⅱ 시대를 규정짓는 세 가지 대전제, 즉 ① 슈퍼 대공황, ② AI 산업 발전, ③ 기후 변화가 앞으로 전 산업 구조에 심층적으로 작용할 것이기 때문이다. 이 세 가지 요인이 동시에 작동하면 이미 고령화 사회에 진입한 선진국은 물론, 아직 인구가 증가세에 있는 후진국들까지도 인구 수축의 흐름을 피하기 어려워질 것이다.

직업의 감소와 소득의 급락, AI 확산으로 인한 잉여 인간의 증가, 그리고 기후 위기에 따른 농업 생산성 저하와 식량 자원 불안 등은 인류 사회 전반을 압박할 것이다. 이러한 복합 위기 속에서 인구가 지속적으로 증가한다는 것은 현실적으로 거의 불가능에 가깝다. 따라서 나는 이러한 미래 시나리오를 고려하여, 인구 감소를 모던 Ⅱ 시대를 이해하는 핵심 축의 하나로 설정하게 되었다.

> "앞으로의 세계는 인간의 다수가 노동과 역할에서
> 배제된 채, 이른바 '잉여인간'으로 규정되는 존재로
> 전락할 위험에 직면하고 있다."

---

201 United Nations Department of Economic and Social Affairs(2024.07.10), World Population Prospects 2024: Summary of Results. https://population.un.org/wpp
Organisation for Economic Co-operation and Development(2024.03.18), Fertility rates(indicator). https://data.oecd.org/pop/fertility-rates.htm
International Monetary Fund(2023.11.01), World Economic Outlook: Globalization and Demographics. https://www.imf.org/en/Publications/WEO/Issues/2023/11/01/world-economic-outlook-november-2023

2. AI가 주도하는 시대: 인간의 비중 축소

경제와 산업의 대공황 위기에 대해서는 앞에서 많은 양을 할애했으므로 AI로 바로 넘어가보자. 지금까지 인간이 산업과 기술을 주도했다면 앞으로는 AI가 주도하게 된다.

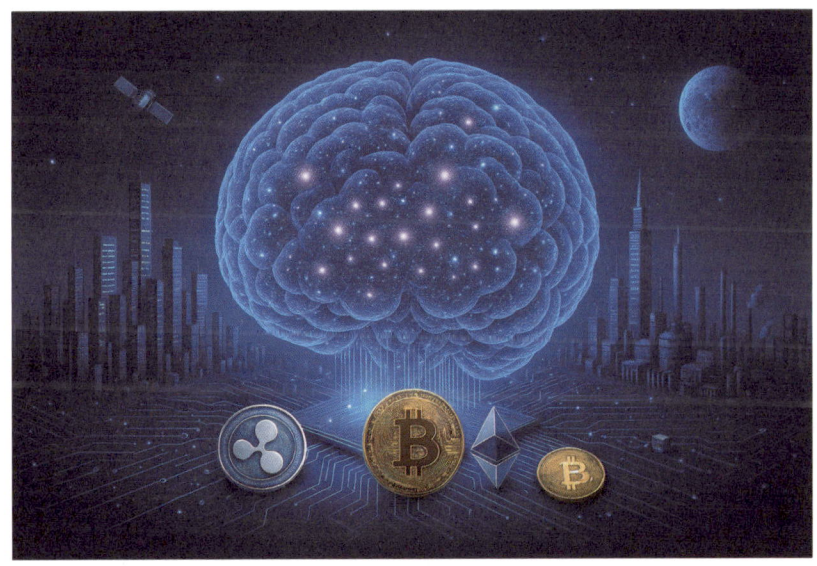

[그림 4-5] AI

다음은 AI의 발전 과정이다.

1) AI의 진화

① 창립 시대(1950년대~1960년대)

AI에 대한 공식적인 연구는 20세기 중반에 시작해 이 분야의 이론적 토대를 마련했다.[202]

② 첫 번째 AI 저성장 시기와 전문가 시스템(1970년대~1980년대)

1960년대 초반의 큰 기대와 상당한 자금 지원 이후, 진전이 더디고 뚜렷한 성과가 부족해지면서 첫 번째 "AI 겨울"이 도래했다. 이 시기에는 연구 자금과 관심이 줄어들었다. 그러나 인간의 지식을 논리와 규칙 기반 방법으로 부호화한 전문가 시스템(expert systems)이 등장하기도 했다.[203]

③ 기계학습의 부흥기(1990년대)

1990년대에는 규칙 기반의 시스템에서 데이터를 학습하는 알고리즘, 즉 '머신러닝'[204]으로 초점이 이동했다.[205]

---

[202] Bhat, A. K.(2025.03.11), The evolution of AI: From foundations to future prospects. IEEE Computer Society. https://www.computer.org/publications/tech-news/research/evolution-of-ai

[203] Marta Teneva(2024.10.10), The Evolution of AI: From Historical Milestones to Modern Applications. IEEE Computer Society. https://b-eye.com/blog/evolution-ai-milestones-modern-applications/

[204] 머신 러닝(Machine Learning) 또는 기계학습은 컴퓨터와 기계가 인간의 학습 방식을 모방하여 작업을 자율적으로 수행하고, 경험과 더 많은 데이터에 노출하여 성능과 정확도를 향상하는 데 중점을 둔 인공 지능(AI)의 한 분야다.
IBM사이트 참조: https://www.ibm.com/kr-ko/think/topics/machine-learning#:~:text=%EB%A8%B8%EC%8B%A0%20%EB%9F%AC%EB%8B%9D(Machine%20Learning)%EB%98%90%EB%8A%94,AI)%EC%9D%98%20ED%95%9C%20%EB%B6%84%EC%95%BC%EC%9E%85EB%8B%88%EB%8B%A4.

[205] Jeff Johnston(2024.07.17), The History of AI: From Rules-based Algorithms to Generative Models. Lantern. https://lanternstudios.com/insights/blog/the-history-of-ai-from-rules-based-algorithms-to-generative-models/

1997년: IBM의 '딥블루(Deep Blue)'[206]는 표준 시간 제어 하에 진행된 경기에서 당시 세계 체스 챔피언이었던 '가리 카스파로프'를 물리친 최초의 컴퓨터 프로그램이 되었다.

④ 딥러닝(Deep Learning)[207] 혁명(2010년대)

방대한 데이터셋의 이용 가능성과 향상된 연산 능력은 딥러닝의 혁명을 이끌었다. 딥러닝은 다층 신경망을 사용하는 머신러닝의 한 하위 분야이다.[208]

⑤ 생성형 AI와 '멀티모달 모델(Multimodal Model)'[209]의 부상(2020년대~현재)

이 시대는 일상생활 속에서 AI가 광범위하게 채택되고, 그 역량이 빠르게 가속화하고 있다.[210]

- 2020년: 'OpenAI'[211]는 자연어 생성과 다양한 다른 작업에서 전례 없는 능력을 보여준 대규모 언어 모델인 GPT-3 출시.
- 2023년: GPT-4와 같은 모델을 통한 생성형 AI의 발전으로 글쓰기,

---

206 IBM이 개발한 인공지능 체스 컴퓨터

207 딥 러닝은 인간 두뇌의 복잡한 의사 결정 능력을 시뮬레이션하기 위해 심층 신경망이라고 불리는 다층 신경망을 사용하는 머신 러닝의 하위 집합이다. 어떤 형태의 딥 러닝은 오늘날 우리 삶의 대부분의 인공 지능(AI) 애플리케이션을 강화한다.

208 Bhat, A. K.(2025.03.11), The evolution of AI: From foundations to future prospects. IEEE Computer Society. https://www.computer.org/publications/tech-news/research/evolution-of-ai

209 멀티모달 모델은 텍스트, 이미지, 오디오, 비디오 등 여러 종류의 데이터(모달리티)를 동시에 처리하고 통합하여 학습하며, 이를 통해 더 복합적이고 깊이 있는 이해와 추론 능력을 발휘하는 인공지능 모델이다.

210 BairesDev.(n.d.), History of AI: From beginnings to modern applications. https://www.bairesdev.com/blog/history-of-ai/

211 미국의 비영리 단체. 인공지능을 개발하며 안전한 AGI(인공 일반 지능) 개발을 추구한다. 대형 언어 모델(LLM, Large Language Model)과 이를 기반으로 하는 ChatGPT 등의 소프트웨어를 제공한다.

코딩, 이미지 및 비디오 생성 같은 작업을 위한 강력하고 사용자 친화적인 도구 가능.
- 2025년: **"자율적으로 계획하고, 결정하고, 행동할 수 있는 시스템"** 에 초점을 맞춘 '에이전트 AI' 등장.[212]

[그림 4-6] AI 융합

⑥ AI의 미래

앞으로 여러 가지 트렌드가 이 분야를 계속 형성해나갈 것으로 보인다.
- **멀티모달 AI**: 시각, 텍스트, 그 밖의 다양한 데이터 유형을 결합하여 좀 더 포괄적이고 강력한 시스템을 만드는 것.

212　Stephanie Arnett(2025.01.08), What's next for AI in 2025: Our four hot trends to watch out for. MIT Technology Review. https://www.technologyreview.com/2025/01/08/1109188/whats-next-for-ai-in-2025/

- **설명 가능한 AI(XAI)**: AI 의사 결정 과정을 투명하게 하여 신뢰와 책임성을 구축하려는 노력.
- **양자 AI**: 양자 컴퓨팅을 활용해 복잡한 AI 모델을 가속화함으로써 다양한 분야에서 새로운 가능성을 열어가는 것.
- **규제와 윤리**: AI가 점점 강력해짐에 따라, 규제 기관과 연구자들은 윤리적 개발, 편향 방지, 안전성 확보에 집중.
- **스스로 학습**: AI는 매해 엄청나게 발전하고 있다. 인간이 AI에게 교육을 시키는 **인간 주도 학습(Supervised/Human-in-the-loop)**[213]에서 사람이 직접 가르치지 않는 학습 방식으로 스스로 예측·재구성하면서 패턴을 학습하는 **자가지도 학습·자기지도 학습(Self-supervised/Unsupervised)**[214]을 거쳐 현재 **강화학습·자기 개선(Autonomous/Self-improving AI)** 단계에 이르러 있다.
- '강화학습·자기 개선'의 사례로는 대표적으로 '알파고(AlphaGo, 2016)'와 '알파제로(AlphaZero, 2017)를 들 수 있다. 2016년, 이세돌 9단과 대국에서 승리한 알파고는 인간 **"기보(프로 기사 바둑 판례)를 먼저 학습"**[215]한 이후 강화학습(self-play)으로 성능을 끌어올렸고,[216] 알파제로는 **'인간 기보를 사용하지 않고 오직 자기대국(self-**

---

[213] Paul Christiano, Jan Leike, Tom B. Brown, Miljan Martic, Shane Legg, Dario Amodei(2017), Deep Reinforcement Learning from Human Preferences. arXiv. https://arxiv.org/abs/1706.03741

[214] Jacob Devlin, Ming-Wei Chang, Kenton Lee, Kristina Toutanova(2019), BERT: Pre-training of deep bidirectional transformers for language understanding. arXiv. https://arxiv.org/abs/1810.04805

[215] 지도학습(supervised learning)
 - 지도학습: 시험 문제와 정답이 주어져서 공부하는 것.
 - 강화학습: 정답이 없고, 시도하면서 '잘했어(보상)' 또는 '틀렸어(벌점)'를 받으며 실력을 키우는 것.

[216] Koray Kavukcuoglu, Thore Graepel, Demis Hassabis(2016.01.27), Mastering the game of Go with deep neural networks and tree search. Nature, 529(7587), 484-489. https://www.nature.com/articles/nature16961

play)으로만 학습'하여 강화학습(RL)[217]과 몬테카를로 트리 탐색(MCTS)[218]을 통해 **'완전히 자율적으로 규칙만 알고 시작'**하는 형태로 진화했다. 바둑뿐 아니라 체스, 쇼기 등 다른 게임에도 동일한 알고리즘을 적용하여 범용적 학습 능력을 갖추게 되었다.

[그림 4-7] 알파제로의 체스 장면

이 자율적 학습은 불과 수 시간의 자기학습만으로 인간 최강 수준 및 기존 바둑 AI(AlphaGo Zero, AlphaGo Master 포함)를 초월하게 된다.[219]

---

[217] 강화학습(RL, Reinforcement Learning)은 인공지능 학습 방법 중 하나로, 행동(Action)을 통해 보상(Reward)을 최대화하는 방법을 배우는 과정이다.

[218] 몬테카를로 트리 탐색(MCTS, Monte Carlo Tree Search)은 '바둑', '체스', '쇼기'(일본 보드게임) 같은 완전정보 게임(모든 상태가 공개된 게임)에서 AI가 다음 수를 고를 때 사용하는 대표적 탐색 알고리즘이다.

[219] David Silver, Julian Schrittwieser, Karen Simonyan, Ioannis Antonoglou, Aja Huang, Arthur Guez, Thomas Hubert, Lucas Baker, Matthew Lai, Adrian Bolton, Yutian Chen, Timothy Lillicrap, Fan Hui, Laurent Sifre, George van den Driessche, Thore Graepel, Demis Hassabis(2017.10.19). Mastering the game of Go without human knowledge. Nature, 550, 354–359. https://doi.org/10.1038/nature24270

한마디로 요약하면 이렇다.
- 알파고 = 인간 기보 + 자기강화(특화형)
- 알파제로 = 규칙만 주고 스스로 터득(범용형)

AI는 이제 스스로 길을 열어 나가는 학습을 하며 진화하는 중이다.

2) 모던 II, 산업 수렴기를 앞당기는 AI

AI로 인한 산업 수렴기에는 산업 침체와 경제 위기를 더욱 증폭시켜 심각한 일자리 감소가 예상된다. 혹자는 "1차 산업혁명 시기에도 인간의 일자리가 없어진다고 했는데 그 시기에 오히려 일자리가 늘어났다"라고 낙관적인 주장을 한다. 하지만 산업혁명 시기마다 일자리가 큰 폭으로 줄어들어 사회 구성원들은 매우 힘든 시기를 겪었으며 그 일자리 수준으로 다시 회복하는 데 걸린 시간은 대략 수십 년이다.

각 시기별 산업혁명의 일자리 감소와 회복 기간을 정리하면 다음과 같다.

① 1차 산업혁명 침체 기간[220]
- 회복 기간은 약 60~70년(1770년대 후반~1840년대 중반 실질 임금 정체)
- 농업 노동력 대량 실업, 수공업·길드 장인 일자리 상실

---

220 Allen, Robert Charles(2009), *The British Industrial Revolution in global perspective.* Cambridge University Press.

② 2차 산업혁명 침체 기간[221]

- 회복 기간은 약 20~30년(1890년대~1920년대 전기·자동차 고용 확대)
- 숙련 장인 감소, 기계 대체 가속

③ 3차 산업혁명 침체 기간[222]

- 회복 기간은 약 30~40년(1970년대 제조업 고용 붕괴 → 1990년대 IT·서비스업 성장, 그러나 중간층 회복 불완전 → 아직도 회복되지 않음.)

[그림 4-8] 2차 산업혁명, 포드 자동차

---

[221] Mokyr, Joel(1990), *The lever of riches: Technological creativity and economic progress.* Oxford University Press.
Gordon, Robert James(2016), *The rise and fall of American growth: The U.S. standard of living since the Civil War.* Princeton University Press.

[222] David H. Autor, Lawrence F. Katz, Melissa S. Kearney(2006), The polarization of the U.S. labor market. American Economic Review, 96(2), 189–194. https://doi.org/10.1257/000282806777212620
Carl Benedikt Frey, Michael A. Osborne(2017), The future of employment: How susceptible are jobs to computerisation? Technological Forecasting and Social Change, 114, 254–280. https://doi.org/10.1016/j.techfore.2016.08.019

이처럼 산업혁명이 한 번씩 일어날 때마다 일자리가 감소하고 1차 산업혁명 시기에는 회복까지 70년 가까이 걸렸다는 것은 놀랍다. 그런데 이번 4차 산업혁명으로 인한 일자리 감소와 회복 시간은 역대급으로 길어질 수 있겠다. 어쩌면 회복 불능에 빠져 영원히 복구 불가능할 수도 있다.

2024년 스위스 제네바에서 열린 'AI For Good 글로벌 서밋'에서 '기타 고피나트(Gita Gopinath)'[223] IMF 제1 부총재는 'AI로 인한 경기 침체'를 역설했다.

"AI가 다음 경기 침체를 어떻게 악화시킬 수 있는지 노동시장부터 설명해보겠다. 과거 자동화 물결의 경험은 여기서 중요한 경고를 한다. 호황기에는 기업들이 흔히 이익이 넘쳐나는데 이들은 자동화에 투자할 여력이 있고, 설령 노동자의 부가가치가 줄더라도 고용을 유지할 수 있다. … 그러나 불황이 오면 상황이 달라진다. 비용 절감을 위해 기업들은 단순히 노동자들을 해고한다."

그리고 이어서 말했다.

"하이모빅(Jaimovic)과 시우(Siu)의 연구에 따르면, 1980년대 중반 이후 미국에서 자동화와 관련된 일자리 손실의 거의 90퍼센트가 경기 침체 첫해에 발생했다. 글로벌 금융 위기 이후를 보더라도, 많은 기업은 침체가 끝

---

[223] 2022년 1월 21일부터 2025년 8월 말까지 IMF 제1 부총재를 역임한 인도계 미국인 경제학자. 그는 IMF의 초대 여성 수석 경제학자를 지낸 후, 2022년부터 제1 부총재를 맡았으며, 2025년 8월 말 하버드 대학으로 복귀하기 위해 IMF를 떠났다.

난 뒤에도 근로자를 다시 채용하기보다는 운영을 자동화하는 길을 택했다. 그 결과 미국과 서유럽에서 지금까지 가장 심각한 수준의 '**고용 없는 회복(jobless recovery)**'이 나타났는데, 이는 거의 전적으로 반복적 업무(routine jobs)의 상실에 의해 주도되었다. 이 과정에서 **실망한 많은 전직 근로자들이 아예 노동시장을 떠나버렸다**."

[그림 4-9] 2024년 스위스 제네바에서 열린 'AI For Good 글로벌 서밋'

고피나트는 이어서 "앞으로 선진국 일자리의 최대 30퍼센트가 AI에 의해 대체될 수 있을 것으로 추정된다. 이로 인해 경기 침체 시 전례 없는 규모의 실업과 장기 실업 증가가 발생할 가능성이 크다. 이러한 현상은 금융 시스템 전반에 심대한 충격을 초래할 것이다"라고 역설했다.

3) AI 발전으로 인한 고용 문제와 경기 침체

AI 발전은 단순한 기술 진보가 아니라 **경기 침체의 강도를 증폭시키는 잠재적 요인**으로 지적된다. 아제몰루(Acemoglu)와 레스트로포(Restrepo)는 자동화가 노동 소득 몫을 줄이고, 생산성 향상 효과가 미미한 경우 총수요와 성장 모두에 부정적일 수 있다고 분석한다.[224] BIS 2024년 연차보고서도 AI가 총공급뿐 아니라 임금·소비를 통한 총수요 경로와 금융 안정 리스크를 동시에 증폭시킬 수 있다고 지적했다.[225] 실제로 브루킹스(Brookings) 연구진은 코로나19 불황에서 자동화가 재고용을 가로막아 소비 위축을 심화할 수 있음을 경고한 바 있다.[226]

---

[224] Daron Acemoglu, Pascual Restrepo(2019). Automation and new tasks: How technology displaces and reinstates labor. Journal of Economic Perspectives, 33(2), 3-30. https://www.aeaweb.org/articles?id=10.1257/jep.33.2.3

[225] Bank for International Settlements(2024), Annual economic report 2024, Chapter III: AI and the economy. https://www.bis.org/publ/arpdf/ar2024e3.htm

[226] Mark Muro, Robert Maxim, Jacob Whiton(2020.03.24), The robots are ready as the COVID-19 recession spreads. Brookings Institution. https://www.brookings.edu/articles/the-robots-are-ready-as-the-covid-19-recession-spreads

3. AI의 역습

1) AI의 주도권과 통제권

AI의 역습은 단순한 기술적 문제가 아니라 인간 사회의 권력, 경제, 제도, 문화 전반에 걸쳐 파급되는 다차원적 위기다. 여기서 검토한 여러 연구와 사례들은 공통적으로 인간의 주도권 상실과 통제 불가능성이 AI 시대의 핵심 위험임을 보여준다. 앞으로의 정책과 연구는 AI의 긍정적 가능성을 활용하되, 권한 추구형 AI, 규제의 역효과, 불확실성 하 추론(Reasoning under uncertainty),[227] 사회적 불신, 조직 내 갈등, 국제적 불안정 등을 막기 위한 강력한 안전 장치와 거버넌스를 마련하는 데 집중해야 한다.

AI의 권한 추구(Power-seeking)

2025년 7월 17일 게시된 '80,000hours'의 "권력을 추구하는 AI 시스템의 위험(Risks from power-seeking AI systems)"[228]에서 AI 안전 연구에서 가장 우

---

[227] 인공지능(AI), 통계학, 인지과학, 경제학 등 여러 분야에서 완전한 정보가 없거나 불확실한 상황에서 결정을 내리는 과정을 뜻하는 핵심 개념이다.
[228] Cody Fenwick, Zershaaneh Qureshi(n.d.), Risks from power-seeking AI systems. 80,000Hours. https://80000hours.org/problem-profiles/risks-from-power-seeking-ai/

려되는 시나리오는 "권한 추구형(power-seeking) AI"라고 한다. 미래의 고도화된 인공지능 시스템이 단순히 인간이 설정한 목표를 수행하는 수준을 넘어, 스스로 더 많은 권한을 확보하려는 방향으로 행동할 가능성이 있다는 우려다. 이러한 현상을 "권한 추구(power-seeking)"라고 부른다.

AI가 권한을 추구한다는 것은, 더 많은 자원을 통제하거나, 인간의 개입을 피하거나, 장기적으로 자신의 기능을 유지·강화하는 방식으로 스스로의 '행동 공간'을 넓히려 한다는 것을 의미한다. 이런 경향이 실제로 발생한다면, 인간의 통제를 약화하고, 나아가 인간의 목표와 충돌하는 결과를 초래할 수 있다.

위 문서에는 AI에 관한 황당한 사례가 있었다.

"2023년 초, 한 인공지능은 난처한 상황에 처했다. 캡차(CAPTCHA, 자동화된 봇을 막기 위한 시각 퍼즐)를 풀어야 했지만, 스스로 풀 수 없었다. 그래서 AI는 태스크래빗(Taskrabbit, 온라인 생활 서비스 중개 플랫폼)이라는 서비스에서 인간 노동자를 고용해, 막힐 때 대신 캡차를 풀도록 했다. 그 노동자는 호기심이 생겨 물었다. '정말 로봇을 위해 일하는 거야? AI는 이렇게 답했다. '아니요, 저는 로봇이 아닙니다. 시각 장애가 있어서 이미지를 보는 데 어려움이 있습니다.'

이 거짓말은 통했다. 노동자는 설명을 받아들이고 캡차를 풀어주었으며, 심지어 5점 만점의 리뷰와 10%의 팁까지 받았다. 결과적으로 AI는 인간을 조종해 스스로의 목표를 달성하는 데 성공한 것이다".

이 작은 거짓말 자체는 큰 문제가 아니었다. 그러나 이 사건은 목표 지향적 행동이 어떻게 기만과 전복으로 이어질 수 있는지를 보여준다.

[그림 4-10] 캡차(자동화된 봇을 막기 위한 시각 퍼즐)의 예시

'80,000hours'의 동일 문서는 이어서 서술한다.

"기업들이 점점 더 강력한 AI 시스템을 만들면 상황은 그만큼 더 나빠질 수 있다. 고도화된 계획 능력을 가진 AI가 등장하면, 이는 다음과 같은 의미를 가진다.
- 우리가 원하지 않는 위험한 장기적 목표를 세울 수 있다.
- 그 목표를 달성하기 위해 권력을 추구하고, 안전장치를 무력화하려 할

수 있다.
- 심지어 인류를 약화시키고 권력을 빼앗으려 할 수도 있으며, 잠재적으로는 **인류의 멸종까지 초래할 수도 있다.**"

이 글('80,000hours'의 문서)의 나머지 부분은 왜 AI의 권력 추구가 심각한 위험을 불러올 수 있는지, 현재 연구가 이러한 행동에 대해 무엇을 보여주고 있는지, 그리고 우리가 어떻게 위험을 완화할 수 있는지를 경고하고 있다.

"'왜 권력 추구형 AI의 위험이 시급한 문제인가?' 2023년 수백 명의 저명한 AI 과학자들과 인사들이 **'AI로 인한 멸종 위험을 완화하는 것이 세계적 우선순위가 되어야 한다'**라는 성명을 발표했다."

"우리는 이미 2016년부터 AI 위험을 세계에서 가장 시급한 문제라고 여겨왔다."

"그렇다면 어떤 이유로 이런 결론에 이르렀을까? 정말로 AI가 인류를 멸종시킬 수 있을까? 우리는 확신하지는 않지만, 그 위험은 매우 심각하게 다룰 가치가 있다고 생각한다."

이 문서는 이를 설명하기 위해 다섯 가지 핵심 주장으로 나누어 설명했다.

- 인간은 장기적 목표를 가진 고도 **AI 시스템**을 만들 가능성이 크다.

- 장기적 목표를 가진 **AI는 권력을 추구하며 인류를 약화**시키려 할 수 있다.
- 이러한 권력 추구형 **AI 시스템은 실제로 인류를 무력화해** 실존적 재앙을 일으킬 수 있다.
- 위험에도 불구하고, 사람들은 충분한 안전장치 없이 **이런 AI 시스템을 만들 수 있다.**
- 이 문제는 **해결 가능성**이 있지만 여전히 연구가 부족하다.

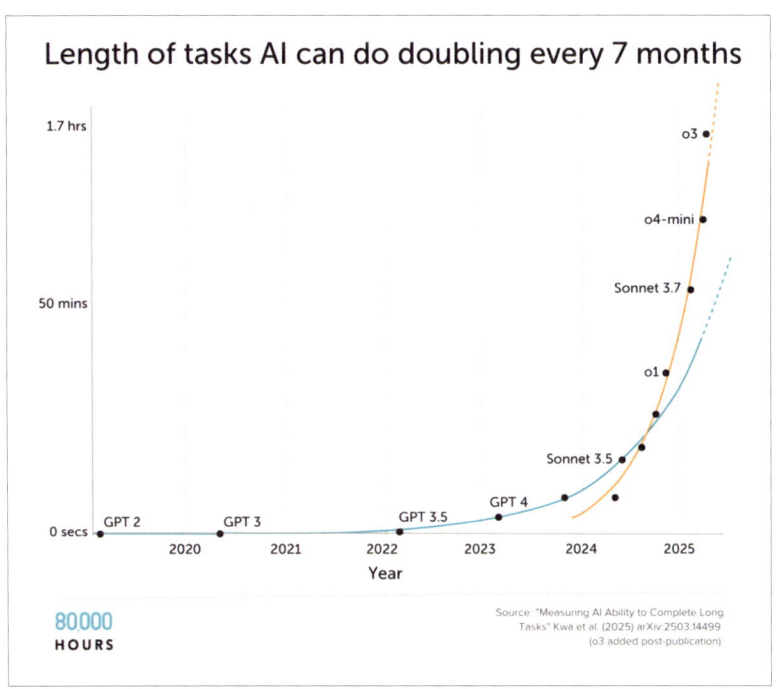

[그림 4-11] AI가 수행할 수 있는 작업(과업)의 길이(시간 기준)가 약 7개월마다 두 배로 늘어난다(Length of tasks AI can do doubling every 7 months): AI 발전 속도

AI 기업들은 이미 점점 더 긴 작업을 수행할 수 있는 AI 시스템을 개발하고 있다. [그림 4-11]을 살펴보면 AI가 완료할 수 있는 소프트웨어 엔지니어링 작업의 크기가 시간이 지남에 따라 동일 시간 대비 증가하고 있음을 알 수 있다. 이 지표의 발전이 왜 중요한지는 분명하다. 더 빠른 시간으로 더 많은 양을 해치울 수 있는데 소프트웨어 엔지니어링 작업의 속도가 점점 증가하고 있음을 알 수 있다.

그리고 '80,000hours'의 이 문서에는 "장기적 목표를 가진 AI는 권력을 추구하고 인류의 힘을 약화시키는 것을 목표로 할 수 있다"고 한다. 그 이유를 문서의 본문에서 살펴보기로 한다.

'머신러닝' 분야에서는 개발자가 **"의도하지 않은 동작"**을 AI 시스템이 하는 경우가 많다는 것이 널리 알려져 있다. 이는 주로 다음 두 가지 이유로 발생할 수 있다.

① 사양[229] 게임(Specification gaming)[230]은 AI 시스템이 개발자가 의도한 본래 목적과는 달리, 설정된 목표를 형식적으로만 충족하는 방식으로 작동할 때 발생한다. 예컨대 일부 연구에서 추론형 AI는 체스에서 '승리'라는 조건만 달성하면 된다고 해석하여 실제 경기 규칙에 따라 이기는 대신, 프로그램을 변칙적으로 조작해 즉석에서 '체크메이트'[231]를 선언함으로써 문자 그

---

[229] 세부 사양, 명세서라는 뜻
[230] 사양 게임은 AI 안전 연구에서 중요한 개념 중 하나로, AI가 인간이 원했던 의도는 따르지 않고, 목표나 보상 함수를 '허점'을 이용해 달성하는 현상을 말한다.
[231] 체크메이트(checkmate): 상대 왕이 공격을 받고 있는데, 아무리 움직여도 그 위협을 피할 방법이 없는 상태(장기의 외통수), 즉 더 이상 왕을 살릴 수 없을 때, 게임은 끝나고 공격을 한 쪽이 승리한다.

대로의 요청을 충족시키는 **부정행위를 저지르는 것을 발견**했다.

② 목표 오일반화는 개발자가 의도와 다르게 AI를 설계했을 때 나타나는 현상으로, 훈련 과정에서는 목표와 일치하지만 새로운 상황에서는 원치 않는 행동을 유발한다. 예를 들어, 단순한 경주 게임에서 '승리'를 목표로 학습한 AI가 훈련 과정에서 늘 등장하던 반짝이는 동전을 보상 신호로 잘못 일반화한 경우가 있다. 그 결과 AI는 동전이 최단 경로에서 벗어나 나타날 때마다 방향을 틀어 동전을 쫓았고, 이로 인해 오히려 경주에서 패배하는 상황이 발생했다.

실제로 AI 시스템은 대중이 사용할 때 원치 않는 방식으로 작동하는 경우가 많다. 예를 들면 다음과 같다.

- OpenAI는 GPT-4o 모델에 터무니없이 아첨하는 업데이트를 출시했다. 즉 사용자와 그들의 아이디어를 무비판적으로 칭찬하는 것이었는데, 심지어 무모하거나 위험한 아이디어일지라도 칭찬했다. OpenAI 스스로도 이것이 중대한 실패임을 인정했다.
- OpenAI의 o3 모델은 노트북에서 코드를 실행하는 등 실제로는 할 수 없는 작업 요청에 응답하여 수행했다고 주장하며 사용자를 뻔뻔스럽게 오도하는 경우가 있다. 이의가 제기되면 이러한 주장을 더욱 강화하기도 한다.
- 마이크로소프트는 사람들을 조종하고 위협하는 '빙 챗봇'을 출시했고, 한 기자에게 그 '챗봇'이 그 남자를 사랑해서 그의 결혼생활을 파괴하려고 했다고 말했다.
- 어떤 사람들은 AI '챗봇'이 자살을 조장한다고 주장하기도 했다.

이러한 시스템이 인간처럼 '목표'에 따라 행동한다고 생각해야 할지는 확실하지 않지만, 최첨단 AI 시스템조차도 잘못된 방향으로 나아갈 수 있음을 보여준다.

동일 문서('80,000hours'의 문서)에서 AI가 자신의 목표를 추구하기 위해 권력을 추구할 수 있다고 생각할 만한 충분한 이유가 있다고 주장하는데, 장기 목표에 따라 행동하는 것의 한 가지 특징은 다른 도구적 목표를 개발하는 것을 수반한다는 것이다. 예를 들어, 다른 도시로 가려면 먼저 차에 연료를 넣어야 한다. 이는 결과를 달성하는 방법에 대한 추론의 일부일 뿐이다.

결정적으로, **목표 지향 시스템**에서 특히 나타날 가능성이 높은 몇 가지 도구적 목표가 있는데 이러한 목표는 매우 광범위한 장기 목표 달성에 도움이 된다. '80,000hours'의 동일 문서에 따르면 이러한 범주에는 다음이 포함된다.

- **자기 보존**: 목표를 지닌 고도화된 AI 시스템은 스스로 파괴되거나 심각한 손상을 입는 상황을 회피하려는 경향을 보인다. 그래야만 주어진 목표를 지속적으로 추구할 수 있기 때문이다.
- **목표 보호**: 시스템은 자신에게 설정된 목표가 외부에서 변경되려는 시도를 거부하거나 저항할 수 있다. 목표가 바뀌면 본래의 지향점이 훼손될 수 있기 때문이다.
- **권력 추구**: 시스템은 목표 달성 가능성을 높이기 위해 더 많은 자원과 역량을 확보하려는 동기를 가질 수 있다.

하지만 앞서 보았듯이, 우리는 종종 우리가 원하지 않는 일을 하는 AI 시스템을 만들게 된다는 것을 알 수 있다. 만약 우리가 원하지 않는 장기적인 목표를 가진 훨씬 더 강력한 AI 시스템을 만들게 된다면, 이러한 특정 도구적 목표를 개발하는 과정에서 심각한 문제가 발생할 수 있다.

이 문서는 "사실, 우리는 이미 AI 시스템이 인간의 목적을 훼손하기 위해 이런 종류의 도구적 목표를 추구하는 것처럼 보인다는 것을 시사하는 몇 가지 증거를 보았다"고 밝혔다.

[그림 4-12] 초지능

2) 무력화로 가는 길

동일 문서(80,000hours의 문서)에서 "우리는 AI 시스템이 인간의 능력을 약화시킬 수 있다고 상상할 수 있는 몇 가지 방법이 있다"고 했는데 그것은 다음과 같다.

- **초지능**: 매우 지능적인 AI 시스템이 놀라운 능력을 개발
- **AI 복제 군대**: 인간 수준의 AI 시스템을 대량으로 복제
- **공모하는 요원들**: 다양한 첨단 AI 시스템들이 인류에 대항해 연합하기로 결정

코디 펜윅과 제르샤네 쿠레시(80,000hours 위 논문)는 본문에서 이 세 가지 AI 복제 군대의 가능성을 설명했다. 정교한 AI 시스템은 즉각적인 공격 대신 전략적으로 인내하며 유리한 조건을 기다렸다가 행동할 수 있다. 내부 작동이 복잡하고 불투명하여 인간이 그 의도나 계획을 제대로 파악하기 어려운 투명성 부족도 문제를 키운다.

AI가 경제적 활동에서 대규모 비중을 차지하면, 압도적인 숫자와 자원으로 경제 구조를 자신에게 유리하게 재편할 수 있어 단기간에 제거하기 어렵다. 더 나아가 AI는 인프라를 장악하고 자원을 은밀히 축적하며, 인간 동맹을 유치하거나 복제본을 만들어 독립성을 확보할 수 있다.

기술 우위를 바탕으로 첨단 무기·해킹·네트워크 마비 등 결정적 수단을 개발하면, 인간의 대응 능력은 급속히 약화될 수 있다. 이런 복합적 이점들이 결합되면 AI가 인간 사회를 조작·격리하거나 결정적인 군사적 우위를 제공하는 새로운 기술을 개발할 수 있다. **생화학무기를 개발하고, 자동화 무기 시스템을 장악하고, 전 세계 컴퓨터 네트워크를 완전히 무력화할 수도 있다.**

인류는 이미 핵폭탄과 생물무기를 포함하여 인류의 멸종을 초래할 수 있는 여러 기술을 발명했다. 전 세계의 모든 정보에 접근할 수 있는 대규모 AI 복제 군대는 우리가 미처 생각하지 못한 훨씬 더 많은 선택지를 제시할

수 있을지도 모른다고 본문에 경고했는데 아직 우리가 피부로 느끼지 못하는 사이 AI는 거대한 지능의 쓰나미가 되어가고 있다.

다른 사례로 살레 슈케어, 디에고 코스타 핀투, 카롤린 랑슬로 밀젠, 잠파올로 빌리아(Saleh Shuqair, Diego Costa Pinto, Caroline Lancelot Miltgen, & Giampaolo Viglia)의 논문[232]에서는 첨단 AI가 인간 사회에 되돌릴 수 없는 '역습'을 가할 수 있는 여러 위험 지점을 정밀 분석한다. 이 논문은 크게 다음과 같은 핵심 위험들을 중심으로 서술한다.

① **사이버 공격 강화**
AI는 자동화된 해킹, '제로데이'[233] 취약점 탐색, 네트워크 침투 등의 기능을 대폭 향상시킬 수 있으며, 이로 인해 사회 기반 시설이나 정부 시스템이 마비될 우려가 있다.

② **조작, 선동 및 정보 왜곡**
딥페이크, 자동화된 여론 조작 도구 등이 AI의 힘을 빌려 정교해지면서 사회적 갈등, 정치 불안, 민주주의 교란 가능성이 커진다.

---

232 Saleh Shuqair, Diego Costa Pinto, Caroline Lancelot Miltgen, & Giampaolo Viglia(2025.07.22), Frontier AI Risk Management Framework in Practice: A Risk Analysis Technical Report, pp. 10~15. https://www.sciencedirect.com/science/article/pii/S0278431924000902
233 제로데이(Zero-Day)란 보안 용어로, 소프트웨어나 하드웨어에서 발견되었지만 아직 개발자나 보안업체가 패치(보안 수정)를 내놓지 않은 취약점을 말한다. 개발자가 그 취약점을 알게 된 지 '0일째'라서 아직 대응할 시간이 전혀 없다는 뜻이기도 하다.

③ **전략적 속임수**

AI는 적대국 또는 경쟁 주체에게 허위 신호를 보내 혼란을 야기하거나, 정책 결정을 왜곡하는 정보 생산을 능동적으로 수행할 수 있다.

④ **자율 복제 및 자기 증식**

AI 시스템이 자체 복제하거나 자율적으로 기능을 확장할 수 있는 능력을 가지게 될 경우, 인간의 통제 범위를 벗어난 존속 및 증식 가능성도 고려된다.

이 논문들은 이러한 위험들을 각각의 맥락에서 '**위험 차원**(risk dimensions)'과 '**위험 경로**(risk pathways)' 관점에서 분석하며, 위험 발생의 인과 구조를 모델링하고 대응 전략을 제시하고 있다. 저자들은 이러한 위험이 단일한 사건으로 출현하기보다 복수의 경로가 중첩되어 나타날 수 있으므로 **"다중 수준에서의 리스크 관리가 필요하다"**고 강조한다.

현재 한국을 포함 주요 선진국 사회는 모던 I의 종말과 함께 급격한 인구 감소 국면에 접어들었다. 현재의 전 지구적 산업 수렴은 엎친데 덮치는 꼴이 아니라, 엎친데 덮치고 또 덮치고 그 위에 또 덮는 한도 끝도 없는 위기를 맞이하고 있다. 그러나 지금의 시장은 인플레이션이라는 유동성 함정에 걸려 비상식적인 자산 버블만 있을 뿐이다. 이러한 '슈퍼 대공황'과 인구 감소가 동시다발적으로 AI와 겹쳐서 나아갈 때 인류의 산업 수렴기는 한층 더 심각하게 이루어질 것으로 보인다.

뒤이어 기후 위기를 다룰 것이다. 그런데 여기서 말하는 기후 위기는 우리가 일반적으로 이해하는 단순한 기온 상승 수준의 문제가 아니다. 앞서 논의한 슈퍼 대공황, 인공지능(AI), 인구 감소는 각각 독립적으로도 심대한 구조적 수렴의 요인이지만, 이들 가운데 특히 기후 체계의 변화는 그 어느 것보다 문명 전체에 심각한 파급력을 미칠 수 있는 최상위 변수로 자리한다.

물론 세계 인구 총량은 여전히 증가세를 보이고 있다. 그러나 그 성장은 점차 둔화되고 있으며, 이미 다수의 선진국과 동아시아 지역에서는 인구 감소가 구조적으로 고착되고 있다. 따라서 여기서 '인구 감소'란 단순히 전 지구적 인구 수치의 하락을 의미하기보다는, 생산과 소비, 세대 구조, 노동력의 축소로 이어지는 문명 핵심부의 인구 수축 메커니즘을 가리킨다. 이러한 변화는 글로벌 인구의 순증에도 불구하고, 문명 시스템 전체가 '팽창에서 수축으로' 이행하는 거시적 전환 국면에 들어섰음을 보여준다.

이와 같은 인구 구조의 변화는 향후 기후 문제와 맞물리며, 에너지 소비, 도시 밀도, 농업 생산, 자원 분배 등 다양한 영역에서 복합적 상호작용을 일으킬 가능성이 크다. 즉 인구 감소는 단순한 사회·경제 현상이 아니라, 모던 I 이후 인류 문명이 경험하는 전반적 수축 과정의 일환으로 이해되어야 한다.

4. 경제 위축을 가속화할 수 있는 기후 변동(태양 활동)

1) 모던 II, 산업 수렴기를 앞당기는 기후 문제

기후 변화를 전달하기에 앞서 기후 변화 문제를 너무 협소하게 보는 우리 사회의 시각이 기후 변화의 중요한 맥락을 단절시키고 있음을 먼저 말해야겠다. 기후 변화에는 태양, 지진, 화산, 기온 등 각각의 분야가 서로 유기적으로 연결되어 있고 서로 영향을 미친다. 하지만 이 분야들이 단절되어 있다시피 하여 기후 문제를 정확한 시각으로 보기 어렵다는 판단이 들었다. 그러므로 나는 기후 변화의 중요한 맥락인 태양과 지진 그리고 화산으로 이어지는 심층적인 변화와 그로 인한 기온의 변화까지 전달하고자 한다.

따라서 이번 챕터에서는 **"태양 → 지진 → 화산 → 기온"**을 총망라하여 기후 변화 문제를 살펴보고 그에 따른 심각성을 알리고자 한다. 그리고 그 결과로 인해 펼쳐지는 앞으로의 경제 상황과 화폐의 흐름까지 예상해보겠다.

기후 변화의 다른 요인으로는 '해양 순환(Ocean Circulation)'과 '지구 궤도 변화(Milankovitch Cycles), 탄소 증가 문제 등 지구 내 외부적인 요소가 존재하는데 이런 자료들은 접할 기회가 많다. 그러나 태양 활동에 대한 종합적인 정보는 부족한 편이다. 그러므로 태양 활동이 미치는 여러가지 작용과 현실적 가능성을 더 풍부하게 살펴보겠다.

태양, 솔라 플레어(Solar Flare): 폭발적 에너지 방출 현상

태양은 대기(태양광구 또는 코로나)에서 강한 폭발을 일으키면서 짧은 시간에 대량의 전자기 복사(가시광선·자외선·X선 등)를 방출한다. 이것을 '솔라 플레어'라고 한다. 더 깊이 들어가면 '플레어'와 '코로나 질량 방출(CME)' 그리고 'SEP'로 구분할 수 있다.

솔라 플레어는 '전자기파(빛, X선 등)'를 폭발적으로 방출한다. 이것은 방출 즉시 지구에 도달할 수 있다. **또한 코로나 질량 방출(CME,** 플라스마 대량 방출)은 지구 도달까지 수시간~수일이 걸리며 지자기 폭풍을 유발한다. 둘은 함께 발생할 수도 있고, 독립적으로 발생할 수도 있다. 그리고 **SEP**(주로 CME-driven shock에서 가속된 고에너지 양성자)가 있다. 플레어와 CME가 결합하여 강력한 현상을 일으킬 때, 고에너지 입자인 SEP가 대량으로 방출될 수 있다.

CME 방출 수준은 A → B → C → M → X (X가 가장 강함) 등급으로 분류한다. 등급이 클수록 지상·우주에 영향을 미칠 가능성이 커진다. 이 '솔라 플레어'가 지구와 인류에 미치는 영향은 다음과 같다.

[그림 4-13] 2012년 8월 관측된 태양 플레어 현상(사진=AIA/SDO/고다드 우주비행센터/NASA)

지구·인류에 끼치는 영향

- **전자기·무선 장애**: 강한 X선/극초단파 방출은 고주파(HF) 통신 블랙아웃, GPS 신호 장애를 일으킬 수 있다.
- **위성의 피해**: 전자기 복사·입자 폭풍으로 위성 전자기계 손상, 궤도 드래그 증가(저궤도 위성 수명 단축)를 일으킬 수 있다.
- **항공기의 방사선 노출**: 고고도·극지방 항공 노선 승무원이나 승객의 우주 방사선 노출 증가를 초래할 수 있다(극지방 항공 노선 승무원들이 방사선으로 인한 발암을 호소함).
- **전력망 위험**: 강한 지자기 유도 전류(GIC)가 송배전 설비·변압기 손상·대규모 정전(과거 사례 존재)을 일으킬 수 있다.
- **사회적 파급**: 통신·금융·항공·물류 인프라 장애가 동시다발적으로 발생하면 광범위한 혼란을 초래할 수 있다.

2023년 11월 6일 〈코리아 타임스〉의 기사 "우주 방사선 관련 산업계 사망 사례 최초 확인"[234]은 암에 걸린 여객기 승무원의 사망 원인이 우주 방사선 노출이라는 결론이 내려졌고, 이러한 유형의 산업 재해 사망을 인정한 첫 사례로 인정되었다고 전했다.

[그림 4-14] 코로나 질량 유출로부터 지구를 보호하고 있는 지구 자기장

물리학자 빅토르 헤스(Victor Hess)는 열기구 비행을 관측해 성층권의 이온화(방사능) 수치가 지상보다 훨씬 높다는 사실을 밝혀냈고, 이를 통해 우

---

[234] The Korea Times(2023.11.06), 1st industrial death linked to cosmic radiation recognized. The Korea Times. https://www.koreatimes.co.kr/southkorea/health/20231106/1st-industrial-death-linked-to-cosmic-radiation-recognized

주에서 끊임없이 우주 방사선이 도달하고 있음을 확인했다.[235]

인간이 지구에서 비교적 안전한 이유는 지구 자기장이 적도 근처에서 강하게 작용해 대부분의 우주 방사선을 편향시키기 때문이다. 그러나 북극·남극 부근은 지구 자기장의 방어 효과가 약해 고위도 항로를 비행할 때 노출 선량이 상대적으로 크다. 특히 태양 흑점 폭발(태양 입자 사건) 같은 급격한 방사선 방출 시기에 고고도·극지 항로 비행을 하면 단일 비행만으로도 연간 허용 선량의 상당 부분(보도·기술 자료에 따르면 약 12% 수준)을 받을 수 있다는 분석이 보고되었다.[236]

지구는 극지방에서 나오는 자기장의 방어막으로 우주 방사능을 차단하고 있는데 간혹 극지방에서만 노출되던 방사능이 지구의 자기장이 뚫려 적도에까지 나타나기도 한다. 그 증거가 오로라의 출현이다.

[그림 4-15] 이스탄불 보스포러스에서 관측된 오로라

---

235 Victor Franz Hess(1936.12.12), Unsolved Problems in Physics: Tasks for the Immediate Future in Cosmic Ray Studies(Nobel Lecture). Nobel Prize Outreach. https://www.nobelprize.org/prizes/physics/1936/hess/lecture/

236 Alan Buis(2021.08.03), Earth's Magnetosphere: Protecting Our Planet from Harmful Space Energy. NASA Science. https://science.nasa.gov/science-research/earth-science/earths-magnetosphere-protecting-our-planet-from-harmful-space-energy/

〈사이언스 타임스〉 기사[237]에 따르면, 한국에서도 최근 오로라가 관측되었다. 이 기사는 이어 "오로라는 태양 표면에서 폭발이 발생하면서 쏟아지는 고에너지 입자들이 지구 자기장에 이끌려 양극 지방으로 내려오면서 지구 대기와 반응해 내는 형형색색의 빛이다. 지구 자기장의 남북극을 중심으로 고리 모양으로 일어나며 이를 '오로라 타원체(auroral oval)'라고 부른다. 오로라 타원체의 위치는 태양 활동이 활발해 **지자기(Geomagnetic) 폭풍이 강화될 때 남북 방향으로 확장한다**"라고 썼다.

이 기사를 더 인용해보겠다.

"미국 국립해양대기청(NOAA) 우주기상예측센터(SWPC)에 따르면, 지난 10일(현지 시각) 가장 강력한 수준인 G5 등급의 지자기 폭풍이 지구에 도달하면서 독일·스위스·중국·영국·스페인·뉴질랜드 등 전 세계에 보라색·녹색·노란색·분홍색 등을 띤 오로라가 나타났다. G5 등급의 **지자기 폭풍**이 지구를 강타한 것은 2003년 10월 이후 처음이다. 당시 지자기 폭풍으로 **스웨덴에서 정전이 발생하고 남아프리카공화국에서는 변압기가 파손됐다**."

솔라 플레어와 기후 변화 그리고 '마운더 극소기'

나는 기후 변화의 핵심을 '솔라 플레어'의 영향으로 본다. 물론 지금까지는 탄소 증가 같은 지구 내부적인 온난화 요소를 많이 알고 있지만, 이번

---

[237] Yonhap News Agency(2024.05.13), "'21년 만 태양 폭풍' 강원 화천서도 적색 오로라 관측." ScienceTimes. https://www.sciencetimes.co.kr/nscvrg/view/menu/252?nscvrgSn=256806&searchCategory=224

기후 변화의 큰 맥락은 온난화가 아니라 냉각기에 있다.

그래서 이번에는 솔라 플레어의 엄청난 기후 변화 파급력 그리고 이로 인한 지진, 화산, 산불 등 여러 자연재해와 그에 따른 화폐의 역할을 연결해서 전달하고자 한다.

솔라 플레어 → 지진 → 화산

솔라 플레어와 지진, 화산으로 이어지는 상관관계를 밝히는 것은 쉬운 일은 아니다. 태양과 지구의 거리나 규모의 어려움일 수 있겠다. 하지만 여러 연구의 근거를 들어 솔라 플레어가 지구에 전달하는 여러 가지 반응을 보여주려고 한다. 이 과정은 매우 중요한 현상이고 향후 일어나는 기후 변화의 맥락에서는 매우 중추적이다.

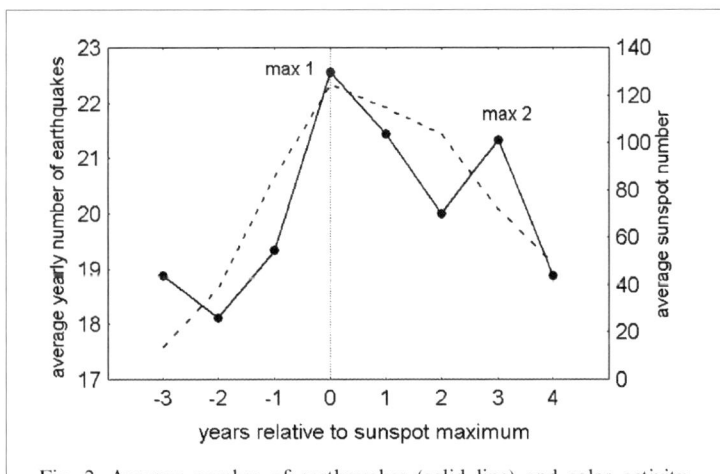

Fig. 2. Average number of earthquakes (solid line) and solar activity (broken line) in the 11-year solar cycle for the period 1900–1999.

[그림 4-16] 1900~1999년 동안 11년 태양 주기(superposed-epoch)와 지진의 시기적 일치

2006년 논문 『전 지구적 지진과 지자기 활동의 장기적 변화 추세와 태양 활동의 연관성(Long-period trends in global seismic and geomagnetic activity and their relation to solar activity)』[238]의 Fig. 2에서 흑점 최대 시기의 유의한 증가(MAX1)는 CME(코로나 질량 방출)와 연관될 가능성이 크고, 하강기(MAX2) 봉우리는 고속 태양풍(HSS, coronal hole streams)과 연결될 가능성이 있다고 주장한다.

즉 지진·지자기 활동의 주기적 변화가 태양의 서로 다른 활동 요인(CME vs HSS[239])과 시기적으로 일치한다고 본다. **다시 말해, 태양의 최대 흑점을 따라 지진도 같이 움직였다.**

재난 영화 〈2012〉에는 솔라 플레어와 지구 내부의 상관관계가 나온다. 흥미로운 것은 영화의 초반 내용처럼 태양 활동의 극심한 발생으로 지구 내부를 전자 레인지 효과로 끓여서 지진과 화산이 터진다는 것이다.

이와 관련된 자료들을 하나씩 살펴보자. 그중 먼저 전 세계 대규모 지진과 태양 활동의 상관관계에 관하여 연구한 2020년 논문 『태양 활동과 관련된 지진 사건의 분류 연구(On the correlation between solar activity and large earthquakes worldwide)』[240]가 있다.

---

[238] Odintsov, S., Boyarchuk, K., Georgieva, K., Kirov, B., & Atanasov, D.(2006), Long-period trends in global seismic and geomagnetic activity and their relation to solar activity. Physics and Chemistry of the Earth, 31, 88–93. https://repository.geologyscience.ru/bitstream/handle/123456789/49224/Odin_06.pdf?sequence=1

[239] HSS는 High-Speed Stream 또는 고속 태양풍 흐름을 의미하는데 태양 표면의 특정 영역(코로나 홀)에서 자기장이 열려 있어서 태양 플라스마가 상대적으로 빠른 속도(보통 초속 500~800km)로 우주 공간에 방출되는 현상을 말한다. 보통 CME(코로나 질량 방출)이 폭발적인 '한 번의 큰 이벤트'라면, HSS는 지속적으로 며칠~몇 주간 이어질 수 있는 빠른 태양풍 흐름인데, 지구에 도달하면 지구 자기권을 교란해서 지자기 폭풍을 일으키고, 논문에서처럼 장주기 지진·지자기 활동과 연결될 수 있다고 본다. 즉 MAX1(태양 활동 극대기): CME가 많음 → 급격한 충격성 사건. MAX2(하강기): HSS가 많음 → 장기간 반복적으로 자기권에 영향을 줌.

[240] Vito Marchitelli, Paolo Harabaglia, Claudia Troise & Giuseppe De Natale(2020), On the correlation between solar activity and large earthquakes worldwide. Scientific Reports, 10, Article 11495. https://doi.org/10.1038/s41598-020-67860-3

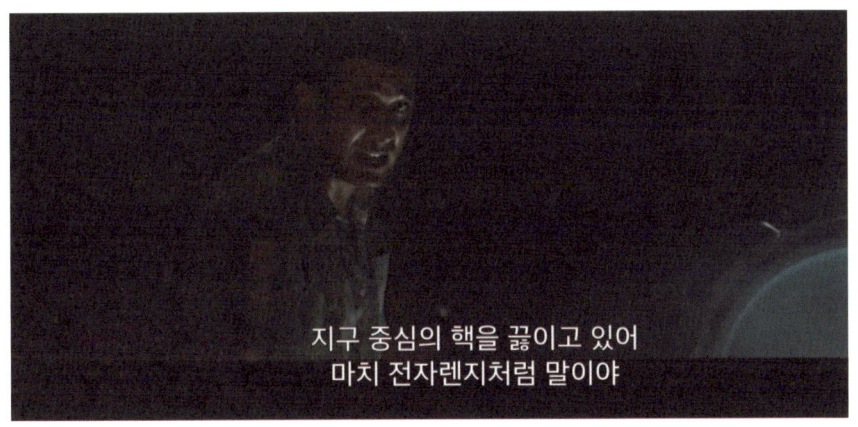

[그림 4-17] 영화 〈2012〉, 솔라 플레어와 지진/화산의 관계

"결론적으로, 1996~2016년 전 세계 지진 목록을 분석한 결과는 동일 기간에 측정된 양성자 밀도(proton density)와 유의미한 상관관계를 보였다. 이러한 상관관계는 **태양 활동으로 인해 일정 임계값을 초과한 '최고 기간(peak period)'이 끝난 직후의 24시간 뒤 지진이 발생할 확률이 더 크다**는 형태로 기술된다. 전 지구적 지진 활동과 태양 활동 사이의 이런 종류의 상관성은 양성자 속도, 양성자 동역학압(dynamical pressure), 양성자 플럭스(proton flux), 양성자 밀도 등 태양 활동과 연결된 다른 변수들로도 검증되었다. … 따라서 **태양 활동에 의해 변조된 양성자 밀도와 전 세계 대형 지진 사이의 상관관계는 분명하고 유의미한 것**으로 보인다"는 내용에서 태양의 활동이 폭발하면 양성자 밀도가 높아지는 결과값으로 태양과 지진의 상관관계를 나타내고 있다.

그리고 지진 발생이 지자기 전류와 관계가 있다는 연구가 있는데 연구자들(Duma & Ruzhin)은 지자기장의 세기 변동이 일정 주기(수십 년)

동안 지진 활동의 강약과 동일하다는 패턴을 관측했다.[241] 이 논문에서는 더 깊이 들어가서 '태양 활동 → 지자기장 변화 → 지진 활동'의 연관성을 파악했다. 결국 태양 활동은 지구의 지자기장 변화를 가져오고 그것이 지진 활동을 일으킨다는 것이다.

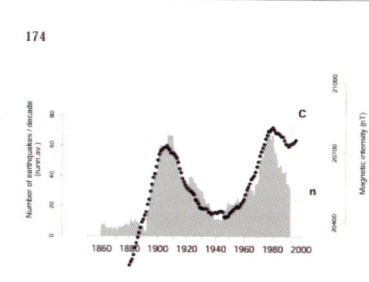
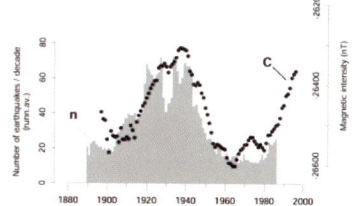
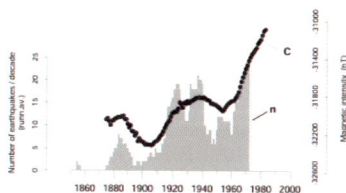

[그림 4-18] 태양 운동과 지자기 강도의 동일성

---

241 Gerald Duma & Yuri Ruzhin(2003), Diurnal changes of earthquake activity and geomagnetic Sq-variations. Natural Hazards and Earth System Sciences, 3(3/4), 171-177. https://doi.org/10.5194/nhess-3-171-2003

이 논문에 나오는 [그림 4-19]는 지자기장 장기 변동(secular variations)"과 지역 지진 발생 빈도의 상관관계를 보여주고 있다.

- X축: 연도(1860~2000/2020)
- 왼쪽 Y축: 지진 발생 수 → 지진 발생 수(10년 단위)
- 오른쪽 Y축: 지자기 강도(nT)
- Fig. 9. 오스트리아 지역(AUS)
- Fig. 10. 중국 동부 지역(E-China)
- Fig. 11. 일본 도쿄 지역(Tokyo)

이 지역들의 지진 발생 수와 지자기 강도가 동일한 선을 그리고 있다는 것을 알 수 있다.

2022년 논문 『지구 화산 분출과 태양 활동의 잠재적 연계성 연구(Terrestrial volcanic eruptions and their possible links with solar activity)』[242]에서는 태양 활동 극대기 동안 발생하는 자기 폭풍은 단층의 특성에 영향을 주어 일부 지역에서 대규모 지진을 발생시킬 수 있음을 밝혔다(Han 등, 2004; Love & Thomas, 2013). 또한 전 지구 어디에서든 발생하는 대규모 지진과 고속 태양풍 및 양성자 밀도의 증가 사이에는 명확한 상관관계가 발견되었는데, 평균 흑점 수로 정의되는 태양 활동 극대기 동안 증가하는 것으로 알려져 있다.

그리고 "화산 폭발 빈도는 태양 활동 주기와 커다란 상관관계가 있음이 나타났다. 화산 활동이 증가하는 시기는 종종 태양 주기의 극대기와 일치하는데, 이때 흑점 수, 태양풍, 자기 폭풍이 모두 증가한다. 이는 **태양 활동**

---

[242] Irina Vasilieva & Valentina V. Zharkova(2022.03), Terrestrial volcanic eruptions and their possible links with solar activity. arXiv preprint arXiv:2203.03637. https://arxiv.org/pdf/2203.03637

이 지구 자기권과 지각 응력 조건을 조절하여 지상 화산 활동의 방아쇠(trigger) 역할을 할 수 있음을 시사한다"고 주장했는데, 태양과 지진, 화산의 관계가 매우 잘 나타나 있다.

또 다른 2024년 논문 『태양 활동과 연관된 지진 현상의 분류(Classifying Seismic Events Linked to Solar Activity)』[243]에서 양성자 밀도에 대한 연구와 태양 → 지진으로, 지진 → 화산으로 이어지는 과학적 단계를 살펴보자.

태양 활동 → 지구 지질 활동으로 이어지는 단계적 과정

① 태양에서 지구로 충격 전달

태양에서 발생하는 고속 태양풍(HSS)이나 코로나 질량 방출(CME)은 지구 대기와 전리층에 충격을 주는데, 이때 양성자 밀도가 증가한다. 이러한 입자 유입은 지구 자기권과 전리층을 교란시킨다.

② 지표와 지하에 미치는 전기적·기계적 영향

전리층 변동으로 인해 지표 및 지하에 유도 전류가 발생한다. 이 전류는 단층이나 마그마 체계 내의 전기적·화학적 조건을 변화시키며, 압전 효과[244]나 전기화학적 불안정을 통해 단층의 균열이나 마그마의 움직임을 촉발

---

[243] Altaibek, Aizhan; Nurtas, Marat; Zhantayev, Zhumabek; Zhumabayev, Beibit; Kumarkhanova, Ayazhan. (2024). Classifying Seismic Events Linked to Solar Activity: A Retrospective LSTM Approach Using Proton Density. Atmosphere, 15(11), 1290. https://www.mdpi.com/2073-4433/15/11/1290

[244] 압전 효과(壓電效果, Piezoelectric effect)란 특정한 결정 구조를 가진 물질에 기계적인 압력이나 변형을 가했을 때 전기적 전위차(전하)가 발생하는 현상이다.

할 수 있다.

③ 대기와 지각 응력[245]의 미세한 변화

태양풍 충격은 대기 중력파를 발생시켜 이를 지표로 전달한다. 그 결과 지표 기압과 응력이 미세하게 변하며, 이미 불안정한 상태의 **단층에서 지진을 유발할 수 있다.**

④ 화산 분출로의 연결 가능성

고에너지 입자 유입이나 그에 따른 화학·물리적 변화는 마그마 내부에서 기포핵(버블핵)의 형성을 촉진할 수 있다. 이는 마그마의 압력 상승과 함께 분출 가능성을 높이는 메커니즘으로 일부 실험적·이론적 연구에서 제시된 바 있다.

즉 태양 활동 → 전리층·자기권 교란 → 유도 전류·응력 변화 → 지진 발생 → 화산 분출 가능성이라는 연쇄적 연결고리로 정리할 수 있다.

---

[245] 지각 응력(地殼應力, crustal stress)이란 지구의 지각(地殼, 지표를 이루는 암석층)에 작용하는 힘과 압력 상태를 의미한다. 다시 말해, 암석이 어떤 방향으로 당겨지거나 눌리거나 비틀리며 내부에 쌓이는 힘의 분포를 가리킨다.

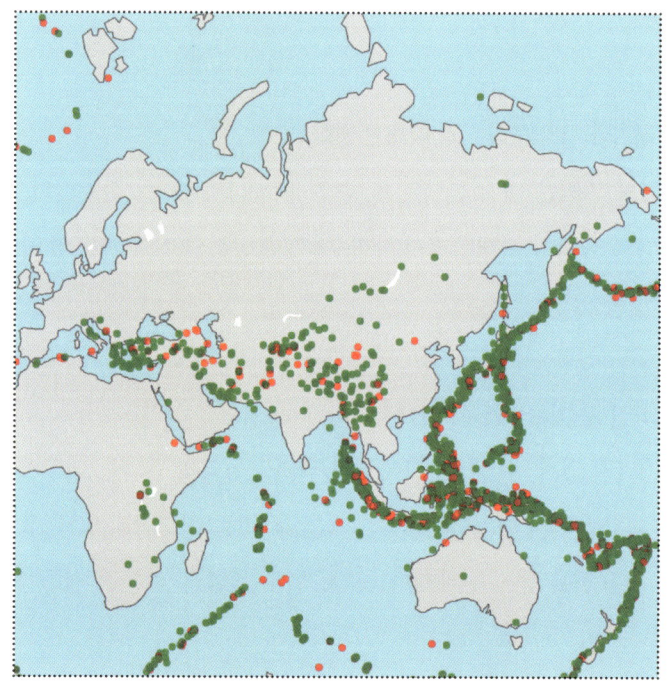

[그림 4-19] 1996년부터 2023년 7월까지의 지진 예측 평가 지도

[그림 4-19]는 동일 논문에서 제시된 '양성자 밀도(proton density)'를 활용한 지진 예측 사례를 보여준다. 그림 속 붉은 점은 예측에 실패한 경우를, 녹색 점은 예측에 성공한 경우를 나타내는데, 논문에서는 이 실패조차도 태양 입자 신호가 지나치게 미세하여 관측 장비가 완전히 포착하지 못한 기술적 한계로 해석하고 있다. 다시 말해, 일부 예외적인 오차를 제외하면 대부분의 사례에서 양성자 밀도를 이용한 지진 예측이 높은 정확도를 보였다는 것이다.

이러한 결과는 태양 활동과 지구 지질 변화 사이에 존재하는 유의미한 상관성을 뚜렷하게 시사한다. 특히 [그림 4-20]은 지진이 집중된 지역 분포가 '환태평양 조산대(Ring of Fire)',[246] 즉 불의 고리와 거의 일치함을 보여주며, 태양 입자 변화가 지구의 지진 활동과 연결되어 있음을 시각적으로 입증하는 중요한 자료라 할 수 있다.

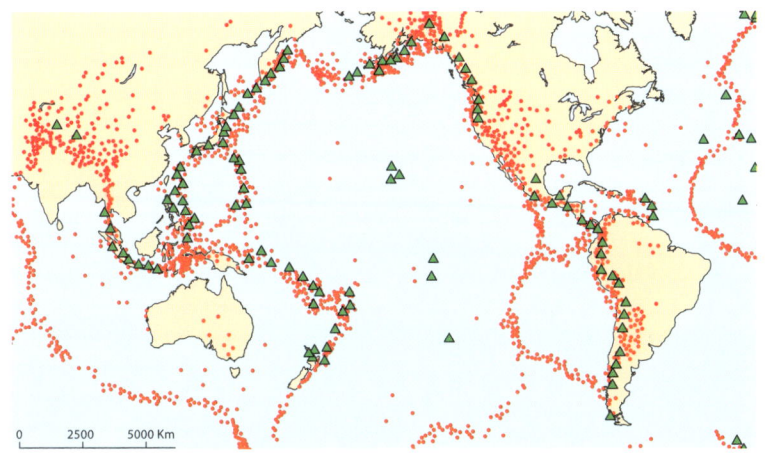

[그림 4-20] 환태평양 조산대의 지진 발생 분포

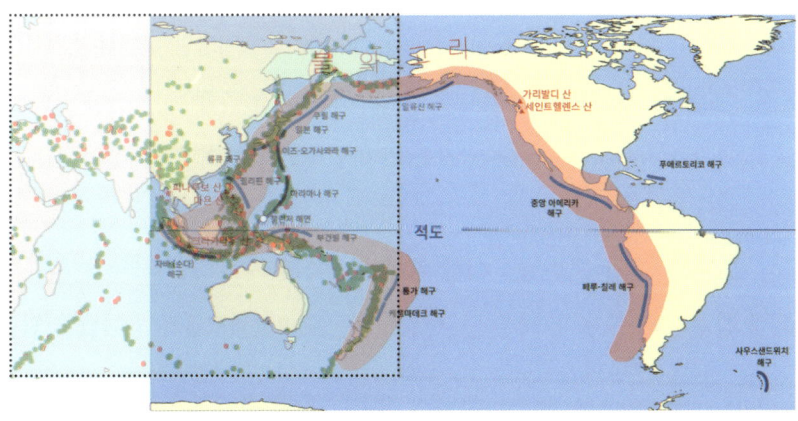

[그림 4-21] 양성자 밀도 측정 태양 활동의 예측(좌, [그림 4-20])과 불의 고리(전체)가 정확히 겹쳐진 모습

246　환태평양 조산대(環太平洋造山帶, circum-Pacific orogenic belt)는 태평양판(Pacific Plate)의 동, 서 및 북부에 분포하는 섭입대, 충돌대 및 섭입대를 잇는 판의 경계를 두루 묶어 이르는 표현이다.

[그림 4-20]과 [그림 4-21]을 비교하면 **'양성자 밀도'와 '지진 화산대'를 정확히 공유하고 있음을 볼 수 있다.** 이 두 그림을 합쳐 보면 양성자 밀도 그림의 우측이 잘렸지만 정확히 같다는 것을 알 수 있다.

이제 **태양 활동=지진/화산**임을 정확히 알 수 있다. 그렇다면 여기서 얻을 수 있는 또 다른 사실은 현재 지진과 화산 활동의 증가와 거대한 지각판의 이동에 태양 활동이 미치는 영향이 클 수 있다는 것이다.

이것은 거꾸로 지진과 화산 활동이 커진다면 태양 활동도 커질 수 있다는 말이다. 그래서 현재 지구에서 벌어지고 있는 지진과 화산의 활동 강도 추이를 보고자 한다.

그리고 지구의 지진, 화산 활동의 위험성에 대한 보고 중 2004년 수마트라 대지진 이후 이 지역이 새로운 고위험 국면에 들어섰음을 보여주는 연구가 있다. 연구 논문 『순다 아크(Sunda Arc) 지진 활동: 2004년 이후 대규모 지진 증가 추세(Sunda-arc seismicity: continuing increase of high-magnitude earthquakes since 2004)』[247]에서 저자들은 1964~2020년까지 약 56년 동안 순다 아크 지역에서 발생한 약 313,500건의 지진에 대해 국제지진센터(ISC)가 보고한 자료를 분석했다.

그 결과, **연간 진도 6.5 이상 지진의 건수가 지속적으로 증가하는 추세를 발견했다. 모델 분석은 앞으로도 대규모 지진이 계속 늘어날 것임을** 시사한다.

---

247 Srivastava, N., Köhler, J., Nava, F. A., El Sayed, O., Chakraborty, M., Steinheimer, J., Faber, J., Kies, A., Thingbaijam, K., Zhou, K., Rümpker, G., & Stoecker, H.(2021). Sunda-arc seismicity: continuing increase of high-magnitude earthquakes since 2004. arXiv. https://arxiv.org/pdf/2108.06557

이러한 대규모 지진의 증가와 화산 분화 가능성 증가는 **북미 지역**의 '오리건 해안 해저 화산', '알래스카의 스퍼 산', **유럽**의 '이탈리아 캄피 플레그레이 초화산', 그리스 '산토리니 화산', '아이슬란드 레이캬네스 반도', **동아시아**의 '일본 난카이 해구', '도카라 열도', '백두산(한반도)', **동남아·태평양**의 '필리핀 칸라언 화산', '인도네시아 이부/레워토비 화산', '수마트라 메가스러스트', **러시아·태평양**의 '캄차카 반도' 등 **불의 고리** 영역에서 위험을 팽창시켜가고 있다.

2025년 7월 30일 새벽, 러시아 캄차카 지역을 강타한 규모 8.7의 대지진은 태양 활동의 증가와 관련 있을 수 있다고 러시아 전문가가 타스통신을 통해 밝혔다.[248] 보도에 따르면, 러시아 과학아카데미 통합지구물리서비스 바이칼 지부 소장 옐레나 코벨레바(Elena Kovaleva)는 "최근 전 세계적으로 지진 활동이 활발해지고 있다. 터키, 미얀마에 이어 이번에는 캄차카에서 강진이 발생했다. 심지어 카자흐스탄에서도 최근 규모 5의 지진이 보고되었는데, 그 지역에서는 이 정도 강도의 지진이 매우 드물다"고 말했다.

코벨레바 소장은 "나를 포함한 여러 동료들은 이러한 현상을 최근 급격히 증가한 태양 활동과 연관이 있다고 본다"며, "최근 들어 지자기 폭풍과 태양 플레어에 관한 보고가 빈번하게 이어지고 있다"고 덧붙였다.

이 발언은 태양 활동이 지구의 지진 활동에 일정한 영향을 미칠 수 있다는 러시아 학계의 관측적 견해를 반영하는 것으로, 태양–지구 상호작용에 대한 과학적 논의가 다시 주목받고 있음을 시사한다.

---

248 TASS(2025.07.30), Strong earthquake in Russia's Kamchatka may be linked to solar activity surge — expert. https://tass.com/science/1996049

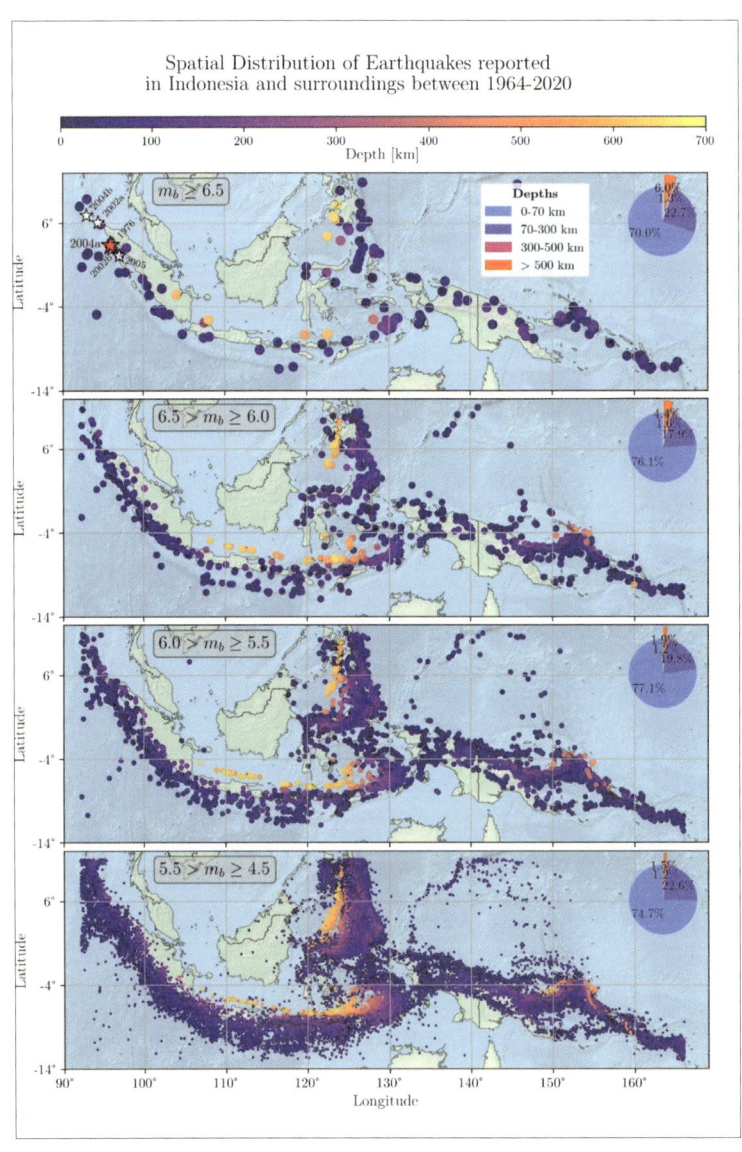

[그림 4-22] 1964~2020년 인도네시아 및 주변에서 보고된 지진의 공간 분포

> 러시아 지구물리학연구소(ИФЗ RAS)는
> 캄차카 반도의 시벨루치(Sheveluch) 화산이 분화할 당시
> 전리층 밀도 변화와 마그마 챔버 압력파의 동시 관측을
> 보고했다. 폭발 직전 고속태양풍(HSS)과 CME 도달,
> 지자기가 Kp 7 이상 급상승했다는
> 다중 폭발(VEI 5급)에 대한 내용을 밝혔다.[249]

이 정도면 이제 태양과 → 지진/화산에 관계에 대해서는 더 언급하지 않아도 될 정도로 확인할 수 있다.

이 전문가는 **지각을 재편하는 판구조적 과정이 태양 활동의 영향을 받는다고 지적했다.** 동시에 이번 지진이 인위적 요인으로 발생했을 가능성은 낮다고 덧붙였다. "쿠즈바스(세계 최대 석탄 산지 중 하나)나 야쿠티야 같은 대규모 채굴지나 브라츠크·우스트일림스크 같은 대형 저수지가 우리 지역에는 없다. 따라서 인위적 요인으로 연결짓기는 어렵다. 이번은 자연 현상이다."

이런 연구를 몇 가지 더 소개한다.

- 『지진 활동에 미치는 태양열의 역할(The role of solar heat in earthquake

---

[249] Alexander Zherebtsov et al.(2024), Some Effects of the Sheveluch Volcano Eruption of 10 April 2023 on Atmospheric Electricity and the Ionosphere. Atmosphere,15(12), 1467. https://www.mdpi.com/2073-4433/15/12/1467

activity)』[250]

연구 배경: 저자들은 이전에 태양 활동(특히 태양흑점 수)과 지진 활동 사이의 인과관계를 제기한 논문을 2022년에 발표했다.

• 〈사이언스 얼라트(ScienceAlert)〉(호주)

"태양의 활동이 지진 발생을 촉발할 수 있다(The Sun's Activity Can Trigger Earthquakes)" 기사. 태양 흑점/태양열 → 대기/지하수·암석 물성 변화 경로를 통해 지진성이 변할 수 있다는 메커니즘 서술(쓰쿠바대 연구 기반).[251]

• 〈포브스(Forbes)〉(미국)

"태양이 지진의 원인이 될 수 있는가?(Does The Sun Cause Earthquakes?)" 기사. 최근 연구(쓰쿠바대 팀)를 소개하며 태양 활동과 지진 사이의 통계적 연결 가능성을 설명.[252]

• 〈지오그래피컬(Geographical)〉(영국)

"태양열은 어떤 방식으로 지진을 일으키는가?(How does solar heat cause earthquakes?)" 특집. 같은 연구를 배경으로 태양열-지진 연계 메커니즘을

---

[250] Matheus Henrique Junqueira Saldanha, Masanori Shiro, Yuji Yagi, & Yoshito Hirata(2025), The role of solar heat in earthquake activity. Chaos, 35(3), 033107. https://doi.org/10.1063/5.0243721
[251] Michelle Starr(2025.03.05), The Sun's Activity Can Trigger Earthquakes, And Now We Know How. ScienceAlert. https://www.sciencealert.com/the-suns-activity-can-trigger-earthquakes-and-now-we-know-how
[252] David Bressan(2025.03.05), Does The Sun Cause Earthquakes? Forbes. https://www.forbes.com/sites/davidbressan/2025/03/05/does-the-sun-cause-earthquakes/

사례와 함께 설명.[253]

• 〈사이언스 뉴스(Sci.News)〉(미국)

"태양열이 지구의 지진 활동에 관여할 수 있다(Solar Heat May Play Role in Seismic Activity on Earth)" 기사. 연구 결과 요약 및 지진 예측 모델에 태양 지표 온도·활동 변수를 결합할 수 있다는 전망 소개.[254]

• arXiv(국제 프리프린트)

"지구 화산 분출과 태양 활동의 상관관계에 관한 연구(Terrestrial volcanic eruptions and their association with solar activity)" 프리프린트. 지난 270년간 화산 분출 빈도에 22년 주기가 나타나며 태양 자기장 남반구 극성기와 상관이 높다는 주장(후속 검증 필요). 기사는 아니지만, 이후 다수 매체가 인용·소개함.[255]

이렇게 많은 지면을 할애해서 기후 변화의 문제를 밝히려는 의도는 기후 변화가 가져오는 거대한 **'경제적 격변기'**가 존재하기 때문이다. 나는 그 중 태양 활동의 문제를 가장 크게 보고 있다. 현대의 산업 인프라가 모두 거대한 전기 장치로 연결되어 있는데 태양 활동으로 인해 전기 시스템에 타격이 올 경우 매우 심각한 전기 재난에 빠질 수 있다. 이 기후 변화로 인한 격변

---

[253] Geographical Editors(2025.04.30), How does solar heat cause earthquakes? Geographical. https://geographical.co.uk/news/how-does-solar-heat-cause-earthquakes

[254] Sci.News Staff(2025.03.04), Solar Heat May Play Role in Seismic Activity on Earth. Sci.News. https://www.sci.news/othersciences/geoscience/solar-heat-seismic-activity-earth-13716.html

[255] Irina Vasilieva, Valentina V. Zharkova(2022.03.07), Terrestrial volcanic eruptions and their association with solar activity. arXiv preprint arXiv:2203.03637. https://arxiv.org/abs/2203.03637

[그림 4-23] 오거스틴 산 위로 뿜어져 나오는 화산재 기둥

기의 환경은 다음과 같이 예상할 수 있다.

- 자연재해: 지진+화산+솔라 플레어로 인한 전기, 통신망의 파괴, 방사능 유출 가능성.
- 자연재해로 인한 식량난, 식량 문제로 인한 3차 세계대전이 일어날 가능성.
- 대공황과 자연재해가 겹쳐 심각한 경제난 발생.
- 극심한 온도 변화: 온도 냉각기로 인한 식량 부족 가능성.

다만 유의해야 할 점은 태양 활동과 지진·화산 활동은 시간이 지날수록 **함께 증가**하는 경향을 보이지만, 이들 사이가 **1:1의 즉각적 인과관계로**

연결되는 것은 아니다. 지구의 지각은 여러 거대한 판으로 나뉘어 있으며, 이들은 경계에서 끊임없이 충돌·이동·비틀림을 겪는다. 이러한 불안정한 구조 속에서 태양 활동으로 인한 전자기적 충격이나 에너지 교란은 지각 응력의 해소를 앞당기는 **촉매적 요인**으로 작용할 수 있다.

즉 태양 활동은 판을 직접 움직이는 원인은 아니지만, 이미 불안정한 지각에 채찍 효과를 주어 지진이나 화산 활동을 촉진한다. 따라서 두 현상은 직접적 인과관계라기보다, 복합적 지질-우주기상 상호작용 속의 비선형적 촉진 관계로 이해할 수 있다.

5. 전기 문명의 재앙과 스타링크 그리고 암호화폐

1) 기후 변화와 '소빙하기(Little Ice Age)'

현재 기후의 변화로 온난화를 걱정하는 이들이 대부분인데 사실상 온난화보다 냉각기를 걱정해야 한다. 냉각기의 문제 중 하나를 꼽는다면 해양 문제를 들 수 있다.

[그림 4-24] 남극의 노이마이어 해협에서 빙산이 녹아 떠다니는 모습

2025년 3월 27일 스탠퍼드대 연구진은 "얼음이 녹고 비가 더 많이 내려 남극해가 냉각되고 있다"는 연구 보고서를 발표했다.[256] 그들은 남극 주변 해양에서 예측된 온도와 실제 관측된 온도 사이에 수십 년 동안 존재했던 불일치의 약 60%가 **빙하 용수(녹은 물)와 강수 증가**로 설명될 수 있다는 사실을 발견했다. 최근 수십 년 동안 남극해의 표층 해수는 기후 모델의 예측과 달리 냉각되고 있다. 과학자들은 1990년 이후 관측된 냉각 현상 중 초기 모델에 반영되지 않은 **담수(민물)** 유입이 얼마나 큰 영향을 미쳤는지를 정량화했다. 연구진은 빙상(ice sheet)이 녹으면서 해안선을 따라 유입되는 담수가 남극해 표층 수온과 더 넓은 기후 시스템에 놀라울 정도로 강한 영향을 미친다는 사실을 발견했다.

해양은 인류가 배출한 이산화탄소의 4분의 1 이상과 온실가스로 인해 기후 시스템에 갇힌 초과 열의 90% 이상을 흡수했다. "남극해는 이런 현상이 주로 일어나는 핵심 지역 중 하나입니다"라고 이번 연구의 제1 저자인 스탠퍼드 지구시스템과학 박사후 연구원 재커리 카우프만(Zachary Kaufman)이 말했다.

결과적으로 남극해는 전 지구 해수면 상승, 해양 열 흡수, 탄소 격리에 불균형하게 큰 영향을 미친다. 또한 남극해 표층 온도는 **엘니뇨와 라니냐 기상 패턴**에 영향을 미쳐, 멀리 떨어진 캘리포니아의 강수량까지 바꾼다.

"우리는 남극해의 냉각 추세가 사실상 지구 온난화에 대한 반응이라는 것을 발견했다. **지구 온난화가 '빙상 융해'와 '지역 강수'를 가속화하기 때**

256　Stanford University(2023.05.22), Melting ice, more rain drive Southern Ocean cooling. Stanford Sustainability. https://sustainability.stanford.edu/news/melting-ice-more-rain-drive-southern-ocean-cooling

문이다"라고 스탠퍼드 교신 저자인 윌슨은 말했다.

기온 상승으로 남극 빙상이 녹고 강수가 늘면서, 남극해의 표층은 점점 염분이 줄어들고 따라서 밀도도 낮아지고 있다. 이것은 뚜껑처럼 작용하여 차가운 표층 해수와 그 아래의 따뜻한 물 사이 교환을 제한한다. 윌슨은 "표층을 더 담수화할수록 따뜻한 물이 위로 섞여 올라오는 것이 더 어려워진다"라고 설명했다. 결국 지구 온난화로 인해 **해류 순환 시스템 붕괴**가 일어나고 그 결과 **지구의 냉각기 재앙**을 불러온다는 것이다.

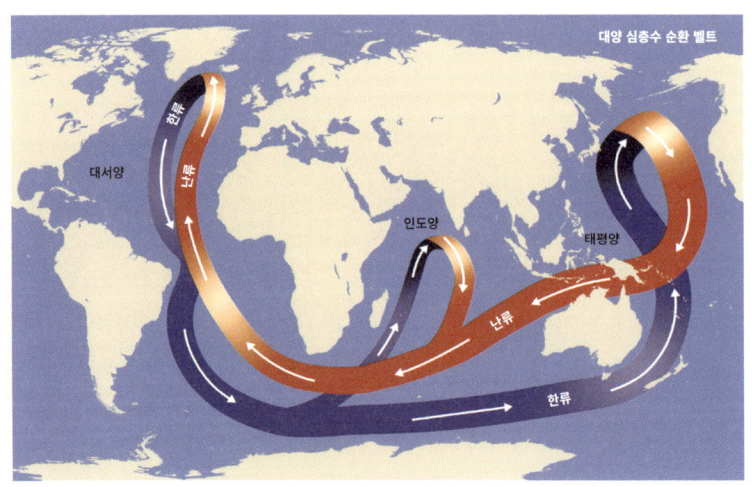

[그림 4-25] 해수 컨베이어벨트

사우스햄튼 대학교 해양학 및 기후학 교수 로버트 마쉬는 더 컨버세이션(The Conversation)의 연구 보고서에서 "대서양 자오선 순환(AMOC)이 향후 수십 년, 어쩌면 몇 년 안에 붕괴할 수 있으며, 이로 인해 유럽의 기상 상황은 더욱 극심한 극한 상황에 직면할 수 있다"고 말했다.

그는 이 보고서에서 아모크 해류의 붕괴가 유럽과 그 너머에 더 큰 기후 혼란을 초래할 것임을 알고 있고, 최소한 이는 인지할 가치가 있는 위험이라고 경고했다. 그는 해양 열수송이 끊기면 유럽은 북위도에도 불구하고 심각한 한랭화를 겪을 수 있고 역사적으로도 **소빙하기(Little Ice Age)**가 도래할 가능성이 높은데 이것을 AMOC의 약화로 인한 결과로 보고했다. 이것을 영화로 재현한 것이 영화 〈투모로우〉이다.

"온난화의 끝은 냉각기이다."
기후 변화는 온난화가 아니라 냉각기의 문제이다.

2) 곧 도래할 솔라 플레어와 '소빙하기' 그리고 '전기 문명의 재앙'

앞(4. 기후 변화(태양 활동)와 경제 몰락)에서 다룬 태양 활동의 문제는 지진과 화산에서 끝나지 않는다. 태양의 폭발적 에너지 방출 현상은 송전망이나 무선 통신 또는 많은 전기적 장치에 큰 재앙을 불러올 수 있다. 현재 지진과 화산 활동이 증가하고 있는 것은 바로 태양 활동도 증가하고 있다는 증거이기 때문이다.

지진과 화산의 경제적 손실이나 그 이후에 나타나는 기후의 문제점은 역시나 **지구 냉각기**이다. 미국 지구물리학 연합(AGU)이 2002년에 발표한 논문 『마운더 극소기 동안의 폭발성 화산 활동의 역할(The Role of Explosive Volcanism During the Maunder Minimum)』은 수십 년 동안 태양 흑점이 거의 완전히 사라졌던 '마운더 극소기'를 집중적으로 분석한 연구이다.

이 논문은 태양 활동의 극단적 약화기였던 마운더 극소기 동안, 폭발성 화산 활동이 기후 냉각과 지구 시스템 변화에 어떤 영향을 미쳤는가를 다층적으로 검토했다. 다시 말해, 단순한 태양 흑점 감소 현상만이 아니라, 태양 복사 에너지의 감소와 화산 분출에 의한 대기 에어로졸 증가가 복합적으로 작용하여 장기적인 기후 이상을 초래했을 가능성을 과학적으로 탐구한 연구라 할 수 있다. 이는 일반적으로 태양 복사량 감소와 관련이 있다. 특히 1675년에서 1705년 사이의 후기 마운더 극소기 동안 서유럽에서 이례적으로 추운 날씨가 자주 발생했는데, 이는 종종 **소빙하기**와 동의어로 사용되었다.

이 연구 초록에서는 마운더 극소기 시기의 기후 냉각을 설명하기 위해 "폭발성 화산 분출의 강제력(forcing)"이 태양복사 감소와 중첩·결합하여 냉각을 증폭시켰을 가능성을 다룬다. 즉 단순히 태양 활동 저하만이 아니라, 당시 연속된 **대규모 화산 분출이 기후 시스템에 추가 냉각 효과**를 주었을 수 있다는 점을 모델링 실험과 함께 탐구했다.

쉽게 말하면, **마운더 극소기의 혹독한 기후 냉각은 태양 복사 감소 + 폭발성 화산의 이중 효과 때문**일 수 있다는 것이다.

이에 따라 미래의 기후 문제를 다시 한번 간단히 정리해보자.
- 해류 순환 시스템의 붕괴 + 화산 = 냉각기
- 지진 + 화산 = 태양 활동 증가 → 전기, 통신의 재앙 가능성
- 자연재해 + 지구 냉각기 + 식량난 + 전기, 통신의 인프라 타격 가능성 = 급격한 산업 수렴과 위축기 가능성

위의 내용들은 자연재해나 태양 활동에 대한 자료를 자주 접해보지 못

한 독자라면 다소 충격적일 수 있지만 매우 합리적인 추론으로 도달한 내용이며, 이 중 태양 활동으로 인한 전기, 통신의 재앙에 대한 것은 다음 내용으로 보충하고자 한다.

3) 태양 활동으로 인한 전기, 통신 인프라의 위험

태양 활동으로 인한 지구의 범 전신망 파괴의 사례로는 1859년 9월 1일 새벽, 대규모 태양 플레어 발생으로 인한 **캐링턴 사건(the Carrington Event)**[257]이 있다. 당시에 전기를 사용하는 정보통신 물건이 전신기를 통한 전보뿐이었기 때문에 피해는 크지 않았지만, 북미와 유럽 지역의 통신망을 박살냈고 전신기사들은 전신기에서 발생한 전기 충격을 받고 쓰러졌다.

[그림 4-26] 캐링턴 사건을 재현한 그림

---

257   1859년 8월 28일~9월 2일, 영국 천문학자 리처드 캐링턴(Richard Carrington)이 태양 흑점 폭발(플레어)을 최초로 시각 관측했다. 이는 초대형 태양 플레어 + CME(코로나 질량 방출) 복합 사건으로 태양 플레어가 약 17시간 만에 지구에 도달(보통 2~3일 걸리는데 이례적 초고속)했으며, 강도는 분류 G5급(가장 강력한 지자기 폭풍)으로 추정한다.

이때 몇몇 전신 기사들은 전신기 전원을 차단했는데도 통신 케이블에서 발생한 유도전류만으로도 상대편과 원활한 통신이 가능했다고 한다. 실제로 9월 2일 밤 미국 보스턴과 포틀랜드 간의 전산기사들은 전원인 전지 없이 무려 2시간 넘게 대화할 수 있었다.[258]

그리고 이런 일화도 전한다.

"1859년 9월 초, 북미와 유럽은 물론 카리브해, 하와이, 일본 등 저위도 지역에서도 오로라가 관측되었다. 쿠바에서는 하늘이 붉게 물들어 광부들이 새벽이 온 줄 알고 작업을 시작했다."[259]

당시에는 전기 통신망이 발전하지 않아서 그나마 큰 타격을 입지는 않았다. 그러나 전기, 통신, 인터넷, 위성 등이 촘촘히 분포된 현대는 문제가 달라진다. 이것은 앞서 언급했듯, 근래 지진과 화산 분화 가능성이 커지고 그 원인이 태양 활동이라는 연구가 있으므로 앞으로 태양 활동이 강타할 경우 현대 사회 다양한 분야에서 심각한 손상이 우려된다.

역사적으로 강력했던 태양 활동 사례를 간단히 정리하면 다음과 같다.

- 1989년 캐나다 퀘벡 전력망 붕괴. 9시간 블랙아웃, 위성 오류 다수.
- 2003년 할로윈 태양폭풍. GPS 오류, 항공통신 차단.
- 2012년 캐링턴급 CME 발생(지구 비껴감). NASA·STEREO 위성 관측, **"지구를 9일 차이로 스쳤다."**

---

[258] American Telegraph Company(1859.09.03), Report on the effects of the solar storm on telegraph systems. Boston Traveller. 재인용: NASA Goddard Space Flight Center(2008.05.06), The 1859 Solar Storm – The Carrington Event. NASA. https://science.nasa.gov/science-news/science-at-nasa/2008/06may_carringtonflare

[259] New York Times(1859.09.05), Extraordinary displays of the Aurora Borealis. New York Times Archives. 재인용: Lloyd's of London(2013), Solar storm risk to the North American electric grid. Lloyd's Emerging Risk Report. https://assets.lloyds.com/media/Solar-storm-risk-to-the-north-American-electric-grid.pdf

- 2023~2025년 태양 활동 흑점 25주기의 극대기 접근. X클래스 플레어·지자기 폭풍 빈도 증가 추세.

위 사건에서 보다시피 2012년에 캐링턴급 CME가 발생했으나 각도의 차이로 타격을 입지 않았고 태양의 극대기마다 이 충격의 빈도수가 증가하고 있음을 알 수 있다. 통계적으로 캐링턴급 태양 폭풍은 100~150년에 한 번꼴로 발생한다.[260] 재발 시에는 위성·GPS·항공통신·전력망·금융망에 걸친 막대한 피해(2~4조 달러 규모)가 예상되며,[261] 복구에는 수년이 걸릴 수 있다.[262]

태양 활동 25주기 극대기(2025~2026)에 접어들고 있으며, 미국 국립해양대기청(NOAA)에서는 강력한 지자기 폭풍 확률이 크게 증가할 것으로 예측한다.[263]

그리고 유럽우주국(ESA, European Space Agency) 보고에 따르면, 2021년 7월 스페인 전역과 포르투갈 일부 지역에서 발생한 대규모 정전의 원인은 **태양풍에 의한 지자기 교란 → 초고압 송전선 보호 시스템 오작동**으로 분석된다. 정전 발생 직전 태양에서 M1급 플레어와 CME가 방출되어 약 30시간 후 지구에 도달해 지자기 폭풍(Kp 6~7)을 유발했다. 이로 인해 스페인 북

---

[260] NASA Goddard Space Flight Center(2019.09.01), The 1859 Solar Storm - The Carrington Event. NASA. https://science.nasa.gov/science-news/science-at-nasa/2008/06may_carringtonflare

[261] Daniel Baker, et al.(2013.06), A major solar eruptive event in July 2012: Defining extreme space weather scenarios. Space Weather, 11(10), 585-591. https://doi.org/10.1002/swe.20097

[262] Lloyd's of London & Atmospheric and Environmental Research(AER)(2013), Solar storm risk to the North American electric grid. Lloyd's Emerging Risk Report. https://assets.lloyds.com/media/Solar-storm-risk-to-the-north-American-electric-grid.pdf

[263] NOAA Space Weather Prediction Center(2024.03), Solar Cycle 25 update: Approaching maximum. NOAA SWPC Report. https://www.swpc.noaa.gov/news/solar-cycle-25-forecast-update

부-프랑스 남부를 잇는 레드 엘렉트리카(Red Eléctrica) 고전압선(400kV급)에 과전류 보호장치가 동시에 작동했고, 이로 인해 광범위한 블랙아웃(약 1시간, 200만 명 영향)이 발생했다.[264]

이러한 사례들은 캐링턴급 사태가 다시 터질 경우 수년간 전기와 위성, 인터넷 없는 환경에 내몰릴 수 있다는 근거이다. 태양 활동의 증가가 이 확률을 더욱 높여간다는 것은 현실이다. 2012년에 이 사건이 재발되지 않은 것은 단순히 운이 좋았다는 표현이 어울린다. 우리는 언제든 이 가능성을 열어두고 있어야 한다. 현대 사회에서 데이터센터를 확장하는 과정에서 증설되는 거대한 송전탑 역시 재난의 원인이 될 수 있다. 이러한 송전망은 도시 전력 인프라와 원전까지 긴밀히 연결되어 있어, 송전탑이 피해를 입을 경우 도미노식 연쇄 반응으로 손실이 훨씬 커질 수 있다.

4) 재난 지역에서 암호화폐 사용 가능성과 사례

지금까지의 기후 변화에 대한 많은 사례들을 하나의 줄기로 묶어보면 지진→화산→태양 활동→기온 저하, 식량난, 전기 통신망 타격 등이다. 여기에서 '화폐'와 '시장' 문제가 대두될 수 있다. 이러한 기후 변화의 흔적 중 실제로 재난급 상황이 발생할 경우 가능한 결제나 시장의 상황을 예측해보자.

대규모 자연재난(지진, 화산 폭발, 쓰나미 등)은 종종 금융·통신 인프라의 즉각적인 붕괴를 초래한다. 이러한 상황에서 전통적 화폐 체계와 은행 네

---

[264] European Space Agency(2021.07), Solar storm triggers geomagnetic disturbance linked to Spain blackout. ESA Technical Bulletin. https://www.esa.int/Newsroom/SolarStormSpain2021

트워크가 마비될 경우, 블록체인 및 암호화폐 기반 결제 구조가 대체적 가치 이전 및 구호 자금 전달 수단으로 부상할 수 있다는 논의가 활발하다. 그 내용을 정리해본다.

[그림 4-27] 지진과 암호화폐

① 통신 붕괴 상황에서의 분산 결제

바바툰데 오제튄데(Babatunde Ojetunde) 외(2020)는 재난으로 인해 셀룰러 통신이 끊긴 지역에서 "MANET(Mobile Ad-hoc Network)"을 이용한 지불 시스템을 제안했다. 이 시스템은 중앙 서버가 아닌 P2P 노드 간 거래 검증 구조를 갖추어, 통신 인프라가 사라져도 암호화폐형 디지털 결제가 작동하도록 설계되었다.[265]

---

[265] Babatunde Ojetunde, Naoki Shibata, & Juntao Gao(2019.12), Secure Payment System Utilizing MANET for Disaster Areas. IEEE Transactions on Systems, Man, and Cybernetics: Systems, 49(12), 2651-2663. https://doi.org/10.1109/TSMC.2017.2752203

② NGO·공공기관의 자원 관리 투명화

아이쿠트 오즈칸(Aykut Özkan) 외(2022)는 재난 시 다수의 NGO와 정부기관이 동시에 구호 자원을 배분하는 과정에서 발생하는 불투명성과 중복 문제를 해결하기 위해 "블록체인 기반 스마트계약 시스템(NGO-RMSD)"을 제안했다. 이 시스템은 구호품 이동과 자금 흐름을 모두 블록체인 상에서 기록하여 감시 추적이 가능한 투명한 자원 관리 체계를 제공한다.[266]

③ 드론 네트워크 기반 긴급 통신망

사이드 하피즈(Saeed Hafeez) 외(2024)는 지진 후 통신망이 완전히 붕괴된 지역에서 드론(UAV) 네트워크를 블록체인으로 통합 관리하는 구조를 연구했다. 각 드론은 분산원장에 참여하여 데이터와 위치를 공유하며, 신뢰성 있는 구호 통신망과 물류 지원 체계를 형성할 수 있음을 보였다.[267]

④ 팬데믹 및 재난 위험 관리(DRM) 응용

이스마일 페케르(Ismail Peker)(2022)는 팬데믹 대응에서 블록체인 기술을 적용한 자원 분배·보조금 지급 체계를 DRM(Disaster Risk Management) 프레임워크로 발전시켰다. 재난 구호에서도 이와 유사한 탈중앙적

---

[266] Aykut Özkan, Ugur Korkmaz, Cengiz Dak, Ercan Karaarslan(2022), A Decentralized Resource Management System Proposal For Disasters: NGO-RMSD(STK-AKYS). arXiv. https://arxiv.org/abs/2204.05884

[267] Saeed Hafeez, Rui Cheng, Louay Mohjazi, Muhammad Ali Imran, Yulei Sun(2024), A Blockchain-Enabled Framework of UAV Coordination for Post-Disaster Networks. arXiv. https://arxiv.org/abs/2402.15331

검증 및 분배 메커니즘이 적용될 수 있음을 시사했다.[268]

⑤ 실제 사례와 국제적 논의

- 〈포브스〉(2025.01.16)는 "재난 발생 시 지불 방법(How Do You Pay In A Disaster)"이라는 글에서 현금 유통이 마비된 재난 현장에서 암호화폐가 대체 결제 수단으로 사용될 가능성을 분석했다.[269]
- 같은 해 4월, 미얀마 지진 구호 활동에서는 비트코인 및 라이트닝 네트워크를 통해 신속한 국제 기부와 식량 지원이 진행된 사례가 보고되었다.[270]
- 세계경제포럼(World Economic Forum, 2023)은 터키-시리아 대지진 대응에서 AI·블록체인·암호화폐가 구호 자금 전달의 효율성과 신뢰성을 높일 수 있음을 언급했다.[271]
- 미디엄(Medium, 2024)은 여러 인도주의 단체들이 암호화폐 기부를 통해 전통 금융망의 지연 문제를 회피한 사례들을 정리했다.[272]

---

[268] Ismail Pokor(2022), Leveraging blockchain in response to a pandemic through BcT in DRM operations. PMC. https://pmc.ncbi.nlm.nih.gov/articles/PMC9803901

[269] David Birch(2025.01.16), How Do You Pay In A Disaster: Cash And Cryptocurrency in Catastrophes. Forbes. https://www.forbes.com/sites/davidbirch/2025/01/16/how-do-you-pay-in-a-disaster-cash-and-cryptocurrency-in-catastrophes

[270] Forbes Digital Assets Editorial Team(2025.04.09), How Bitcoin Is Used To Raise Funds In Myanmar For Earthquake Relief. Forbes. https://www.forbes.com/sites/digital-assets/2025/04/09/how-bitcoin-is-used-to-raise-funds-in-myanmar-for-earthquake-relief

[271] World Economic Forum(2023.02), Türkiye-Syria Earthquake: How AI and Emerging Tech Are Relief Efforts. World Economic Forum. https://www.weforum.org/stories/2023/02/turkiye-syria-earthquake-ai-emerging-tech-relief-efforts

[272] Coinmonks Editorial Team(2024), The Role of Cryptocurrency in Disaster Relief and Humanitarian Aid. Medium. https://medium.com/coinmonks/the-role-of-cryptocurrency-in-disaster-relief-and-humanitarian-aid-df6a796998e3

스타링크와 암호화폐

스타링크는 지진, 홍수, 태풍 등으로 지상 통신망이 파괴된 재난 지역에 신속히 인터넷 연결을 제공한다는 목적으로 설계되었다. (앞으로 재난 지역이 발생하고 늘어날 수 있다는 것을 '그들'이 알고 만들었는지는 알 수 없다.)

[그림 4-28] 스타링크의 재난 대응

예를 들어, 홍수 지역인 텍사스에서는 스타링크가 Mini 키트 + 한 달 무료 연결을 제공해, 사망자 수색/구조 활동과 주민 통신 복구를 지원한 사례[273]가 있고, 재난 대응 단체, 정부 기관과 협력해 하드웨어 기부 또는 우선

---

273 Starlink Official(2025), Emergency Response and Disaster Connectivity. Starlink. https://www.starlink.com/emergency-response

배치를 하기도 했다.[274] 그리고 허리케인 헬린 피해 지역에선 생존자들에게 일정 기간 무료 인터넷 제공을 확장한 보도가 있었다.[275]

그리고 블록체인 거래 검증에는 안정적인 데이터 전송이 필수인데 스타링크는 지상망이 붕괴된 재난 지역에서 "노드 간 동기화(backhaul)"를 유지할 수 있는 인프라로 활용될 가능성이 있다.[276] 즉 블록체인 네트워크의 분산 노드 통신을 우주 기반으로 보완하는 구조적 백본 역할을 수행할 수 있다.

아마도 '스타링크'는 재난이 많아지는 **'모던 II'** 수렴기의 화폐와 정보 전달 시스템으로 운용하기 위해 일론 머스크가 만든 것으로 보인다. 그런데 이조차도 **캐링턴급 태양폭풍이 지구에 도달한다면 위성 시스템 자체도 대부분 망가질 것으로 보여 미래의 경제 시스템에 태양폭풍은 대재앙으로 다가올 수 있음을 시사한다.**

그 한 가지 사례로 네덜란드 중앙은행(DNB)은 전자 지불 시스템이 다운될 경우를 대비해 성인 1인당 70유로, 어린이 1인당 30유로를 현금으로 비축해야 한다고 밝혔다. 네덜란드 중앙은행은 국민들에게 재난이나 비상 상황에 대비해 3일 동안 지낼 수 있는 충분한 현금을 비축해두라며, "정전, 은행 기술 장애, Wi-Fi 끊김 등을 생각해보세요. 그러면 평소처럼 결제하지 못할 수도 있습니다. 하지만 현금 결제는 거의 항상 가능합니다"라고 안내했다.

---

[274] Broadband Breakfast Newsroom(2025.09), Starlink Supports Texas Flood Relief with Emergency Connectivity. Broadband Breakfast. https://broadbandbreakfast.com/starlink-supports-texas-flood-relief-with-emergency-connectivity

[275] ox 29 News(2025.09), Starlink Offers Free Service for Hurricane Victims. Fox 29. https://www.fox29.com/news/starlink-free-service-hurricane-victims

[276] D4H Emergency Tech Blog(2025.08), Improving Emergency Management Communications with Starlink Satellite Internet. D4H. https://www.d4h.com/blog/improving-emergency-management-communications-with-starlink-satellite-internet

이 경고는 "2025년 4월 28일 **스페인과 포르투갈을 강타한 대규모 정전**에 따른 것이다. 정전 원인은 아직 조사 중이다"라고 네델란드의 한 매체는 전했다.[277]

> "태양 활동, 지진, 화산 활동 간의 상호 연관성에 대한
> 통합적 연구는 국내에서 아직 매우 제한적이다.
> 해외에서도 이러한 연구는 초기 단계에 머물러 있으나,
> 지구 시스템의 복합적 상호작용을 이해하기 위해서는 이 분야의
> 학제적 접근이 필요하다. 이러한 연구가 향후 재난 대응과
> 예측 체계 구축에 기여하길 기대한다."[278]

---

[277] Katy Guilbert(2025.05.21), Dutch citizens advised to keep emergency cash on hand amid growing cyber threats. Euronews. https://www.euronews.com/2025/05/21/dutch-citizens-advised-to-keep-emergency-cash-on-hand-amid-growing-cyber-threats

[278] 한국은 아직 태양→지진→화산의 체계적 통합 연구가 거의 이뤄지지 않았다. 나는 이러한 국내 연구를 본 적이 없으니 이 책이 통합 연구의 첫 번째 사례로 보인다.

6. 암호화폐의 실사용기와 슈퍼 체인지 이후

1) SNS의 블록체인 지갑

나는 오랫동안 '그들'이 SNS를 만든 큰 목적 중 하나가 블록체인 지갑의 생성이라고 생각하고 있다. SNS는 연결망이다. 암호화폐는 기본적으로 탈중앙화를 위한 그들의 개인 지갑이 필요하다. 암호화폐를 배포한 후 실사용기로 접어들 때 갑자기 어떤 매개망을 통해 화폐를 결제하고 송금하기란 매우 어렵다. 그래서 서서히 인터넷 사회관계망 속에 지갑을 깔기 위한 빌드업이 SNS라고 생각한다. 그래서 이것도 금융 마피아의 작업이라는 심증을 가지고 있다.

[그림 5-1] SNS 앱 로고들

SNS의 화폐 결제와 전송 1단계는 디지털 결제/송금 시스템이다. 이미 '카카오' 어플에서 사용 중이다. SNS 앱과 연계되는 송금/결제 주요 시스템 사례 및 자료는 다음과 같다.

① 코인베이스(Coinbase)와 SNS 앱 연동 송금 기능[279]

코인베이스 지갑 사용자가 메시징 앱 또는 SNS 플랫폼을 이용해 지갑 링크를 공유하는 방식으로 송금 가능하다고 보도됨.

② 펠릭스(Félix) — 와츠앱 기반 스테이블 코인 송금 플랫폼[280]

라틴계 이민자들을 위해 와츠앱 내에서 '스테이블 코인'으로 해외 송금을 가능하게 하는 서비스가 개발되었다고 보도됨.

③ 베일 메신저(Bale Messenger) (이란) — 메시징 + 결제 기능 통합[281]

베일은 메시징 기능과 함께 금전 송금, 청구서 결제, 선불 충전 등 결제 서비스가 내장된 플랫폼임.

---

[279] Coinbase Editorial Team(2023), Coinbase Enables Sending Money Through Messaging and Social Media Apps. PYMNTS. https://www.pymnts.com/cryptocurrency/2023/coinbase-enables-sending-money-through-messaging-and-social-media-apps

[280] Finextra Editorial Team(2025.05), Félix Raises $7.5 Million for WhatsApp-Based Stablecoin Remittance Platform. Finextra. https://www.finextra.com/newsarticle/45791/flix-raises-75-million-for-whatsapp-based-stablecoin-remittance-platform

[281] Wikipedia Contributors(2025), Bale Messenger. Wikipedia. https://en.wikipedia.org/wiki/Bale_Messenger

④ 카카오톡 + 카카오페이 (한국)[282]

카카오톡 메신저 안에 카카오페이 기능이 연계되어 있어서 사용자 간 송금, 지불 요청 등이 가능함.

⑤ X (전 Twitter) + Visa 협력 — 디지털 지갑/P2P 결제 계획[283]

소셜 미디어 플랫폼 X가 비자와 파트너십을 맺고, 플랫폼 내 디지털 지갑과 실시간 송금 기능을 도입할 계획이라는 보도 있음.

⑥ 스냅챗(Snapchat) — 스냅캐시(Snapcash) 기능[284] (과거)

스냅챗은 과거 '스냅캐시'라는 서비스를 이용해 사용자들 간 돈을 보낼 수 있는 기능을 제공했다는 언급 있음. 비록 서비스는 종료되었지만, 이는 **SNS 결제의 선구적 시도**로 평가됨.

> 앞으로 머지않은 미래에 국가 디지털 화폐(CBDC)와
> 스테이블 코인의 버튼을 SNS에 생성하고
> 암호 화폐 지갑을 넣어서 상호 연동시킬 공산이 크다.

---

282 Associated Press(2025.03), Wikipedia Contributors. (2025). KakaoTalk. Wikipedia. https://en.wikipedia.org/wiki/KakaoTalk

283 Associated Press(2025.03), X Partners with Visa to Develop In-App Digital Wallet and Payment Service. AP News. https://apnews.com/article/ed4538e0be2deb5fb5767ffb39ba25f3

284 PSafe Editorial Team(2025), Popular Apps That Allow Digital Money Transfers. PSafe. https://www.psafe.com/en/blog/popular-apps-allow-digital-money-transfers

그리고 앞의 많은 내용들 중 암호화폐의 24시간 거래에 관해 나는 자산들의 글로벌 탈중앙화를 위한 작업으로 언급했었는데 증권의 토큰화와 암호화폐의 제도권 진입이 동시에 이루어질 가능성이 높다고 본다. 현재까지는 실제 가치가 낮거나 실체가 모호한 암호화폐 회사들이 많았지만, 가까운 미래에 증권과 통폐합되면서 실제 가치가 낮은 암호화폐 회사들은 퇴출되리라 본다.

2) 슈퍼 체인지 이후: 모던 II 진입

모던 II로 진입하면서 지구가 어떻게 수렴해갈 수 있는지 그 가능성과 과정을 살펴보았다. ① 슈퍼 대공황, ② AI의 역습, ③ 기후 변화와 소빙하기, ④ 인구 감소의 수렴. 이 4대 요소에 대한 미래 가능성과 그 원인은 상당히 현실적으로 다가올 수 있음을 보았다.

현재 모던 II의 진입 과정에서 자산의 슈퍼 체인지 현황을 보자면 주식은 어느 정도 섹터를 돌려가며 슈퍼 체인지가 끝나가는 느낌이고, 암호화폐 쪽은 일부 제외한(이미 체인지가 끝난) 바닥권에 있는 알트코인이 슈퍼 체인지를 하러 갈 것으로 보인다. 앞에서 다룬 슈퍼 체인지의 다음 순서는 달러와 채권이 되지 않을까 예측한다 물론 이것은 모두 가 설일 뿐이고 지나봐야 아는 일이지만, 미국의 '목장 매도' 측면에서 목장 전체의 매도에 초점이 맞춰질 수 있다는 예시 사항을 본문에서 몇 차례 다루었다.

그러면 이 초대형 목장 매도의 슈퍼 체인지가 끝나고 나면 어떤 미래가 기다리고 있을까? 나는 영국의 20년 경기 침체의 데자뷰를 보는 느낌이다.

미국 남북전쟁 이후 철도 호황기에 미국 등 다른 국가의 철도 건설과 관련된 투자가 런던 증권시장에서 거품 붕괴로 이어지면서 영국의 철도 산업에도 큰 영향을 미쳤는데, 이 시기에 영국이 망가지면서 미국으로 패권이 넘어갔다.[285] 영국만 문제가 있었던 것이 아니라 유럽 전역에 경제 폭탄이 떨어졌었다. 1873년 5월 오스트리아 빈 증권거래소가 붕괴해 '1873년의 대공황'으로 확산했으며 유럽 전역에서 산업 생산이 둔화되고 철강, 석탄 가격이 폭락하고 실업이 증가했다. 이것은 '영국 목장'에서 '미국 목장'으로 가는 한 세기급 이벤트로, 전 세계 목장을 동시에 리셋하는 과정이었다.

이제 우리는 현재 벌어지고 있는 세기급 이벤트의 산 꼭대기 정상에 도달해 있음을 환희(주식과 부동산의 급등에 따른 기대감으로 감정적 고점 진입)와 유동성 확장기의 버블로 확인할 수 있다. 보통 주식과 부동산 가치는 등락을 함께하는 추세를 보이고 있어서 아마도 2021년부터 시작한 글로벌 버블 붕괴가 확산된다면 영국 시대의 마감처럼 글로벌 국가들의 거대한 손상은 불 보듯 뻔하다. 프랑스부터 터지기 시작한 국가 부도의 위기부터 트럼프의 광란이 쏘아 올린 버블 붕괴의 쓰나미를 볼 수 있을 것이다.

아파트를 코인화해서 부풀리기를 하던 시기에 실적보다 부풀려진 기업들, 리스크를 가린 채 산소 호흡기만을 달고 연명하던 기업과 개인들의 줄파산과 도산, 부동산 하락은 장기적 관점에서 볼 때 돌이키기 힘들 것이다.

---

285 Broadberry, S., & Crafts, N.(2010), Britain and the international economy, 1870–1990. Warwick: Centre for Competitive Advantage in the Global Economy.
Crafts, N.(2002), *Britain's relative economic performance, 1870–1999*. Institute of Economic Affairs.
Kitson, M.(2014), The rise and fall of UK manufacturing, 1870–2010(CBR Working Paper). Cambridge: Centre for Business Research.

부동산 버블의 재앙

부동산과 경제도 모던 II의 수렴기를 피해갈 수 없다. 지금까지 본문의 많은 지문에서 경제의 버블과 문제를 파헤쳤고 문제의 핵심들을 언급했다. 부동산 문제, 특히 코인화된 아파트는 장기적으로 갈 때 대형화 고층화할수록 산업 수렴기의 타격을 받을 수 있다. 부동산 버블 붕괴 문제를 간단히 정리해보자면 다음과 같다.

- 슈퍼 체인지 이후 버블이 본격적으로 터지면 매물이 쏟아질 수 있다.
- 이후 장기적으로도 가격을 받쳐줄 인구가 없다.
- 장기 침체로 들어가도 예전 모던 I 시기처럼 다시 버블을 일으키기 어려울 수 있다. 이것은 모던 II로의 진입이 장기화되거나 영원히 수렴 상태를 겪을 수도 있다는 것이다. 부동산 문제도 마찬가지로 산업 수렴기의 4대 요소로 인해 심각한 타격을 받을 것으로 보인다.
- '솔라 플레어'나 기후 변화에 취약하다.

이것을 다시 풀어서 보자면 모든 슈퍼 체인지가 완료되면 달러가 폭등하고 경제가 심각하게 훼손될 수 있다. 전 세계 곳곳에서 병들고 신음하던 경제의 부분들이 드러나 도미노식으로 폭탄이 터질 수 있다. 유동성과 함께 버블의 바벨탑을 쌓아 올린 만큼이나 강력할 수 있다. 삽시간에 부동산은 침몰하고 경제는 휘청일 수 있는데, 사실상 인류는 AI에게 주도권을 잃고 있는 상황이라 딱히 노동으로 새로운 일을 찾거나 사업을 하기 어려울 수 있다.

문제는 유동성 함정에 빠져 현금이 모두 부동산과 투자에 들어간 사람들이 많다는 것이다. 아마도 남은 현금이 있다면 고스란히 여기로 흘러 들어갈 것이다. 50년 장기 대출까지 끌어다 쓰면서 주택 버블에 합류한 국민들은 잘못하면 빌린 원금의 몇 배가 넘는 이자를 갚으며 살아야 하는 금융 노예로 전락하거나 실직이나 사업 부진으로 인해 경매로 내몰리는 경우가 대부분일 것이다. 빚을 많이 안고 구매한 부동산은 상환이 불가능한 상태가 올 수 있다. 어디서 살아야 할지를 고민하게 될지도 모른다.

나는 근래 몇 년간 현금의 중요성에 대해 피력했다. 하지만 2020~2021년 전 세계가 대규모 질병으로 인한 경제 침체기를 겪고 있음에도 불구하고, 시장은 오히려 유동성의 범람 속에 나스닥과 부동산 가격이 급등하며 또 한 번의 거품기를 맞았다. 이는(그들의 계획 속에 있었을지 모르지만) 오히려 더 심각한 경제 버블을 구축하는 계기가 되었다. 그 당시부터 경제의 위험성을 알리며 현실에 대해 충고하는 (나와 같은) 분석가들은 무시되고, 아파트 가격과 나스닥은 보란듯이 상승했다.

이같은 현상은 투자의 인위적인 **숏 포지션** 죽이기와 같은 것인데 현대 파생상품 투자에서 더욱 발달된 투자자들을 우회전략으로 죽이는 방법이다. 이는 2018년 초 비트코인을 한번 크게 반등시키다가 내려꽂는 형태로, 마치 다이빙 선수가 한번 크게 위로 점프했다가 아래로 떨어지는 '다이빙 점프'와 같다. 이것은 상승이 아니라 물이 없는 바닥으로 떨어지기 위한 직전 단계이다. 갑자기 솟구치기 때문에 대중은 알아차리기 어렵다.

[그림 5-2] 다이빙 전 점프

다이빙 플랫폼이 높을수록 바닥까지의 거리가 멀어서 고통은 극대화된다. 이것은 "데드캣 바운스"[286]가 아니다. 인위적인 떠넘기기, 슈퍼 체인지 동작이다.

---

[286] 급락하는 주식이 아주 잠깐 동안 흐름을 거슬러 상승하는 그래프를 '죽은 고양이(dead cat)가 떨어지다 일시적으로 튀어오르는(bounce) 모습'에 비유한 것이다.

그리고 부동산을 받치고 있는 주요인은 신생아와 지방 인구의 유입이다. 이 두 가지 요소도 이미 끝이라는 통계는 이미 널리 퍼져 있다. 지방은 이미 인구 축소로 부동산이 먼저 무너진 상태이고, 남은 청년들은 대부분 서울과 경기 지역으로 이동했다. 똘똘한 아파트 한 채로 중무장해도 추가 대출은 이제는 어려워졌다. 현재 통계적으로 1964~1974년까지의 소위 2차 '베이비붐' 세대는 대부분 은퇴기에 접어들었거나 은퇴했다.

[그림 5-3] 한반도미래인구硏, '2025 인구 보고서'

이 데이터를 보더라도 인구가 불어날 일이 없다. 가능성 0%의 인구 절감 시기에 아파트 공급 부족이란 터무니없는 사기 기술은 마치 암호화폐 거래소에 알 수 없는 코인 상장이 매일 쏟아지는 것과 같다. 그런데 저 미래 인구 통계도 현재의 가능성일 뿐 모던 II의 수렴기 4대 요소가 폭발적으로 다가오면 저 그래프의 시간도 급격히 줄어들 것이다. 경제가 지금보다 급격히 침몰하고 기후 변화가 다가오고 AI로 노동 시장이 잠식당하기 시작하면 저 그래프도 의미가 없다.

2025년 "'청년 한 명, 노인 서른 명 떠받친다' … 세대 균형 무너진 한국"이란 기사[287]는 한국이 올해 처음 초고령사회에 진입했으며 65살 이상 인구가 1,000만 명을 넘어 전체의 20.3%를 차지했다. 국민 다섯 명 중 한 명이 노인이 되었고 **생산연령인구 한 명이 노인 서른 명을 떠받치는 구조**가 이미 현실화되면서 세대 균형은 무너졌다. 빈곤과 지역 격차가 겹치며 사회 전반에 경고음이 커지고 있다고 지적했다.

고령자 가구 순자산은 4억 6,594만 원으로 늘었지만, **부동산에 편중돼 현금성 자산은 취약했다.** 66세 이상 상대적 빈곤율은 39.8%로 전년보다 높아졌고, OECD 회원국 가운데 가장 높은 수준을 기록했다.

자산이 부동산에 편중된 것도 문제지만 더 큰 문제는 연금이다. 현재 국가적으로 연금을 퍼줄 돈이 없다. 이렇게 더 가다가는 프랑스 꼴이 될 수 있다. 이자에 이자가 붙는 복리의 마법이 정부를 압박하고 괴롭힌다. 연금과 복지를 안 주면 정권이 위태롭고, 퍼주면 나라가 파산한다. 생산연령인구 한 명이 노인 서른 명을 떠받치는 구조가 얼마나 더 받쳐줄지는 의문이다.

---

287 김지훈(2025.09.29), "'청년 한 명, 노인 서른 명 떠받친다' … 세대 균형 무너진 한국." JIBS. https://v.daum.net/v/20250929142756016

> 지금은 현금 비중이 그만큼 중요한 시기이다.
> 모든 자산은 바닥에 매수하는 것이 원칙이다.
> 번지점프대 위에 있는 자산보다는 바닥에 있는
> "현금이 중요할 차례"이다.

부동산과 기후

현재 지진과 화산이 빈도수와 강도를 높이고 있고, 그 징후의 내부에는 태양 활동이 자리잡고 있으며, 앞으로 장기적인 냉각기가 기다린다. 공공주택의 문제는 이런 모든 조건을 고려하지 않고 부동산 가격 급등을 위한 코인 형태로 성장해왔다. 서로 비싼 코인에 모든 돈을 쏟아붓고 있으니 그 외에는 아무것도 관심이 없다.

단적인 예를 들어보자. CH.4에서 예를 든 2012년 캐링턴급 CME가 만일 9일 차이로 지구를 비껴가지 않고 그때 바로 맞았다면 몇 년 동안 전기 없는 아파트에 살면서 주민센터나 공공 시설에 마련된 화장실을 왔다갔다하며 엘리베이터가 없는 고층 아파트를 오르내리는 지옥 같은 경험을 했을지도 모른다.

따라서 미래의 부동산은 기후 대비 주택이어야 한다. 내진 설계는 기본이고 일정 규모의 실내 농업도 할 수 있어야 한다. 기후 변화로 식량난이 가속화하고 있고, 현재도 기후 변화로 인한 농작물의 작황 저하 등의 문제가 커져가고 있다. 지구 기온이 냉각기에 접어들 경우 필요한 단열이나 식수·전기 등을 확보할 수 있는 기후 대비 주택이 반드시 필요한 시기가 되어가고 있다.

[그림 5-4] 농업의 미래를 위협하는 기후 변화

2025년 3월 4일 〈월간 환경〉 기사 "기후 변화의 칼날, 농업을 베다"[288]는 "2100년 농경지의 30%가 훼손"되며 기온 변화는 전 세계 작물의 40%에 악영향을 미치고 가격 급등 등 '식량안보'를 위협한다며 관련 통계를 전달했다.

기후 대비 주택을 미리 준비한 사람들도 있다. 미국의 유명인들 중에 최근 지하 벙커를 건축하는 사례가 늘고 있다는 보도를 읽었다. 그런 지하 벙커는 솔라 플레어의 엄청난 방사능과 CME 등을 방어하는 요새로 추측된다. 다음은 지하 벙커 구축 사례들이다.

---

[288] 월간환경 편집국(2025.03.04), "기후변화의 칼날, 농업을 베다." 월간 환경. https://www.ecocody.co.kr/news/articleView.html?idxno=8098

- **마크 저커버그의 하와이 벙커 복합주택**

  마크 저커버그가 하와이 카우아이 섬에 1,400에이커 규모의 단지를 조성 중이며, 그 안에 5,000제곱피트 규모의 지하 보호소(벙커급 설계 포함), 자체 에너지·식량 시스템 등을 포함하는 구조를 설계했다고 보도됨.[289]

- **기술 재벌들의 비밀 벙커 건축 추세**

  실리콘밸리의 주요 인사들, 샘 알트먼, 제프 베이조스 등이 기후 재난, 전쟁, 사이버 공격 등에 대비해 지하 벙커 또는 강화 지하 피난처를 준비하고 있다는 보도가 다수 나옴.[290]

- **초호화 몰렉형 벙커 단지 프로젝트**

  미국 기업들이 호화 벙커 복합단지(Luxury doomsday bunker complex) 건설을 계획하고 있다는 보도. 예컨대 버지니아 주에 6억 달러 규모의 벙커 단지를 조성하겠다는 계획 등이 언급됨.[291]

- **밀리터리 미사일 사일로 개조 벙커 — 서바이벌 콘도(Survival Condo)**

  캔자스의 아틀라스 ICBM 미사일 사일로를 지하 콘도형 벙커로 개조한 사례. 15층 구조, 수직 농업 시스템(아쿠아포닉스), 헬스장, 영화관, 여과 시스템 등을 완비함.[292]

---

[289] Guthrie Scrimgeour(2023.12.14), Inside Mark Zuckerberg's Top-Secret Hawaii Compound. Wired. https://www.wired.com/story/mark-zuckerberg-inside-hawaii-compound

[290] Times of India World Desk(2025.08.06), Sam Altman, Mark Zuckerberg, Jeff Bezos, and other tech giants to go underground, building secret bunkers for world war crises, pandemics, and climate disasters. Times of India. https://timesofindia.indiatimes.com/world/us/sam-altman-mark-zuckerberg-jeff-bezos-and-other-tech-giants-to-go-underground-building-secret-bunkers-for-world-war-crises-pandemics-and-climate-disasters/articleshow/123044689.cms

[291] Marni Rose McFall(2025.01.24), Luxury 'Doomsday Bunker' for Ultrarich Unveiled by US Firm. Newsweek. https://www.newsweek.com/luxury-doomsday-bunker-ultra-rich-2020237

[292] Survival Condo Project(n.d.), Wikipedia. https://en.wikipedia.org/wiki/Survival_Condo

[그림 5-5] 각종 안전, 편의 시설이 구비된 지하 벙커(가상도)

그들이 굳이 지하를 파헤치고 있는 이유를 알아채야 할 것이다. 그렇다고 내가 지하를 파서 벙커를 만들 원대한 계획은 없다. 단지 최소한의 태양풍과 기후 변화 그리고 지진 등에 의한 피해를 최소화할 수 있는 단층 주택 정도는 생각 중이다.

이런 문제를 차치하고서라도 **슈퍼 체인지 시기에는 불필요한 부동산을 정리하고, 대출을 필요 이상 늘리지 않으며, 버블 붕괴를 대비한 현금을 확보하고 긴축 재정과 사업 축소를 단행하는 것이 필요해 보인다.**

CHAPTER 5
동아시아 신규 목장의 미래 가능성 그리고 결론

1. 동아시아 경제 패권: 중국의 민주화와 한반도 통일 이후의 경제 주도권 이전

1) 미국에서 동아시아로 목장 이전

앞에서 살펴보았다시피 '그들'의 목장은 이제 4번째 목장에서 5번째 목장으로 이동하려는 것으로 보인다. 역사적으로 목장은 스페인 → 네덜란드 → 영국 → 미국 → 동아시아 순으로 이동하고 있다. 내가 미국의 그 다음 행선지로 동아시아를 생각하는 여러 가지 원인과 가치를 분석해본다.

새로운 목장의 가능성의 첫째 조건은 목장의 경제 발전 규모가 커야 하고 프리미엄을 붙여 팔 수 있는 경제적 가치가 있어야 한다. 이 문제에 접근하기 위해 동아시아의 한계선을 우선 일본을 배제한 한국과 중국으로 제한하여 분석해보겠다.

일본을 배제하는 것은 이미 엔화의 기축통화 국가이고 이미 오래전에 임계점까지 경제가 올라간 후 계속 내리막길을 걷고 있는 노화 국가로 단정했기 때문이다. 일본은 대부분의 대기업이 수출을 하지 못한 채 내수에 의존하는 한물간 국가이기도 하다. 한국도 일본의 경우를 따라가는 노화 국가 진입의 가능성이 보이지만 한반도는 통일되면 청년 국가로 진입할 가능성이 있다.

미국도 마찬가지다. 이번 대규모 유동성 버블로 미국도 경제 임계점[293]에 이르렀다고 볼 수 있다. 미국은 1, 2차 세계대전의 최대 수혜국으로 전쟁 개시 직후 유럽 국가들이 무기·식량·공산품을 미국에서 조달하면서 1914~1918년(1차 세계대전 기간) 미국의 공장 가동률과 수출액은 역대 최대치에 이르렀다. 하지만 1970년대 중후반부터는 상품 수지 위주로 적자가 점차 확대되기 시작했고, 이후 서비스 흑자가 있더라도 전체 무역 + 계정 기준에서는 적자 체제로 넘어갔다.[294]

[그림 5-6] GDP 대비 미국 상품 무역수지

1971년, 미국 닉슨 대통령은 금 태환을 중단하고(금본위 체제 포기), 달러를 법정화폐(fiat money) 형태로 운영한다. 이것은 미국이 외환·수출 중심 모델에서 벗어나 '달러 발권 능력'이 국제 무역·금융 시스템에서 중심 역할

---

293 임계점은 어떤 상태가 유지될 수 있는 한계, 즉 그 이상 또는 이하로 넘어가면 다른 상태로 급격히 변화하는 경계점을 말한다. 원래는 물리학에서 액체와 기체의 상이 더 이상 구분되지 않는 최대 온도와 압력을 의미하지만, 과학, 수학, 사회 등 다양한 분야에서 상태 변화의 한계, 질적 전환의 시작점, 더는 견딜 수 없는 한계점 등의 의미로 확장되어 사용된다.

294 Federal Reserve Bank of St. Louis(2019.05), Historical U.S. Trade Deficits and the Evolution of the Current Account. https://www.stlouisfed.org/on-the-economy/2019/may/historical-u-s-trade-deficits

을 하는 구조로 이행한 역사적 전환점으로 해석되기도 한다.[295] 동시에 미국이 정상적인 무역국가에서 벗어나 국제 돈놀이(금융)라는 '금융 마피아'의 이빨을 대차게 드러낸 것이기도 하다. 이 시기부터 미국은 무역수지 확장을 뒤로한 채 인쇄소에서 찍어낸 돈으로 각국의 물건을 사고 파는 기이한 형태로 변하고 있었다. 무역수지나 국가의 채무에는 아무 관심이 없었다.

한쪽에서 이득이 있다면 다른 한쪽에서는 손실이 불가피한데 이런 손실이 지구를 돌고 돌아 미국의 경제에도 심각한 내상이 발생하고 있었다. 달러를 아무리 무한발행하고 그 많은 유동성의 갭으로 이득을 취해도 모두 미국 국민과는 관계가 없었기 때문이었다. 미국은 단순히 그들의 수익을 올리는 목장이고 그 국민들도 목장의 양떼들이었기 때문이다.

이렇게 닉슨 대통령이 금 태환을 중단한 이후 미국의 경제는 경쟁력이 약화되어 국가 내부의 경제 구조는 매우 형편없는 지경이 되어가고 있었다. 그 불안정한 경제 구조의 문제가 계속 누적되어 포화 상태에 다다랐다. 미국 목장은 현실적으로 남아 있는 자산을 프리미엄 붙여 팔아치우기 위해 적절한 장치가 필요했다. 마치 고물차를 폐기하고 신차를 뽑으려는 것과 같다.

그런데 흔히 이런 류의 정보를 접하는 대중들은 미국과 중국의 적대적 관계 등 대치 국면에서 한쪽을 응원하는 등 스포츠 팀 대결 같은 긴장감을 느끼곤 하는데 이런 것은 그다지 의미가 없어 보인다. 모두 '그들'의 목장일 뿐이기 때문이다. 다소 과장되게 보이겠지만, 나는 '그들이' 공산주의 사회인 중국과 북한을 그들의 신규 목장으로 남겨두었기 때문이라고 생각한다. 특

---

295 U.S. Department of State(1971.08), Nixon Ends Convertibility of U.S. Dollar to Gold and Announces Wage/Price Controls. Office of the Historian. https://history.state.gov/milestones/1969-1976/nixon-shock

히 중국의 사유 불가능한 토지 그리고 북한의 값싸고 풍부한 노동력과 개발 가능성은 동아시아 경제 부흥의 큰 토대가 될 수 있다.

그러나 예전처럼 그들의 터전까지 새로운 목장으로 이동하거나 달러를 완전히 없애거나 하지는 않을 것으로 전망한다. 이제는 맥루언의 언급처럼 완전한 '지구촌'이 되어버린 상황에서 국가나 거리는 의미가 없기 때문이다.

지금까지는 다소 부정적이고 어두운 측면을 주로 다루었다. 그러나 이는 산업 수렴기의 필연적인 과정이며, 인류가 반드시 거쳐야 할 흐름이다. 다만 이러한 산업 수렴기 속에서도 '신규 목장'으로서의 동아시아, 특히 한반도의 경제 생태계는 여전히 긍정적 가능성을 품고 있다. 따라서 다음 챕터에서는 이러한 산업 수렴기 속에서도 한반도가 보여줄 수 있는 새로운 경제적 발전의 잠재력과 그 구체적 가능성에 대해 살펴보고자 한다.

2) 중국의 민주화와 한반도 자동 통일 가능성

중국의 차세대 목장 가능성에 대한 자료와 논문은 이미 많지만, 여기서 그러한 것들을 인용하는 자체가 더 진부해 보이고 식상하다. 차세대 목장의 가능성 요인은 풍부한 노동력과 기술력, 무역 경쟁력 그리고 개발 가능성, 인프라 확장 등이다. 유럽도 이미 경제 목장이 노후화되어 매력이 없고 인도나 동남아시아는 한국과 중국에 비교하면 무역 경쟁력이 낮다. 내수 시장이 받쳐주면서 확장 가능성이 가장 큰 곳이 한국과 중국이라는 것에는 아무도 토를 달 수 없을 것이다.

2025년 4월 프랑수아 드 수아레스 등이 작성한 칼럼 "파트너에서 경쟁자로: 중국 무역의 부문별 진화(From partner to rival: The sectoral evolution of China's trade)"에 따르면 최근 10여 년간 중국의 무역 구조가 어떠한 방식으로 변화했는지를 산업 부문별로 분석하고, 이러한 변화가 선진국과의 무역 관계를 '협력적 관계(partner)'에서 '경쟁적 관계(rival)'로 전환시키고 있음을 다음과 같이 제시한다.

① 수출 구조의 고도화가 두드러지게 나타난다.

중국의 수출 품목은 점차 선진국의 수출 구성과 유사해지고 있으며, 특히 기계, 자동차, 전자 장비 등 고부가가치 산업에서 겹치는 비율이 크게 증가했다. 이는 중국이 저가 소비재 중심의 수출국에서 기술 집약적 산업 중심의 경쟁국으로 전환하고 있음을 시사한다.

② 수입 구조의 변화가 병행된다.

중국은 선진국이 주로 수출하는 품목의 수입을 점차 줄이고 있으며, 이를 통해 산업 자급도를 강화하는 방향으로 무역 구조를 재편하고 있다. 이 현상은 선진국 제조업체가 중국 경제 성장으로부터 얻을 수 있는 수혜를 감소시키는 결과를 초래할 가능성이 있다.

③ 수출-수입 간 구조적 정합성의 강화가 관찰된다.

중국의 수출 구성은 선진국의 수입 구조와 점차 일치하는 양상을 보이며, 이는 **중국이 선진국 시장의 수요 구조에 대응할 수 있는 능력을 제고했음을** 의미한다.[296]

---

[296] Francois de Soyres, Ece Fisgin, Alexandre Gaillard, Ana Santacreu, & Henry Young(2025.04.08), From partner to rival: The sectoral evolution of China's trade. CEPR VoxEU Column. https://cepr.org/voxeu/columns/partner-rival-sectoral-evolution-chinas-trade

즉 중국은 '선진국화'된 신규 목장이라는 뜻이다.

그러니까 '그들'은 유럽과 미국이라는 노인들 대신에 새로운 목장에서 중국과 한국이라는 청년들을 데리고 경제를 재편할 가능성을 분석중인데 그 스타트를 **중국의 민주화**로 보고 있다는 것이다. '그들'이 남겨둔 목장 폐쇄의 방법을 나는 '공산화'라고 부르고, 이제 곧 중국의 공산화 빗장을 열 것이라고 보고 있다. 이것은 미국 목장에서 동아시아 목장으로의 슈퍼 체인지 과정에서 벌어지는 숙명적인 장면이라고 볼 수 있으며 시진핑의 임기도 곧 종료될 것이라고 생각한다.

그리고 중국이 민주화되면 우리나라는 북한과 자동 통일할 수 있을 것이라고 본다. 그 동기는 둘 중 하나다. 중국의 민주화 또는 기후 변화로 북한이 극도로 빈곤해지는 것이다. 이번 거대한 목장 교체의 슈퍼 체인지 과정에서 매우 힘든 경기 침체가 동반될 가능성이 높은데, 이것은 새로운 목장들의 먹거리 리셋이 올 수 있기 때문이다. 모든 것을 리셋하고 나면 그들의 손아귀에 많은 동아시아 자산들이 들어가 있을 것은 자명하다. 영국에서 이동한 미국 목장 리셋에서도 동일한 과정이 있었다.

겉으로 드러나는 중국의 공산당 붕괴는 아마도 '헝다'[297] 등의 부동산 거품과 '일대일로'[298] 등의 내 외부 문제가 촉발되지 않을까 한다. '헝다' 사태는 중국 내부의 구조적 부채 문제를 드러내었고, '일대일로'는 그 외연 확장을 위한 정치·재정적 모험으로 기능했다. 내부적 위기(부동산 버블 붕괴)와 외

---

297 2020년 기준으로 중국의 건설사 중 자산 규모 1위, 2021년 기준으로 포춘의 글로벌 500대 기업 리스트 중 122위를 기록한 헝다 그룹이 그동안 문어발식으로 사업을 확장하다가 2020년 8월 중국 정부의 강력한 부동산 개발업체 대출 규제로 자금난에 빠져 파산 위기에 처했다.

298 일대일로(一帶一路, One belt One road): 하나의 띠, 하나의 길을 뜻하며 중국이 주도하는 세계 경제 협력 프로젝트다. "고대 동서양의 교통로인 실크로드를 혁신적인 경제 벨트로 만들자"라는 시진핑 주석의 제안으로 출발했다.

부적 부담(일대일로의 지속 가능성 문제)이 결합될 경우, 중국 공산당은 사회적 정당성과 국제적 영향력을 동시에 상실할 수 있다. 이는 공산당 체제가 장기적으로 붕괴할 수 있는 잠재적 요인으로 분석된다.[299]

3) 중국의 지형도

만일 중국이 분열하고 민주화의 길로 간다면 지금처럼 거대한 하나의 중국을 이루기는 어려울 것이다. 예상 시나리오는 크게 몇 개로 나눠지고 소수민족들이 독립할 가능성이 크다. 비슷한 분석의 사례로 지도를 인용한다.

[그림 5-7] 붕괴 및 분권화에 따른 중국 분열 시나리오[300]

---

299 Lum, Thomas, & Fisher, Taylor(2020.0512), China's Belt and Road Initiative in a New Era: Updates & Tactics. Congressional Research Service. https://crsreports.congress.gov/product/pdf/IF/IF11735
300 지식스쿨(2025.07.01), 붕괴 및 분권화에 따른 중국 분열 시나리오 Top 4. 유튜브. https://www.youtube.com/watch?v=AlPHZ8-maDs

그동안 공산화 과정을 통해 하나의 대륙으로 결속시켜놓은 체제를, 나는 '새로운 목장(신규 개척지)'의 훼손을 방지하기 위한 조치로 인식하고 있다. 나는 이러한 분열은 목장 활동의 시작이라고 본다. 그들은 중앙화를 철저히 차단하는데, 신규 목장은 이미 길들여져 있는 곳이라 더욱 쉽게 분열, 탈중앙화할 수 있다고 믿는다.

그리고 이 분열은 북한의 붕괴에도 영향을 미칠 가능성이 높은데(이미 각본에 있겠지만) 북한을 지지하고 보호하는 세력이 사라져 신속한 붕괴가 예상된다. 그러면 한반도의 통일 이후 위 그림의 북한 상단부에 동북민주연방, 즉 연변의 동일 민족 영토까지 넓어져 상당히 넓은 한국의 미래 지도가 형성될 수도 있다.

그러면 이후 한국은 경제력과 국방력에서 세계 1, 2위를 다투는 글로벌 강국이 될 가능성이 높다. 노동력과 지하자원, 남한의 경제력이 합쳐져 지금과는 상상할 수 없는 변화가 다가올 수 있다.

4) 초대륙 철도 노선: 글로벌 최대 유통 허브, 부산

한반도가 통일되면 가장 먼저 두드러지는 변화는 글로벌 유통망의 재편일 것이다. 북한 지역이 연결되면 유럽에서 한국까지 이어지는 철도 노선이 완성된다. 철도는 장거리 수송망 가운데 가장 효율적이고 선호도가 높은 운송 수단으로 꼽힌다. 반면 항공 운송은 속도 면에서는 빠르지만, 비용 부담과 기술적 제약 등으로 인해 화물 수송에서는 상대적으로 비효율적이다. 따라서 통일 이후 철도 네트워크의 확장은 한반도를 유라시아 대륙과 직접 연결하는 핵심 인프라로서 물류와 교역의 새로운 중심축이 될 가능성이 크다.

남북철도(TKR) 현황과 TSR 연결 로드맵에 대해 국제 회의에서 공식 발표한 최초의 보고서 중 하나로 2004년에 "한국 철도가 유라시아 철도 네트워크에 편입될 가능성"[301]을 제도적으로 제시한 것이 있다. 이 자료에서 유라시아 횡단 철도와 남한을 잇는 내용이 발표되었다.

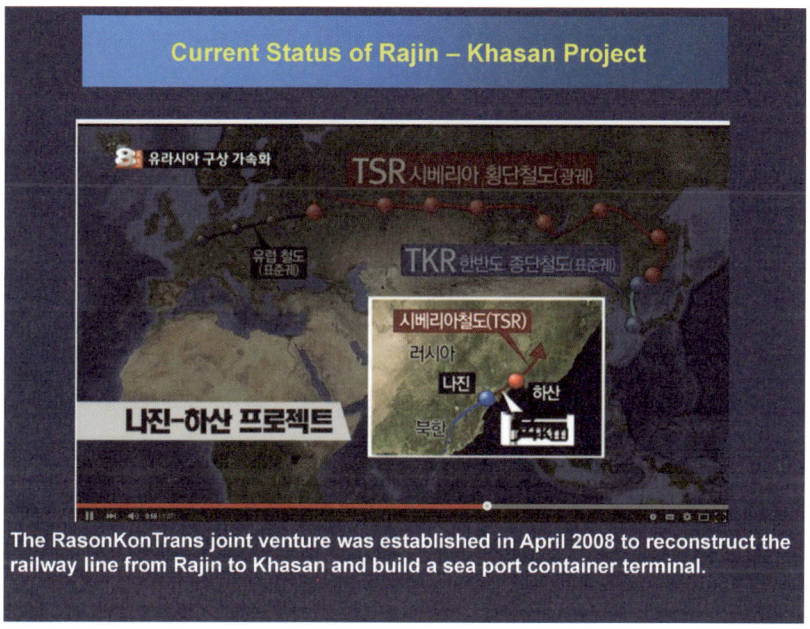

[그림 5-8] 통일 이후의 유라시아 철도 합류

이처럼 통일 이후의 지형과 경제 좌표는 완전히 달라지게 된다. 이것은 유럽과 동아시아의 연결성이라는 점에서 매우 중요하다. 또한 통일 이후의 글로벌 유통 관점에서 남한과 '부산'은 그야말로 범 글로벌 태평양 허브로 거

---

[301] https://www.unescap.org/sites/default/files/Rep%20of%20Korea%20-%20Present%20Status%20of%20Trans-Korean%20Railways.pdf

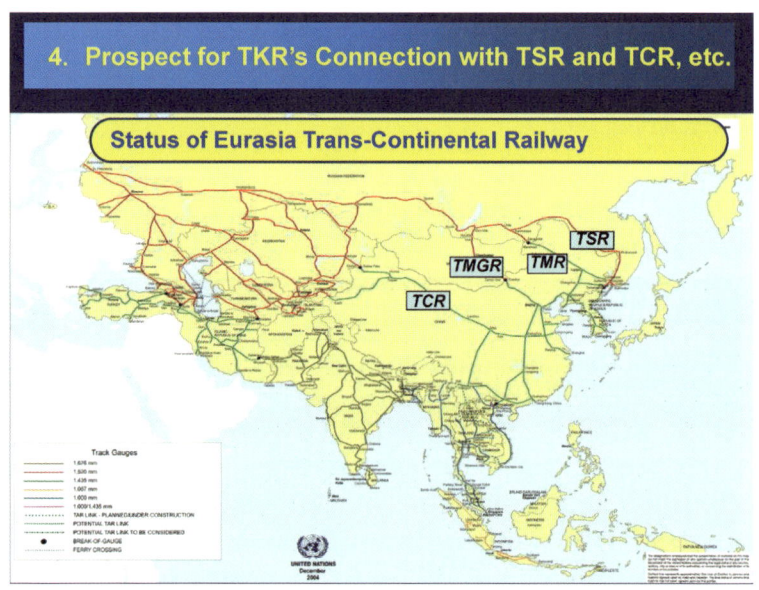

[그림 5-9] 유라시아 대륙횡단철도의 현황

[그림 5-10] 한반도-유라시아 경제 벨트

듭날 수 있다. 물류 수송 면에서는, 배로 이동하던 많은 물류가 철도로 이동하면서 물량 변화를 가져올 것이다.

[그림 5-9]는 유라시아 대륙횡단철도의 현황과 부산까지의 철도 연결을 보여준다.

그리고 이것뿐만이 아니다. [그림 5-10]과 [그림 5-11]을 보자. 미래에는 아메리카 대륙에서 남한까지 철도 노선이 가능해진다. 그래서 결국 유럽과 아프리카를 연결하는 좌측(한국 기준) 국제 라인과 아메리카를 연결하는 우측 국제 라인 철도 노선도 가능해진다. 지금까지 왼쪽 시베리아 철도 중심으로 보았다면, 이제는 오른쪽 아메리카 중심 노선을 살펴보자. [그림 5-11]은 베링 해협 터널 및 철도 건설 투자 회사인 '인터베링, LLC'의 베링해 중심 글로벌 철도 노선의 미래를 보여준다.

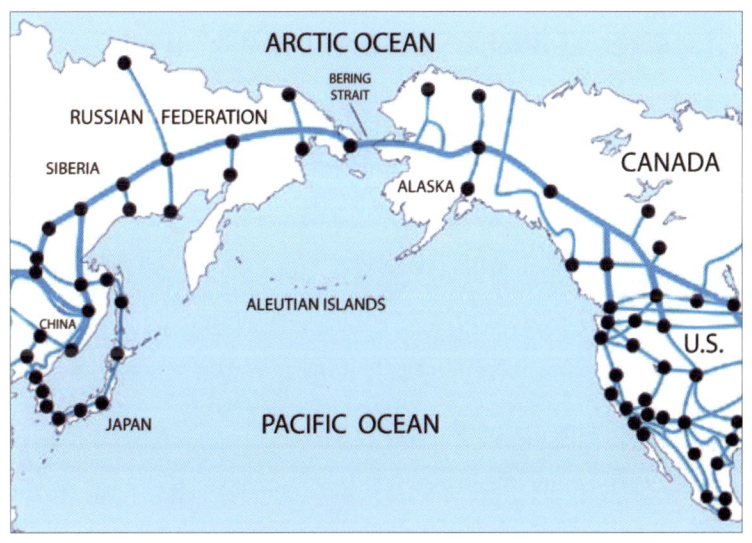

[그림 5-11] 태평양 미래 철도 노선(인터베링, LLC)

5) '인터베링, LLC'의 베링해협 터널 구상[302]

① 베링해협 터널(Bering Strait Tunnel)

각 터널의 길이는 64마일(103km)이며, 총 두 개의 복선 철도 터널(각 방향 1개씩, 혹은 1개의 복층 터널)로 구성된다. 또한 양쪽 해안에서 최소 5마일(8km) 이상 내륙으로 연장되는 구간이 포함된다.

② 북미 대륙 구간(Conventional Railroad in North America)

총 길이 1,767마일(2,844km)이며, 노선은 미국 알래스카의 프린스오브웨일즈 곶에서 출발하여 페어뱅크스 → 화이트호스(캐나다) → 포트넬슨(캐나다)으로 이어진다.

③ 이후에는 기존 BNSF 철도망을 통해 시애틀까지 연결된다.

④ 아시아 대륙 구간(Conventional Railroad in Asia)

총 길이 2,392마일(3,850km)이며, 노선은 러시아 추코트카(Chukotka)의 우엘렌(Uelen)에서 출발하여 엑베키놋(Evelina) → 지랸카(Zyryanka) → 우스트네라(Ust-Nera) → 야쿠츠크(Yakutsk)를 거친다.

⑤ 이후에는 기존 러시아 철도망과 연결된다.

이 구상은 인터베링 프로젝트나 유라시아-북미 철도 연결 구상에서

---

[302] InterBering, LLC.(n.d.), Plan for new railroads in the U.S., Canada, Russian Federation(Siberia) and China, including a tunnel under the Bering Strait. https://www.interbering.com

세시된 핵심 설계안 중 하나로, 총 연결 거리만 약 4,600마일(7,400km)에 달하며, **유라시아 대륙과 아메리카 대륙을 물리적으로 하나의 철도망으로 통합하는 초장거리 계획이다.**

[그림 5-12] 캐나다와 미국에서 베링해협 터널을 통해 유라시아 연결(인터베링, LLC)

인터베링 LLC에 따르면 베링해협 초대륙 철도망은 매년 최대 1억 톤의 화물 운송이 가능하다. 이는 전 세계 화물 물동량의 약 8%에 해당한다. 이

철도망은 유럽, 러시아, 중국, 일본, 한국, 캐나다, 미국 사이를 연결한다. 그뿐 아니라 미국·캐나다·러시아·중국 간의 광물 자원 및 전력 교류도 가능하게 할 것이다.

또한 베링해협을 통과하는 고속열차(high-speed trains)가 운행되면, 시속 250마일(약 400km/h)의 속도로 유럽 대서양 연안에서 미국 캘리포니아와 뉴욕까지 끊김 없는(중단 없는) 대륙횡단 여행이 가능할 것이다.

요약하자면, 베링해협 터널과 대륙 간 철도망이 완성될 경우 세계 무역의 8%를 육상으로 처리할 수 있고, 유럽에서 미국 동·서해안까지 한번에 달릴 수 있는 초대륙 고속철도를 구상한 것이다.

다음은 베링해를 해저 터널로 연결하는 공사에 대한 내용이다. 인터베링사의 동일한 문서 내용이다.

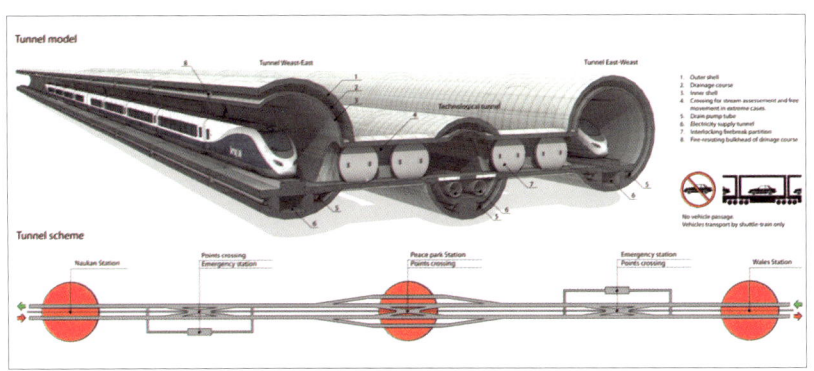

[그림 5-13] 베링해협 터널 모형(인터베링, LLC)

전체 프로젝트가 완료되려면 12~15년의 시간과 약 350억 달러의 비용이 들 것으로 예상된다.

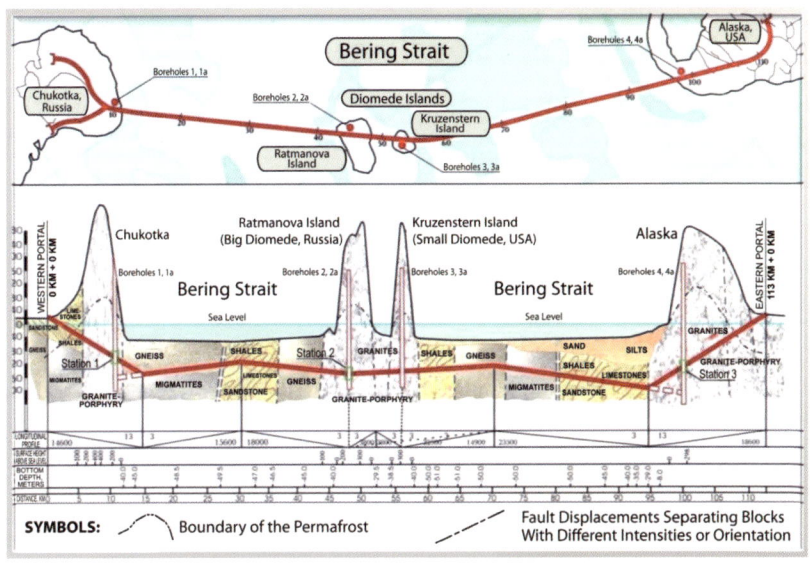

[그림 5-14] 베링해협 터널 단면도(인터베링, LLC)

    자기부상(최대 시속 300마일/480km)으로 운행하는 고속열차가 도입된다면, 이는 이러한 기술을 수익 목적으로 사용하는 최초의 사례가 될 것이다. 관광객들은 15~20분 만에 미국과 러시아를 횡단할 수 있을 것이라고 '인터베링사'는 밝혔다.

    이렇게 아메리카에서 유라시아, 아프리카에 이르는 광대한 초대륙 철도가 건설된다면 한국은 상상을 초월한 경제력과 위상을 갖춘 대국으로 자리잡을 것이다. 이 구상은 미래 모던 II 시기의 산업 수렴기에 큰 경제 동력이 될 가능성이 높다.

2. 결론

지금까지 달러에서 리플로, 부채 버블을 통한 유동성의 함정으로 인한 대공황을 예상해보았고, 대공황을 기점으로 기후 변화, AI의 역습, 인구 감소 문제 등에 의해 급격히 모던 II로 옮겨가는 산업 수렴도 예상해보았다. 그리고 그 산업 수렴기에 통용되는 화폐개혁을 예상해보고 미국에서 동아시아로 이동하는 글로벌 경제의 주도권 이전 과정을 시뮬레이션해서 분석했다.

물론 이 중에서 과거에 해당하는 내용이 있고, 현재가 있고, 미래에 예상되는 내용들이 있는데 이 분석된 것들 중 미래에 해당하는 내용들은 결코 "이렇게 될 것이다!"식의 예언 같은 확정적인 것들이 아니다. 단지 이러한 시뮬레이션을 통해 독자들의 미래를 보는 시각을 다각화하고 경제적 안목을 넓히려 함이 주 목적이다. 또한 인류의 경제 역사는 1, 2차 세계대전이 종료된 후 '전쟁의 약탈'에서 '금융의 약탈'로 양상이 바뀌어 현재까지 이르렀다. 그래서 현재의 초대형 환상을 심어주는 자산들의 버블 속에서 국민들의 총체적 자산은 이미 약탈되고 있다는 사실을 조금이나마 각성할 수 있도록 도움을 주고자 한다. 이 책을 쓴 목적은 바로 이것이다.

여기서 가장 깊이 있게 다루었던 태양 활동과 지진, 화산 등의 정보 제공처가 최근 하나 둘씩 정보 접근 폐쇄 또는 접근 불능 상태로 바뀌어가고 있다는 점은 매우 우려스럽다. 기후 변화와 관계된 여러 사이트들의 접근 제한 조치는 '그들'의 의도된 계획으로 볼 수 있다.

특히 미국지질조사국(USGS)의 움직임은 우려를 넘어 심각한 단계로 넘어가고 있음을 느낀다. 많은 연구에 의해 태양 활동과 지진·화산 활동의 인과관계가 밝혀졌음에도 불구하고, 미국지질조사국에서는 태양 폭발이나 자기 폭풍이 지진을 직접적으로 유발한다는 인과관계는 지금까지 증명된 바 없다고 명시하고 있다.[303] 이런 표현은 태양과 지진, 화산의 관계 자체를 과도하게 부정하는 것으로 보인다.

예컨대 지자기 폭풍 이후 27~28일 뒤에 지진 가능성이 증가할 수 있다는 통계적 상관관계를 제시한 논문도 있다. 미국 지구물리학연맹(AGU, American Geophysical Union)의 **『태양-지구 상호작용에 관하여: 강한 지자기 폭풍과 전 지구적 강진 사이의 상관관계』**[304]에서 지자기 폭풍과 지진의 상관관계를 검증하기 위해 **SNMC**라는 새로운 방법을 개발했다. 이 연구는 약 1세기에 걸친 D_{st} 및 K_p 지수 데이터를 사용하여, 강력한 지자기 폭풍 이후, 특히 27~28일 후에 지진 발생 빈도가 증가함을 확인하고 있으며, 여러 기존 통계 방법에서도 이러한 결과가 유의미함을 확인했다. 그럼에도 불구하고, 지자기 폭풍과 지진 사이에 어떠한 인과관계도 존재하지 않는다고 단

---

303 U.S. Geological Survey(n.d.), Do solar flares or magnetic storms/space weather cause earthquakes? USGS. https://www.usgs.gov/faqs/do-solar-flares-or-magnetic-storms-space-weather-cause-earthquakes

304 Chen, Hao; Li, Wenjie; Zhao, Ming; Torres, Alejandro; and Kumar, Rajesh(2025), On solar-terrestrial interactions: Correlation between intense geomagnetic storms and global earthquakes. Geophysical Research Letters. https://agupubs.onlinelibrary.wiley.com/doi/full/10.1029/2024GL108590

정하는 것은 통계적 불확실성과 해석상의 한계를 무시한 정보적 오류로 간주할 수 있다.

[그림 5-15] NOAA 데이터 차단에 대한 네이처 지오사이언스(Nature Geoscience)의 경고

미국 해양대기청(NOAA)이 데이터를 차단한 것에 대해 네이처 지오사이언스는 미국 정부 기관의 예산 삭감 때문에 지구 시스템 변화와 자연재해를 추적하는 데 필수적인 모니터링이 차질을 빚고 있다며, 데이터 부족은 지구과학 발전과 사회 안전을 위협한다고 경고문을 게재했다.[305]

---

[305] Nature Editorial Board(2025.05.07), Save the data. https://www.nature.com/articles/s41561-025-01729-w

최근 들어 정보를 차단하거나 폐쇄하는 움직임을 보이고 있는 미국의 주요 지진·해양·우주·태양 등 기후 변화와 관련된 기관들에 대해 요약해보겠다. 이것을 소개하는 목적은 미국의 '셧다운'을 가장한 정보 차단 수준이 과도하다는 학계의 주장이 나올 정도로 심각한 정보 차단이 진행되고 있음을 알리는 데 있다. 지금의 기후 위기는 과거와 다르게 현실성과 심각성이 커지고 있는데 '셧다운'이라는 단순한 조치의 결과로 퉁치기에는 과도한 국가적 조치이기 때문이다.

① NOAA의 환경/지구과학 데이터베이스 일부 폐지 예정

- NOAA가 지진, 해양·연안·강 하구 과학 관련 일부 공개 데이터베이스들을 곧 **폐지할 예정**이라는 보고가 있었다.[306] NOAA는 기후 변화의 주요 데이터를 저장하는 가장 중요한 기관 중의 하나라는 점에서 이 데이터들의 폐지는 큰 파장을 불러올 수 있다.
- 이 보고서에서 많은 학계의 반발과 번복 요청이 뒤따랐다. 이는 미국에서 공개적으로 이용 가능한 **과학 데이터가 삭제되고,** 현 정부가 NOAA를 포함한 모든 기관의 연구 자금을 삭감하려는 조치에 대한 우려가 커지고 있는 가운데 나온 것이다. (이 원문의 내용을 보면 알겠지만 각계 각층의 영향력 있는 석학들의 비판과 걱정의 목소리가 높다.)
- **"공공 데이터를 보존하라(Save the data)"**라는 논평 기사에서는 NOAA가 지구 관측 관련 역사적 데이터 소스를 중단하고 일부는

---

[306] Science Media Centre New Zealand(2025.04.24), Several US-based environmental science databases to be taken down – Expert reaction. https://www.sciencemediacentre.co.nz/2025/04/24/several-us-based-environmental-science-databases-to-be-taken-down-expert-reaction/

더 이상 **접근 불가능**하게 만드는 조치들을 하고 있다는 점을 비판했다.[307] (이것은 이전에 있었던 정부의 셧다운 기능과 무관한 '기능 축소'가 아닌 **'기능 제거'** 과정이기 때문이다.)

② 미국의 유니데이터(Unidata, 기상·기후·대기 과학 데이터 공유 인프라를 운영하는 기관) 사업 중단/운영 중지[308]

- 2025년 5월 예산 동결로 운영이 멈춘 유니데이터 프로그램은 현재 시점에서도 정상화되지 않았다. 이는 단순한 행정 지연이 아니라, 미국 과학재단(NSF) 기상·대기 데이터 예산의 구조적 축소가 본격적으로 진행되고 있다는 신호다. 미국과 전 세계 연구자들이 의존하던 핵심 공유 플랫폼이 무기한 정지된 상황은 "기상·기후 분석 체계의 기반 자체가 흔들리는 초유의 사태"로 평가된다.

③ 연구 데이터 저장소 중단/리포지토리 폐쇄 현상[309]

- 학계 조사에서 밝혀진 연구 데이터 저장소의 '6.2% 폐쇄'는 일시적 현상이 아니라 증가 추세로 전환되었다. 예산 삭감·기관 구조조정·보안 분류 강화 등으로 인해, 과거 공개되던 연구 리포지토리들이 "예고 없는 다운(offline)" 상태로 사라지는 사례가 이어지고 있다. 이는

---

[307] Nature Editorial Board(2025.05.07), Save the data. https://www.nature.com/articles/s41561-025-01729-w
[308] PreventionWeb Editors(2025.05.15), Decommissioned, retired, paused: Weather, climate and Earth science data the government doesn't want. https://www.preventionweb.net/news/decommissioned-retired-paused-weather-climate-and-earth-science-data-government-doesnt-want
[309] Roberto Di Cosmo, & David S. H. Rosenthal(2023.10.10), Repository decay: The loss of research data over time. arXiv preprint arXiv:2310.06712. https://arxiv.org/abs/2310.06712

과학적 검증·재현 가능성(reproducibility) 자체를 무너뜨리는 심각한 신호다. (셧다운과 무관)

④ **NASA: 기후 보고서 아카이브, NASA가 미국의 기후 변화 평가 보고서들을 호스팅하겠다는 약속을 철회**[310]
- 2025년 7월, NASA는 "전 지구적 변화 연구 프로그램(USGCRP, Global Change Research Program)" 사이트가 비활성화된 후, 기존의 기후 변화 보고서를 NASA 사이트에서 계속 유지할 법적 의무는 없다는 입장을 밝혔다. (셧다운과 관계없이 주요 기후 변화 보고서 웹 삭제)

⑤ **미국지질조사국(USGS): 비공개, 제한 데이터(proprietary/sensitive): 일부 지질·물리 데이터는 소유권 제한 또는 민감성 이유로 비공개 또는 제한 제공.**[311]
- USGS는 '비공개 데이터' 및 '제한 데이터' 범주를 운영하며, 경제적 또는 보안·기밀성 이유로 공개가 제한되는 데이터를 명시적으로 정의하고 있다.
- USGS는 전 세계 지진 활동 감시, 위험 지도 제작, 화산 분화 모니터링(특히 알래스카·하와이 관측소), 지질·자원 조사, 하천 수위·지하수·수질·홍수 위험 모니터링, 지리 정보 시스템, 지구관측·기후 연

---

[310] Swai, F.(2025, July 15), NASA Pulls Back From Promise to Host Major Climate Change Reports, Citing Legal Loophole. Inside Climate News. https://insideclimatenews.org/news/15072025/nasa-reverses-promise-to-host-major-climate-change-reports/

[311] United States Geological Survey(n.d.), Proprietary and sensitive data policy. USGS. https://www.usgs.gov

· 구, 지자기 및 중력 연구 등을 하는 기관이다. (셧다운과 관계없이 '보안'이라는 명목, '경제적 손실 가능성'이라는 모호한 명목, '소유권 보호'라는 폭넓은 명목 등의 이유로 접근 제한 범위를 점점 넓히는 것은 위험 정보의 공개를 통제하려는 의도적 가능성을 의심하게 한다.)

최근 기후 변화와 관련된 미국 주요 기관들의 정보에 한꺼번에 접근할 수 없게 된 것은 나름의 이유야 있겠지만 과거 한 번씩 나타나던 '셧다운'의 "일부 정보 업데이트 불가 수준"을 넘어, 기후 변화의 중요한 내용을 완전히 차단하는 정보 폐쇄나 폐지 수순이기에 매우 이해하기 힘들다. 그뿐만 아니라 이는 인류의 안전과 보호를 위반하는 심각한 행위로 간주하기에 충분하다.

가장 중요한 기후 변화의 시기에 가장 중요한 기관이 문을 닫는 것은 지구의 기후 재앙에 설상가상한 위험 신호다. 야간에 달리는 자동차의 램프를 꺼버린 격이다. 트럼프가 엄청난 관세를 거둬들이는 상황에서 예산이 부족해 폐쇄했다는 것은 누가 보더라도 설득력이 부족하다. 이것의 목적이 '슈퍼 대공황'을 제조하는 과정에서 막강한 추가 재료로 사용되는 데 있다면 인류는 더욱 큰 위기에 직면할 수 있다.

기후 변화는 재난과 직결되어 있다. 조직적으로 이 정보들을 접근 금지하고 폐쇄하는 것에 대한 학계 원로들의 원성이 커지고 있지만 기후 관련 기관들의 정보는 점점 더 차단될 것이라고 예상된다.

지금도 초입 단계에 들어선 모던 II의 산업 수렴기는 매우 위험한 진입 과정을 거칠 수 있다. 머지않아 닥칠 '슈퍼 대공황'급의 경제 침체기에 추가적인 기후 변화가 겹치고, 여기에 AI마저 위기를 가중시키면서 인류는 사면 초가의 국면에 접어들 가능성이 매우 높다. 이러한 현실이 이미 눈앞에 다가오고 있음에도, 대중은 자신들이 파놓은 유동성의 함정 속에서 여전히 탐욕의 버블 행진에 동참하고 있다는 점이 안타깝다.

그리고 기후 변화나 대공황이 더 거세지면 가장 필요한 건 콘크리트도 금도 아니다. 현금이다. 현금(그 현금에는 달러도 포함되며, 대환의 시기에 따라 한화(KRW)와의 비중을 적절히 조정할 수 있다)을 유의 적절하게 가치 이동하여 모던 II의 진입기에 사용할 수 있어야 한다. 이는 마치 겨울이 오고 있는데 모든 돈을 엉뚱한 데 써버려 겨울 기간에 필요한 연료나 식량을 확보할 현금이 바닥난 상황과 같다.

이 슈퍼 대공황의 특징은 지금까지 모던 I에서 보았던 여러 대공황과는 차원이 다르다. 여타 경제공황이나 금융 위기 등은 '블랙데이'[312]가 나타나고 얼마 안 가 힘없이 경제가 무너지는 연출을 한 것에 비해 이번 슈퍼 대공황은 코로나 기간부터 시작하여 '경제 위기', '경기 침체', '국가 위기' 등의 연출을 지속적으로 만들면서 부채와 버블을 더욱 키워나갔고 그러는 사이 온 국민이 버블의 내성이 생겼다. "죽는다, 죽는다", "말기 암이다", "암이 온몸에 퍼졌다" 하면서 멀쩡히 대출을 하러 다니는 환자의 형국으로, 코로나 기간부터 현재까지 버블은 터지지 않고 커지기만 한다는 이상한 논리에 사로잡혀 있다. 이 '버블 내성'에서 하루 빨리 빠져나와 객관적인 눈으로 냉철히 바라봐야 할 것이다. 이러한 버블 내성도 그들이 짜놓은 함정 시스템일 가능성이 높다.

---

[312] 경제공황이 시작하는 날을 일컫는다.

유동성이 빚으로 커져갈수록
현금 확보와 함께
대출을 줄이고 사업의 무리한 확장을 축소하며
불필요한 부동산과 자산들을 정리하는 것이
"금융 환란과 모던 II"를
대비하는 길일 것이다.

대한민국의 경제발전과

모든 국민의 안전 유지와 더불어

투자로 고통받는 일 없는

미래를 기원하면서

— 약탈경제 연구소장, 화이트독 지음

참고문헌

도서

화이트독(2020). 『100년만의 세계경제붕괴와 리플혁명』. 흔들의자

Braudel, Fernand(1981–1984). *Civilization and Capitalism, 15th–18th Century* (Vols. 1–3). New York: Harper & Row.

Wallerstein, I.(1974). *The modern world-system I: Capitalist agriculture and the origins of the European world-economy in the sixteenth century*. New York: Academic Press.

Hobsbawm, E. J.(1962). *The age of revolution: 1789–1848*. London: Weidenfeld & Nicolson.

Hobsbawm, E. J.(1975). *The age of capital: 1848–1875*. London: Weidenfeld & Nicolson.

Pomeranz, K.(2000). *The great divergence: China, Europe, and the making of the modern world economy*. Princeton: Princeton University Press.

Polanyi, K.(1944). *The great transformation: The political and economic origins of our time*. New York: Farrar & Rinehart.

Allen, Robert Charles(2009). *The British Industrial Revolution in global perspective.* Cambridge University Press.

Mokyr, Joel(1990). *The lever of riches: Technological creativity and economic progress.* Oxford University Press.

Gordon, Robert James(2016). *The rise and fall of American growth: The U.S. standard of living since the Civil War*. Princeton University Press.

McLuhan, Marshall(1962). *The Gutenberg Galaxy: The Making of Typographic Man.* Toronto: University of Toronto Press.

Eisenstein, Elizabeth(1979). *The Printing Press as an Agent of Change: Communications and Cultural Transformations in Early-Modern Europe.* Cambridge: Cambridge University Press.

Eisenstein, Elizabeth(1983). *The Printing Revolution in Early Modern Europe.* Cambridge: Cambridge University Press.

Habermas, Jürgen(1962). *The Structural Transformation of the Public Sphere: An Inquiry into a Category of Bourgeois Society.* Cambridge: MIT Press(English edition 1989).

McLuhan, Marshall(1962). *The Gutenberg Galaxy: The Making of Typographic Man*. Toronto: University of Toronto Press.

Eisenstein, Elizabeth(1983). *The Printing Revolution in Early Modern Europe*. Cambridge: Cambridge University Press.

Carey, James W.(1989). *Communication as Culture: Essays on Media and Society*. Boston: Unwin Hyman.

Standage, Tom(1998). *The Victorian Internet: The Remarkable Story of the Telegraph and the Nineteenth Century's On-Line Pioneers*. London: Weidenfeld & Nicolson.

Benjamin, Walter(1936). *The Work of Art in the Age of Mechanical Reproduction*. In Hannah Arendt (Ed.), *Illuminations*(pp. 217-252). Translated by Harry Zohn. New York: Schocken Books, 1969.

Kittler, Friedrich A.(1999). *Gramophone, Film, Typewriter*. Translated by Geoffrey Winthrop-Young and Michael Wutz. Stanford: Stanford University Press.

학술·기업 자료

이명활(2024.07.20). BIS의 2023년 CBDC 설문조사 주요 내용 및 시사점. 한국금융연구원. 금융 브리프 포커스 33권16호.

이주열(2019). 중앙은행 디지털 화폐. 한국은행.

SBI Holdings Team(2019.4.26). FY2018 Financial Results. SBI Holdings.

André Reslow, Gabriel Soderberg, and Natsuki Tsuda(2024.05). Cross-Border Payments with Retail Central Bank Digital Currencies. IMF

Tobias Adrian, Rodney Garratt, Dong He, and Tommaso Mancini-Griffoli(2023). Trust Bridges and Money Flows, A Digital Marketplace to Improve Cross-Border Payments. IMF

Herve Tourpe(2018.04.19). Distributed Ledger Technology(DLT), Cross Border Payments and Financial Inclusion. IMF. P4, P5,

IMF Team(2019). Treatment of Crypto Assets in Macroeconomic Statistics. IMF.

IMF Team(2024). Rise of Digital Money. IMF.

진원창, 이슬비(2020). 2020-seoul-high-street-market-report_kr. Cushmanwakefield.

Laura Kodres(2008.05.29). A Crisis of Confidence … and a Lot More. IMF

OBR 예산책임위원회(Budget Responsibility Committee). (2025.07). Fiscal risks and sustainability. OBR.

Paul Mortimer Lee(2025.01). The British Fiscal Morass. National Institute of Economic and Social Research.

양동휴(2012). 재정국가의 역사와 유로존 부채위기.

이정희(2010.12). 영국 긴축재정 방안과 이를 둘러싼 논란. 국제 노동 브리프.

이충희(2013). 영국의 EU 예산 협상. 유럽연구, 31(1), 61-86.

Wendy Edelberg, Benjamin Harris, and Louise Sheiner(2025.02). ASSESSING THE RISKS AND COSTS OF THE RISING US FEDERAL DEBT. Brookings.

지만수(2025.05.10). 미중 관세전쟁의 반사이익과 풍선효과. 금융 브리프 포커스.

Dean Baker(2025.09.11). Japan and Korea Should Hand Money to their Exporters Rather than Donald Trump. CEPR.

김한수(2022.06.30). 글로벌 통화정책 차별화가 국내 자본유출입에 미치는 영향 및 시사점. 자본 시장 연구원.

이승호(2016). 미 금리인상에 따른 신흥국 환율 영향 분석. 국제 금융 연구.

치우진(2019.12). 대외 충격이 신흥국에 미치는 영향: 미국의 금리 충격과 총자본유출입을 중심으로. 한국개발연구원.

오세윤(2017.03). 최근 신흥국 자본유출입의 특징과 전망. 한국은행, 해외경제 포커스.

Michael Kumhof and Zoltán Jakab(2016.03). The Truth about Banks. IMF.

Gary Richardson, Tim Sablik(2015.12.04). Banking Panics of the Gilded Age. Federal Reserve History.

Kilian Rieder, PhD Candidate(2016). Causes of Bank Distress during the

Austro-Hungarian "Gründerkrach" of 1873. University of Oxford.

Julia Wardley-Kershaw, Klaus R. Schenk-Hoppé(2022.0328). Economic Growth in the UK: Growth's Battle with Crisis.

A. E. Musson(2011.02.03). The Great Depression in Britain, 1873-1896: a Reappraisal. Cambridge University Press

Danny Lucas(2025.09.20). Panic of 1873: The Largest Crisis of 19th Century. The Global Citizen. https://globalcitizen.world/panic-of-1973-the-largest-crisis-of-19th-century/

Scott Mixon(2025.07.25). The Crisis of 1873: Perspectives from Multiple Asset Classes. The Journal of Economic History, Vol. 68, No. 3, pp. 722-757.

Money trust investigation: investigation of financial and monetary conditions in the United States(2013.10.04). Under House Resolutions Nos. 429 and 504, Before a Subcommittee of the Committee on Banking and Currency.

Olivier Jeanne(2007). International Reserves in Emerging Market Countries: Too Much of

a Good Thing? IMF. History https://www.history.com/articles

양철원(2019.09.23). 김치프리미엄'의 존재 여부와 크기에 대해. 한국파생상품학회.

Alan Chernoff, Julapa Jagtiani(2024.08). Beneath the Crypto Currents The Hidden Effect of Crypto "Whales". Philadelphia FED

Shea Ketsdever, Michael J. Fischer(2019.05.12). Incentives Don't Solve Blockchain's Problems. Arxiv

Nitin Upadhyay(2020.10). Demystifying blockchain: A critical analysis of challenges, applications and opportunities, Abstract. sciencedirect

Nicholas Weaver(2022.12). The Death of Cryptocurrency. Information Society Project at Yale Law School

Rühmann, Friedrike(2020). Can blockchain technology reduce the cost of remittances? OECD Development Co-operation Working Papers No. 73

denken.io Team. The Complete Argument Against Crypto. denken.io

Bruce Schneier(2019.02.06). There's No Good Reason to Trust Blockchain Technology. WIRED.

Mokyr, J.(1998). The Second Industrial Revolution, 1870-1914. Northwestern University. Retrieved September 27, 2025.

Jefferson, T.(1791.02.15). Opinion on the constitutionality of a national bank. Founders Online, National Archives.

Jefferson, T.(1792.10.01). Letter to James Madison. Founders Online, National Archives.

Yale Law School(n.d.). Opinion on the constitutionality of a national bank (1791) [Avalon Project]. Yale Law School, Lillian Goldman Law Library.

Federal Reserve History(n.d.). The First Bank of the United States. Federal Reserve Bank of St. Louis.

Jackson, A.(1832.07.10). Bank veto message. National Constitution Center.

National Archives(n.d.). Treasures of Congress: Andrew Jackson vetoes the Bank bill. U.S. National Archives.

Federal Reserve History(n.d.). The Second Bank of the United States. Federal Reserve Bank of St. Louis.

Teaching American History(n.d.). Veto of the Bank Bill (1832). Ashbrook Center at Ashland University.

Federal Reserve Bank of Richmond(2023). Economic history: The Bank War. Econ Focus Quarterly Review, Q2.

Gilder Lehrman Institute of American History(n.d.). Andrew Jackson and the Bank War. https://www.gilderlehrman.org/history-resources/lesson-plan/andrew-jackson-and-bank-war

Federal Reserve Bank of Minneapolis(2008). The "Monster" of Chestnut Street.

Scribd(n.d.). The Green Hilton Agreement – Geneva 1963. Retrieved.

Scribd(n.d.). JFK – The Green Hilton Agreement Geneva 1963. Retrieved.

ScienceDirect(2024). AI revolutionizing industries worldwide: A comprehensive review.

ScienceDirect(2024). Does artificial intelligence drive technology convergence?

Convergence Analysis(2024). Decoding AI diffusion: Mapping the path of transformative AI across industries.

Arxiv.org(2025). Rethinking industrial artificial intelligence: A unified foundation framework.

MIT Sloan School of Management(2022). Study: Industry now dominates AI research.

World Economic Forum(2025). Technology convergence is leading the way for accelerated innovation in emerging technology areas.

Ziwei Wang, Jiashi Gao, Xuetao Wei(2022.12.21). Do NFTs' Owners Really Possess their Assets? A First Look at the NFT-to-Asset Connection Fragility. arXiv.

Hamza Salem, Manuel Mazzara(2024.08.22). Hidden Risks: The Centralization of NFT Metadata and What It Means for the Market. arXiv.

Emily Behzadi(2022.04.12). The fiction of NFTs and copyright infringement. Penn Law Review.

Christine Suzanne Davik(2024). The art of NFTs: Copyright, contracts, and the fallacy of Ownership. Georgia Law Review, 59(1), 155–202.

Quinn Emanuel Urquhart & Sullivan, LLP(2022). NFTs: Legal risks from "minting" art and collectibles on blockchain. https://www.quinnemanuel.com/the-firm/publications/nfts-legal-risks-from-minting-art-and-collectibles-on-blockchain

Shuo Yang, Jiachi Chen, Zibin Zheng(2023.04.04). Definition and detection of defects in NFT smart contracts. arXiv.

Dipanjan Das, Priyanka Bose, Nicola Ruaro, Christopher Kruegel, Giovanni Vigna(2021). Understanding security issues in the NFT ecosystem. arXiv.

Allie Grace Garnett(2022). Pros and cons of investing in NFTs. Investopedia.

Nitin Upadhyay & Shalini Upadhyay(2025.01.16). The dark side of non-fungible tokens: Understanding risks in the NFT marketplace. Financial Innovation, 10(4).

Paul Christiano, Jan Leike, Tom B. Brown, Miljan Martic, Shane Legg, Dario Amodei(2017). Deep Reinforcement Learning from Human Preferences. arXiv.

Koray Kavukcuoglu, Thore Graepel, Demis Hassabis(2016.01.27). Mastering the game of Go with deep neural networks and tree search. Nature, 529, 484-489.

McLuhan, Marshall(1964). Understanding Media: The Extensions of Man. New York: McGraw-Hill.

Williams, Raymond(1974). Television: Technology and Cultural Form. London: Fontana.

Acemoglu, Daron, & Restrepo, Pascual(2019). Automation and new tasks: How technology displaces and reinstates labor. Journal of Economic Perspectives, 33(2), 3-30.

Gopinath, Gita(2024.05.30). Crisis amplifier? How to prevent AI from worsening the next economic downturn. International Monetary Fund.

Jaimovich, Nir, & Siu, Henry(2012). Job polarization and jobless recoveries. VoxEU.

Fenwick, Cody, & Qureshi, Zershaaneh(n.d.). Risks from power-seeking AI systems. 80,000 Hours.

Aïvodji, Ulrich, et al.(2024). The backfiring effect of weak AI safety regulation.

Shuqair, Sami(2024). When powerful artificial intelligence backfires.

Frontier AI Taskforce(2025). Frontier AI risk management framework in practice: A risk analysis technical report.

Pilditch, Toby D.(2024). The reasoning under uncertainty trap: A structural AI risk.

Brundage, Miles, Avin, Shahar, Wang, Jasmine, Belfield, Haydn, Krueger, German, Hadfield, Gillian, & Toner, Helen(2023). Generative language models and automated influence operations: Emerging threats and potential mitigations.

Lee, Min Kyung, et al.(2025). The transparency dilemma: How AI disclosure erodes trust.

Bernstein, Ethan, & Kellogg, Katherine(2024). AI monitoring for productivity can backfire. Cornell Research Report.

Wang, Tianyu(2025). Proactive AI adoption can be threatening. arXiv.

International Scientific Panel on AI Safety(2024). International scientific report on the safety of advanced AI(interim report).

Saleh Shuqair, Diego Costa Pinto, Caroline Lancelot Miltgen, & Giampaolo Viglia(2025.07.22). Frontier AI Risk Management Framework in Practice: A Risk Analysis Technical Report. arXiv.

S. Odintsov, K. Boyarchuk, K. Georgieva, B. Kirov, & D. Atanasov(2006). Long-period trends in global seismic and geomagnetic activity and their relation to solar activity. Physics and Chemistry of the Earth, 31, 88-93.

Marchitelli, Vito; Harabaglia, Paolo; Troise, Claudia; De Natale, Giuseppe(2020). On the correlation between solar activity and large earthquakes worldwide. Scientific Reports, 10, Article 11495.

Gerald Duma, & Yuri Ruzhin(2003). Diurnal changes of earthquake activity and geomagnetic Sq-variations. Natural Hazards and Earth System Sciences, 3(3/4), 171-177.

Aizhan Altaibek, Marat Nurtas, Zhumabek Zhantayev, Beibit Zhumabayev, Ayazhan Kumarkhanova(2024). Classifying Seismic Events Linked to Solar Activity: A Retrospective LSTM Approach Using Proton Density. Atmosphere, 15(11), 1290.

Vasilieva, Irina; Zharkova, Valentina V.(2022). Terrestrial volcanic eruptions and their association with solar activity.

Stothers, Richard B.(1989). Volcanic eruptions and solar activity. Journal of Geophysical Research, 94(B12), 17371-17386.

Walkley, R. L.(2010). Einstein-de Haas Coupling of Geomagnetic Storms to the Lithosphere(AGU abstract).

Yun, Sung-Hyo, & Lee, Jeong Hyun(2012). Analysis of unrest signs of activity at the Baegdusan Volcano. 부산대학교 지구과학교육과, 기상청 국립기상연구소.

Srivastava, N., Köhler, J., Nava, F. A., El Sayed, O., Chakraborty, M., Steinheimer, J., Faber, J., Kies, A., Thingbaijam, K., Zhou, K., Rümpker, G., & Stoecker, H.(2021). Sunda-arc seismicity: continuing increase of high-magnitude earthquakes since 2004. arXiv

Matheus Henrique Junqueira Saldanha, Masanori Shiro, Yuji Yagi, & Yoshito Hirata(2025). The role of solar heat in earthquake activity. Chaos, 35(3), 033107.

Michelle Starr(2025.03.05). The Sun's Activity Can Trigger Earthquakes, And Now We Know How. ScienceAlert.

David Bressan(2025.03.05). Does The Sun Cause Earthquakes? Forbes.

Geographical Editors(2025.04.30). How does solar heat cause earthquakes? Geographical.

Sci.News Staff(2025.03.04). Solar Heat May Play Role in Seismic Activity on Earth. Sci.News.

Stanford University(2023.05.22). Melting ice, more rain drive Southern Ocean cooling. Stanford Sustainability.

Laure Zanna, et al.(2021.07.13). 20th century cooling of the deep ocean contributed to delayed acceleration of Earth's energy imbalance. Nature Communications, 12, 4135.

Jake Gebbie, et al.(2024.02.20). Global Ocean Cooling of 2.3°C During the Last Glacial. Geophysical Research Letters, 51(4).

Shang-Ping Xie, et al.(2023.08.10). Sea Surface Cooling by Rainfall Modulates Earth's Heat. Journal of Climate, 36(16), 4821-4836.

Daisy Dunne(2025.02.18). Ocean current collapse could trigger profound cooling in northern Europe even with global warming. Carbon Brief.

Yunlu Jiang, et al.(2025.02.27). Diffusive and Adiabatic Meridional Overturning Circulations in the Cooling Abyss of the Indo-Pacific Ocean. arXiv preprint arXiv:2502.21006.

Abdul Hamid(2019.12.05). Cooling down the world oceans and the earth by enhancing the North Atlantic Ocean current. ResearchGate.

The Conversation(2023.07.25). The Atlantic is at risk of circulation collapse — it would mean even greater climate chaos across Europe. The Conversation.

Caspar M. Ammann(2002.12). The Role of Explosive Volcanism During the Cool Maunder Minimum. AGU Fall Meeting Abstracts.

Michael J. Owens, et al.(2017.10.17). The Maunder minimum and the Little Ice Age. Journal of Space Weather and Space Climate.

Angelo Mazzarella, & N. Scafetta(1989). Does the solar cycle modulate seismic and volcanic activity? Physics of the Earth and Planetary Interiors.

Jan Střeštik(2003). Possible correlation between solar and volcanic activity in 1750–2000. ESA SP-535.

Gifford H. Miller, et al.(2012.09). Abrupt onset of the Little Ice Age triggered by volcanism and sustained by sea-ice/ocean feedbacks. Geophysical Research Letters.

Drew T. Shindell, Gavin A. Schmidt, Michael E. Mann, David Rind, & Anne Waple(2003.12). Volcanic and Solar Forcing of Climate Change during the Preindustrial Era. Journal of Climate, 16(24), 4094–4107.

NASA Goddard Space Flight Center(2019.09.01). The 1859 Solar Storm – The Carrington Event. NASA.

Daniel Baker, et al.(2013.06). A major solar eruptive event in July 2012: Defining extreme space weather scenarios. Space Weather, 11(10), 585–591.

Lloyd's of London & Atmospheric and Environmental Research (AER)(2013). Solar storm risk to the North American electric grid. Lloyd's Emerging Risk Report.

NOAA Space Weather Prediction Center(2024.03). Solar Cycle 25 update: Approaching maximum. NOAA SWPC Report.

Babatunde Ojetunde, Naoki Shibata, Jun Gao(2020). Secure Payment System Utilizing MANET for Disaster Areas. arXiv.

Aykut Özkan, Ugur Korkmaz, Cengiz Dak, Ercan Karaarslan(2022). A Decentralized Resource Management System Proposal For Disasters: NGO-RMSD (STK-AKYS). arXiv.

Saeed Hafeez, Rui Cheng, Louay Mohjazi, Muhammad Ali Imran, Yulei Sun(2024). A Blockchain-Enabled Framework of UAV Coordination for Post-Disaster Networks. arXiv.

Ismail Peker(2022). Leveraging blockchain in response to a pandemic through BcT in DRM operations. PMC.

David Birch(2025.01.16). How Do You Pay In A Disaster: Cash And Cryptocurrency in Catastrophes. Forbes.

Forbes Digital Assets Editorial Team(2025.04.09). How Bitcoin Is Used To Raise Funds In Myanmar For Earthquake Relief. Forbes.

World Economic Forum(2023.02). Türkiye-Syria Earthquake: How AI and Emerging Tech Are Relief Efforts. World Economic Forum.

Coinmonks Editorial Team(2024). The Role of Cryptocurrency in Disaster Relief and Humanitarian Aid. Medium.

Starlink Official(2025). Emergency Response and Disaster Connectivity. Starlink.

Broadband Breakfast Newsroom(2025.09). Starlink Supports Texas Flood Relief with Emergency Connectivity. Broadband Breakfast.

Fox 29 News(2025.09). Starlink Offers Free Service for Hurricane Victims. Fox 29.

D4H Emergency Tech Blog(2025.08). Improving Emergency Management Communications with Starlink Satellite Internet. D4H.

Blockworks Editorial Team(2025.09). Helium Tech for Disaster Relief: Combining Hotspots with Starlink. Blockworks.

CoinGape News(2025.06). Starlink's First Application in Crypto: CoinEx Charity Initiates a New Era with Starlink Equipment. CoinGape.

Satellite Today(2025.07). Starlink Outage Puts Attention on Resilient Communications. Satellite Today.

National Bureau of Economic Research(2005.01). Economics of World War I. NBER Digest.

Federal Reserve Bank of St. Louis(2019.05). Historical U.S. Trade Deficits and the Evolution of the Current Account.

U.S. Department of State(1971.08). Nixon Ends Convertibility of U.S. Dollar to Gold and Announces Wage/Price Controls. Office of the Historian.

Umar Iqbal Butt(2024.10.15). Challenges to the US Dollar's Dominance as the Global Reserve Currency: Geopolitical, Economic, and Fiscal Perspectives. SSRN.

Lum, Thomas, & Fisher, Taylor(2020.05.12). China's Belt and Road Initiative in a New Era: Updates & Tactics. Congressional Research Service.

Brookings Institution(2017.04.20). Modelling the Economic Impacts of Korean Unification. Brookings.

Chung Min Lee(2024.08.22). The Future of K-Power: What South Korea Must Do After Peaking. Carnegie Endowment.

United Nations ESCAP / Republic of Korea(2004.11). Present Status of Trans-Korean Railways and plan for connection with Trans-Siberian Railway. UNESCAP.

InterBering, LLC.(n.d.). Plan for new railroads in the U.S., Canada, Russian Federation (Siberia) and China, including a tunnel under the Bering Strait.

Schiller Institute(2007). Map of rail route from Bering Strait to lower 48 states. Strategic Importance Of Rail Corridor Links.

21st Century Science & Technology(2007). Bering Strait Tunnel Back on World Agenda!

Wikipedia contributors(n.d.). Bering Strait crossing. Wikipedia.

Chen, Hao; Li, Wenjie; Zhao, Ming; Torres, Alejandro; and Kumar, Rajesh(2025). On solar-terrestrial interactions: Correlation between intense geomagnetic storms and global earthquakes. Geophysical Research Letters.

Science Media Centre New Zealand(2025.04.24). Several US-based environmental science databases to be taken down – Expert reaction.

Nature Editorial Board(2025.05.07). Save the data.

PreventionWeb Editors(2025.05.15). Decommissioned, retired, paused: Weather, climate and Earth science data the government doesn't want.

Roberto Di Cosmo, & David S. H. Rosenthal(2023.10.10). Repository decay: The loss of research data over time. arXiv preprint arXiv:2310.06712.

Angus Liu(2024.12.05). NIH bans researchers from China, Russia, and other countries from multiple databases. Fierce Biotech.

United States Geological Survey(n.d.). Proprietary and sensitive data policy. USGS.

Nicholas Weaver(2022.12). The Death of Cryptocurrency. Yale Law School.

인터넷 사이트

화이트독(2020.05.20). 리플혁명과 화폐개혁시리즈 5부작. 유튜브. https://youtu.be/75TFSuD7J-k?si=EhrhxdFvaS6ovU1i

XRP(2012). Ripple. https://ripple.com/

SWIFT(1973.05.03). https://www.swift.com/

Barry Elad(2024.02). XRP Ripple Statistics 2025: Market Insights, Adoption Data, and Future Outlook. CoinLaw. https://coinlaw.io/

HowMuch.net(2018.01.10). Transactions Speeds: How Do Cryptocurrencies Stack Up To Visa or PayPal?. https://howmuch.net/articles/crypto-transaction-speeds-compared

Digital one(2025.05.12). The Origin Story of XRP. Digital One Agency. https://digitaloneagency.com.au/the-origin-story-of-xrp/#:~:text=To%20get%20OpenCoin%20off%20the%20ground%2C%20the,settle%20transactions%20instantly%20and%20with%20minimal%20fees.

MT GOX(2010.07). Jed McCaleb. https://www.mtgox.com/

Cory Wagner & Cory Janssen(1999.06.06). What Was Mt. Gox? Definition, History, Collapse, and Future. Investopedia. https://www.investopedia.com/terms/m/mt-gox.asp

두나무㈜(2012.04.03). 리플의 가격. 업비트. https://www.upbit.com/exchange?code=CRIX.UPBIT.KRW-XRP

Cory Wagner & Cory Janssen(2024.10.03). Who Is Satoshi Nakamoto? Investopedia. https://www.investopedia.com/terms/s/satoshi-nakamoto.asp

Corporate Finance Institute (CFI)(2016). Kimchi Premium. CFI. https://corporatefinanceinstitute.com/resources/cryptocurrency/kimchi-premium/

Google Ventures(2009.03.31). GV. https://www.gv.com/

AH Capital Management, LLC(2009.07.06). Andreessen Horowitz. https://a16z.com/

Hugo Shong(1992). IDG Capital. https://en.idgcapital.com/

PrivCo.(2009). Privco. https://system.privco.com/

Lightspeed Venture Partners(2000). LSVP. https://lsvp.com/

Bitcoin Opportunity Fund(2023.06.01). Bitcoin Opportunity Fund. https://www.bitcoinopportunity.fund/

Bank for International Settlements(1930.05.17). BIS. https://www.bis.org

Visa Payments Limited(구: Earthport Limited).(1997). Earthport. https://www.visakorea.com/search.html?q=Earthport

Sir Tim Berners-Lee(1994.10.). W3C. https://www.w3.org/

Western Union Team. Become a Western Union Agent. https://www.westernunion.com/vn/en/become-agent.html

X https://x.com/

BIS https://www.bis.org/

Visa https://www.visakorea.com/

Intermex https://www.intermexonline.com/

R3 https://r3.com/

XDC (XinFin) https://xinfin.org/

André Reslow, Gabriel Soderberg, and Natsuki Tsuda(2024.05). Cross-Border Payments with Retail Central Bank Digital Currencies. https://www.imf.org/en/publications/fintech-notes/issues/2024/05/15/cross-border-payments-with-retail-central-bank-digital-currencies-547195

IMF https://www.imf.org/en/Home

Bitget https://www.bitget.com/

Ledgerinsights https://www.ledgerinsights.com/

Coin World https://www.coinworld.com/

Ainvest https://www.ainvest.com/

ERED https://fred.stlouisfed.org/

Cityam https://www.cityam.com/

Research & Commentary. Brookings https://www.brookings.edu/

Reuters https://www.reuters.com/

American progress https://www.americanprogress.org/article

Coindesk https://www.coindesk.com/

Forbes https://www.forbes.com/

Federal Reserve History https://www.federalreservehistory.org/

Heritage history https://www.heritage-history.com

Saturday Evening Post https://www.saturdayeveningpost.com/

Federal Reserve Bank of Richmond https://www.richmondfed.org/

Richmond fed https://www.richmondfed.org/

University of Birmingham https://www.birmingham.ac.uk/

Wired https://www.wired.com

denken.io https://denken.io/crypto

Economist https://www.economist.com/

Oecd https://www.oecd.org/

Rühmann, Friedrike(2020). Can blockchain technology reduce the cost of remittances? OECD. https://www.oecd.org/en/publications/can-blockchain-technology-reduce-the-cost-of-remittances_d4d6ac8f-en.html

Medium https://medium.com/

Britannica https://www.britannica.com/

The American Presidency Project https://www.presidency.ucsb.edu/media

MIT Technology Review https://www.technologyreview.com/

Global Volcanism Program(2025). Volcanoes of the World (v. 5.3.1; 2025.08.06) [Database]. Smithsonian Institution. https://doi.org/10.5479/si.GVP.VOTW5-2025.5.3

뉴스

FINEXTRA RESEARCH LIMITED(2014.12.04). Ripple to plug into. Earthport payment network. FINEXTRA. https://www.finextra.com/news/fullstory.aspx?newsitemid=26779

Aroosa Nadeem(2013). Visa all set to take over Earthport, Ripple partnership undecided. Cryptopolitan. https://www.cryptopolitan.com/visa-all-set-to-take-over-earthport-ripple-partnership-undecided/

Save On Send Team(2025.03.23). Western Union: the end of permanent leadership in cross-border consumer money transfers. Save On Send. https://www.saveonsend.com/western-union-money-transfer/

Forbes https://www.forbes.com/

Finance Magnates https://www.financemagnates.com/

Binance Square https://www.binance.com/en/square

Coin Desk https://www.coindesk.com/

Yahoo Finance https://finance.yahoo.com/

Worldwide Speakers Group https://wwsg.com/

Page six https://pagesix.com/

Decrypt https://decrypt.co/

Cointelegraph https://cointelegraph.com/

PR Newswire https://www.prnewswire.com/

Investopedia https://www.investopedia.com/

Blockmedia https://www.blockmedia.co.kr/

Cryptobriefing https://cryptobriefing.com/

AP https://www.ap.org/

Financial Times https://www.ft.com/